T&P BOOKS

I0211912

ÁRABE

VOCABULÁRIO

PORTUGUÊS BRASILEIRO

PORTUGUÊS ÁRABE EGÍPCIO

Para alargar o seu léxico e apurar as suas competências linguísticas

9000 palavras

Vocabulário Português Brasileiro-Árabe Egípcio - 9000 palavras
Por Andrey Taranov

Os vocabulários da T&P Books destinam-se a ajudar a aprender, a memorizar, e a rever palavras estrangeiras. O dicionário é dividido em temas, cobrindo todas as principais esferas de atividades quotidianas, negócios, ciência, cultura, etc.

O processo de aprendizagem, utilizando os dicionários baseados em temáticas da T&P Books dá-lhe as seguintes vantagens:

- Informação de origem corretamente agrupada predetermina o sucesso em fases subsequentes da memorização de palavras
- Disponibilização de palavras derivadas da mesma raiz, o que permite a memorização de unidades de texto (em vez de palavras separadas)
- Pequenas unidades de palavras facilitam o processo de estabelecimento de vínculos associativos necessários para a consolidação do vocabulário
- O nível de conhecimento da língua pode ser estimado pelo número de palavras aprendidas

Copyright © 2019 T&P Books Publishing

Todos os direitos reservados. Nenhuma parte desta publicação pode ser reproduzida, total ou parcialmente, por quaisquer métodos ou processos, sejam eles eletrônicos, mecânicos, de fotocópia ou outros, sem a autorização escrita do editor. Esta publicação não pode ser divulgada, copiada ou distribuída em nenhum formato.

T&P Books Publishing
www.tpbooks.com

ISBN: 978-1-78767-268-0

Este livro também está disponível em formato E-book.
Por favor visite www.tpbooks.com ou as principais livrarias on-line.

VOCABULÁRIO ÁRABE EGÍPCIO
palavras mais úteis

Os vocabulários da T&P Books destinam-se a ajudar a aprender, a memorizar, e a rever palavras estrangeiras. O vocabulário contém mais de 9000 palavras de uso comum organizadas tematicamente.

O vocabulário contém as palavras mais comummente usadas
Recomendado como adicional para qualquer curso de línguas
Satisfaz as necessidades dos iniciados e dos alunos avançados de línguas estrangeiras
Conveniente para o uso diário, sessões de revisão e atividades de auto-teste
Permite avaliar o seu vocabulário

Características especias do vocabulário

- As palavras estão organizadas de acordo com o seu significado, e não por ordem alfabética
- As palavras são apresentadas em três colunas para facilitar os processos de revisão e auto-teste
- As palavras compostas são divididas em pequenos blocos para facilitar o processo de aprendizagem
- O vocabulário oferece uma transcrição simples e adequada de cada palavra estrangeira

O vocabulário contém 256 tópicos incluindo:

Conceitos básicos, Números, Cores, Meses, Estações do ano, Unidades de medida, Roupas & Acessórios, Alimentos & Nutrição, Restaurante, Membros da Família, Parentes, Caráter, Sentimentos, Emoções, Doenças, Cidade, Passeios, Compras, Dinheiro, Casa, Lar, Escritório, Trabalho no Escritório, Importação & Exportação, Marketing, Pesquisa de Emprego, Esportes, Educação, Computador, Internet, Ferramentas, Natureza, Países, Nacionalidades e muito mais ...

TABELA DE CONTEÚDOS

GUIA DE PRONUNCIAÇÃO

Alfabeto fonético T&P	Exemplo Árabe Egípcio	Exemplo Português
[a]	[ṭaffa] طفّى	chamar
[ā]	[eχtār] إختار	rapaz
[e]	[setta] ستّة	metal
[i]	[minā'] ميناء	sinônimo
[ī]	[ebrīl] إبريل	cair
[o]	[oɣosṭos] أغسطس	lobo
[ō]	[ḥalazōn] حلزون	albatroz
[u]	[kalkutta] كلكتا	bonita
[ū]	[gamūs] جاموس	trabalho
[b]	[bedāya] بداية	barril
[d]	[sa'āda] سعادة	dentista
[ḍ]	[waḍ'] وضع	[d] faringealizaçãda
[ʒ]	[arʒantīn] الأرجنتين	talvez
[ẓ]	[ẓahar] ظهر	[z] faringealizaçãda
[f]	[χafīf] خفيف	safári
[g]	[bahga] بهجة	gosto
[h]	[ettegāh] إتّجاه	[h] aspirada
[ḥ]	[ḥabb] حبّ	[h] faringealizaçãda
[y]	[dahaby] ذهبي	Vietnã
[k]	[korsy] كرسي	aquilo
[l]	[lammaḥ] لمّح	libra
[m]	[marṣad] مرصد	magnólia
[n]	[ganūb] جنوب	natureza
[p]	[kaputʃino] كابتشينو	presente
[q]	[wasaq] وثق	teckel
[r]	[roḥe] روح	riscar
[s]	[soχreya] سخرية	sanita
[ṣ]	[me'ṣam] معصم	[s] faringealizaçãda
[ʃ]	['aʃā'] عشاء	mês
[t]	[tanūb] تنوب	tulipa
[ṭ]	[χarīṭa] خريطة	[t] faringealizaçãda
[θ]	[mamūθ] ماموث	[s] - fricativa dental surda não-sibilante
[v]	[vietnām] فيتنام	fava
[w]	[wadda'] ودّع	página web
[χ]	[baχīl] بخيل	fricativa uvular surda
[ɣ]	[etɣadda] إتغدّى	agora

Alfabeto fonético T&P	Exemplo Árabe Egípcio	Exemplo Português
[z]	[me'za] معزة	sésamo
['] (ayn)	[sab'a] سبعة	fricativa faríngea sonora
['] (hamza)	[sa'al] سأل	oclusiva glotal

ABREVIATURAS
usadas no vocabulário

Abreviaturas do Árabe Egípcio

du	-	substantivo plural (duplo)
f	-	nome feminino
m	-	nome masculino
pl	-	plural

Abreviaturas do Português

adj	-	adjetivo
adv	-	advérbio
anim.	-	animado
conj.	-	conjunção
desp.	-	esporte
etc.	-	Etcetera
ex.	-	por exemplo
f	-	nome feminino
f pl	-	feminino plural
fem.	-	feminino
inanim.	-	inanimado
m	-	nome masculino
m pl	-	masculino plural
m, f	-	masculino, feminino
masc.	-	masculino
mat.	-	matemática
mil.	-	militar
pl	-	plural
prep.	-	preposição
pron.	-	pronome
sb.	-	sobre
sing.	-	singular
v aux	-	verbo auxiliar
vi	-	verbo intransitivo
vi, vt	-	verbo intransitivo, transitivo
vr	-	verbo reflexivo
vt	-	verbo transitivo

CONCEITOS BÁSICOS

Conceitos básicos. Parte 1

1. Pronomes

eu	ana	أنا
você (masc.)	enta	أنت
você (fem.)	enty	أنت
ele	howwa	هوّ
ela	hiya	هيّ
nós	eḥna	إحنا
vocês	antom	أنتم
eles, elas	hamm	همّ

2. Cumprimentos. Saudações. Despedidas

Olá!	assalamu ʿalaykum!	السلام عليكم!
Bom dia!	ṣabāḥ el χeyr!	صباح الخير!
Boa tarde!	neharak saʿīd!	نهارك سعيد!
Boa noite!	masāʾ el χeyr!	مساء الخير!
cumprimentar (vt)	sallem	سلّم
Oi!	ahlan!	أهلاً!
saudação (f)	salām (m)	سلام
saudar (vt)	sallem ʿala	سلّم على
Tudo bem?	ezzayek?	ازّيك؟
E aí, novidades?	aχbārak eyh?	أخبارك ايه؟
Tchau! Até logo!	maʿ el salāma!	مع السلامة!
Até breve!	aʃūfak orayeb!	أشوفك قريب!
Adeus!	maʿ el salāma!	مع السلامة!
despedir-se (dizer adeus)	waddaʿ	ودّع
Até mais!	bay bay!	باي باي!
Obrigado! -a!	ʃokran!	شكراً!
Muito obrigado! -a!	ʃokran geddan!	شكراً جداً!
De nada	el ʿafw	العفو
Não tem de quê	la ʃokr ʿala wāgeb	لا شكر على واجب
Não foi nada!	el ʿafw	العفو
Desculpa!	ʿan eznak!	عن إذنك!
Desculpe!	baʿd ezn ḥadretak!	بعد إذن حضرتك!
desculpar (vt)	ʿazar	عذر
desculpar-se (vr)	eʿtazar	أعتذر

Me desculpe	ana 'āsef	أنا آسف
Desculpe!	ana 'āsef!	أنا آسف!
perdoar (vt)	ʿafa	عفا
por favor	men faḍlak	من فضلك
Não se esqueça!	ma tensāʃ!	ما تنساش!
Com certeza!	ṭabʿan!	طبعاً!
Claro que não!	la' ṭabʿan!	لأ طبعاً!
Está bem! De acordo!	ettafa'na!	إتّفقنا!
Chega!	kefāya!	كفاية!

3. Como se dirigir a alguém

senhor	ya ostāz	يا أستاذ
senhora	ya madām	يا مدام
senhorita	ya 'ānesa	يا آنسة
jovem	ya ostāz	يا أستاذ
menino	yabny	يا ابني
menina	ya benty	يا بنتي

4. Números cardinais. Parte 1

zero	ṣefr	صفر
um	wāḥed	واحد
uma	waḥda	واحدة
dois	etneyn	إتنين
três	talāta	ثلاثة
quatro	arbaʿa	أربعة
cinco	χamsa	خمسة
seis	setta	ستّة
sete	sabʿa	سبعة
oito	tamanya	ثمانية
nove	tesʿa	تسعة
dez	ʿaʃara	عشرة
onze	ḥedāʃar	حداشر
doze	etnāʃar	إتناشر
treze	talattāʃar	تلاتّاشر
catorze	arbaʿtāʃer	أربعتاشر
quinze	χamastāʃer	خمستاشر
dezesseis	settāʃar	ستّاشر
dezessete	sabaʿtāʃar	سبعتاشر
dezoito	tamantāʃar	تمنتاشر
dezenove	tesʿatāʃar	تسعتاشر
vinte	ʿeʃrīn	عشرين
vinte e um	wāḥed we ʿeʃrīn	واحد وعشرين
vinte e dois	etneyn we ʿeʃrīn	إتنين وعشرين
vinte e três	talāta we ʿeʃrīn	ثلاثة وعشرين
trinta	talatīn	ثلاثين

trinta e um	wāḥed we talatīn	واحد وتلاتين
trinta e dois	etneyn we talatīn	إتنين وتلاتين
trinta e três	talāta we talatīn	ثلاثة وثلاثين
quarenta	arbeʿīn	أربعين
quarenta e um	wāḥed we arbeʿīn	واحد وأربعين
quarenta e dois	etneyn we arbeʿīn	إتنين وأربعين
quarenta e três	talāta we arbeʿīn	ثلاثة وأربعين
cinquenta	χamsīn	خمسين
cinquenta e um	wāḥed we χamsīn	واحد وخمسين
cinquenta e dois	etneyn we χamsīn	إتنين وخمسين
cinquenta e três	talāta we χamsīn	ثلاثة وخمسين
sessenta	settīn	ستّين
sessenta e um	wāḥed we settīn	واحد وستّين
sessenta e dois	etneyn we settīn	إتنين وستّين
sessenta e três	talāta we settīn	ثلاثة وستّين
setenta	sabʿīn	سبعين
setenta e um	wāḥed we sabʿīn	واحد وسبعين
setenta e dois	etneyn we sabʿīn	إتنين وسبعين
setenta e três	talāta we sabʿīn	ثلاثة وسبعين
oitenta	tamanīn	ثمانين
oitenta e um	wāḥed we tamanīn	واحد وتمانين
oitenta e dois	etneyn we tamanīn	إتنين وتمانين
oitenta e três	talāta we tamanīn	ثلاثة وثمانين
noventa	tesʿīn	تسعين
noventa e um	wāḥed we tesʿīn	واحد وتسعين
noventa e dois	etneyn we tesʿīn	إتنين وتسعين
noventa e três	talāta we tesʿīn	ثلاثة وتسعين

5. Números cardinais. Parte 2

cem	miya	ميّة
duzentos	meteyn	ميتين
trezentos	toltomiya	تلتميّة
quatrocentos	robʿomiya	ربعميّة
quinhentos	χomsomiya	خمسميّة
seiscentos	sotomiya	ستميّة
setecentos	sobʿomiya	سبعميّة
oitocentos	tomnomeʾa	ثمنمئة
novecentos	tosʿomiya	تسعميّة
mil	alf	ألف
dois mil	alfeyn	ألفين
três mil	talat ʾālāf	ثلاث آلاف
dez mil	ʿaʃaret ʾālāf	عشرة آلاف
cem mil	mīt alf	ميت ألف
um milhão	millyon (m)	مليون
um bilhão	millyār (m)	مليار

6. Números ordinais

primeiro (adj)	awwel	أوّل
segundo (adj)	tāny	ثاني
terceiro (adj)	tālet	ثالث
quarto (adj)	rābeʿ	رابع
quinto (adj)	χāmes	خامس
sexto (adj)	sādes	سادس
sétimo (adj)	sābeʿ	سابع
oitavo (adj)	tāmen	ثامن
nono (adj)	tāseʿ	تاسع
décimo (adj)	ʿāʃer	عاشر

7. Números. Frações

fração (f)	kasr (m)	كسر
um meio	noṣṣ	نص
um terço	telt	ثلث
um quarto	robʿ	ربع
um oitavo	tomn	تمن
um décimo	ʿoʃr	عشر
dois terços	teleyn	تلتين
três quartos	talātet arbāʿ	ثلاثة أرباع

8. Números. Operações básicas

subtração (f)	ṭarḥ (m)	طرح
subtrair (vi, vt)	ṭaraḥ	طرح
divisão (f)	ʾesma (f)	قسمة
dividir (vt)	ʾasam	قسم
adição (f)	gamʿ (m)	جمع
somar (vt)	gamaʿ	جمع
adicionar (vt)	gamaʿ	جمع
multiplicação (f)	ḍarb (m)	ضرب
multiplicar (vt)	ḍarab	ضرب

9. Números. Diversos

algarismo, dígito (m)	raqam (m)	رقم
número (m)	ʿadad (m)	عدد
numeral (m)	ʿadady (m)	عددي
menos (m)	nāʾeṣ (m)	ناقص
mais (m)	zāʾed (m)	زائد
fórmula (f)	moʿadla (f)	معادلة
cálculo (m)	ḥesāb (m)	حساب
contar (vt)	ʿadd	عدّ

calcular (vt)	ḥasab	حسب
comparar (vt)	qāran	قارن
Quanto, -os, -as?	kām?	كام؟
soma (f)	magmūʿ (m)	مجموع
resultado (m)	natīga (f)	نتيجة
resto (m)	bā'y (m)	باقي
alguns, algumas ...	kām	كام
pouco (~ tempo)	ʃewaya	شوية
resto (m)	el bā'y (m)	الباقي
um e meio	wāḥed w noṣṣ (m)	واحد ونصّ
dúzia (f)	desta (f)	دستة
ao meio	le noṣṣeyn	لنصّين
em partes iguais	bel tasāwy	بالتساوى
metade (f)	noṣṣ (m)	نصّ
vez (f)	marra (f)	مرّة

10. Os verbos mais importantes. Parte 1

abrir (vt)	fataḥ	فتح
acabar, terminar (vt)	χallaṣ	خلّص
aconselhar (vt)	naṣaḥ	نصح
adivinhar (vt)	χammen	خمّن
advertir (vt)	ḥazzar	حذّر
ajudar (vt)	sāʿed	ساعد
almoçar (vi)	etɣadda	إتغدّى
alugar (~ um apartamento)	est'gar	إستأجر
amar (pessoa)	ḥabb	حبّ
ameaçar (vt)	hadded	هدّد
anotar (escrever)	katab	كتب
apressar-se (vr)	estaʿgel	إستعجل
arrepender-se (vr)	nedem	ندم
assinar (vt)	waqqaʿ	وقّع
brincar (vi)	hazzar	هزّر
brincar, jogar (vi, vt)	leʿeb	لعب
buscar (vt)	dawwar ʿala	دوّر على
caçar (vi)	eṣṭād	اصطاد
cair (vi)	we'eʿ	وقع
cavar (vt)	ḥafar	حفر
chamar (~ por socorro)	estaɣās	إستغاث
chegar (vi)	weṣel	وصل
chorar (vi)	baka	بكى
começar (vt)	bada'	بدأ
comparar (vt)	qāran	قارن
concordar (dizer "sim")	ettafa'	إتّفق
confiar (vt)	wasaq	وثق
confundir (equivocar-se)	etlaχbaṭ	إتلخبط

conhecer (vt)	'eref	عرف
contar (fazer contas)	'add	عدّ
contar com ...	e'tamad 'ala ...	إعتمد على...
continuar (vt)	wāṣel	واصل
controlar (vt)	et-ḥakkem	إتحكّم
convidar (vt)	'azam	عزم
correr (vi)	gery	جري
criar (vt)	'amal	عمل
custar (vt)	kallef	كلّف

11. Os verbos mais importantes. Parte 2

dar (vt)	edda	إدّى
dar uma dica	edda lamḥa	إدّى لمحة
decorar (enfeitar)	zayen	زيّن
defender (vt)	dāfa'	دافع
deixar cair (vt)	wa''a'	وقّع
descer (para baixo)	nezel	نزل
desculpar-se (vr)	e'tazar	إعتذر
dirigir (~ uma empresa)	adār	أدار
discutir (notícias, etc.)	nā'eʃ	ناقش
disparar, atirar (vi)	ḍarab bel nār	ضرب بالنار
dizer (vt)	'āl	قال
duvidar (vt)	ʃakk fe	شكّ في
encontrar (achar)	la'a	لقى
enganar (vt)	χada'	خدع
entender (vt)	fehem	فهم
entrar (na sala, etc.)	daχal	دخل
enviar (uma carta)	arsal	أرسل
errar (enganar-se)	ɣeleṭ	غلط
escolher (vt)	eχtār	إختار
esconder (vt)	χabba	خبّأ
escrever (vt)	katab	كتب
esperar (aguardar)	estanna	إستنّى
esperar (ter esperança)	tamanna	تمنّى
esquecer (vt)	nesy	نسي
estudar (vt)	daras	درس
exigir (vt)	ṭāleb	طالب
existir (vi)	kān mawgūd	كان موّجود
explicar (vt)	ʃaraḥ	شرح
falar (vi)	kallem	كلّم
faltar (a la escuela, etc.)	ɣāb	غاب
fazer (vt)	'amal	عمل
ficar em silêncio	seket	سكت
gabar-se (vr)	tabāha	تباهى
gostar (apreciar)	'agab	عجب
gritar (vi)	ṣarraχ	صرّخ

guardar (fotos, etc.)	ḥafaẓ	حفظ
informar (vt)	'āl ly	قال لي
insistir (vi)	aṣarr	أصرّ
insultar (vt)	ahān	أهان
interessar-se (vr)	ehtamm be	إهتمّ بـ
ir (a pé)	meʃy	مشى
ir nadar	sebeḥ	سبح
jantar (vi)	et'asʃa	إتعشّى

12. Os verbos mais importantes. Parte 3

ler (vt)	'ara	قرأ
libertar, liberar (vt)	ḥarrar	حرّر
matar (vt)	'atal	قتل
mencionar (vt)	zakar	ذكر
mostrar (vt)	warra	ورّى
mudar (modificar)	ɣayar	غيّر
nadar (vi)	'ām	عام
negar-se a … (vr)	rafaḍ	رفض
objetar (vt)	e'taraḍ	إعترض
observar (vt)	rāqab	راقب
ordenar (mil.)	amar	أمر
ouvir (vt)	seme'	سمع
pagar (vt)	dafa'	دفع
parar (vi)	wa''af	وقّف
parar, cessar (vt)	baṭṭal	بطّل
participar (vi)	ʃārek	شارك
pedir (comida, etc.)	ṭalab	طلب
pedir (um favor, etc.)	ṭalab	طلب
pegar (tomar)	aχad	أخد
pegar (uma bola)	mesek	مسك
pensar (vi, vt)	fakkar	فكّر
perceber (ver)	lāḥaẓ	لاحظ
perdoar (vt)	'afa	عفا
perguntar (vt)	sa'al	سأل
permitir (vt)	samaḥ	سمح
pertencer a … (vi)	χaṣṣ	خصّ
planejar (vt)	χaṭṭeṭ	خطّط
poder (~ fazer algo)	'eder	قدر
possuir (uma casa, etc.)	malak	ملك
preferir (vt)	faḍḍal	فضّل
preparar (vt)	ḥaḍḍar	حضّر
prever (vt)	tanabba'	تنبّأ
prometer (vt)	wa'ad	وعد
pronunciar (vt)	naṭa'	نطق
propor (vt)	'araḍ	عرض
punir (castigar)	'āqab	عاقب

quebrar (vt)	kasar	كسر
queixar-se de ...	ʃaka	شكا
querer (desejar)	'āyez	عايز

13. Os verbos mais importantes. Parte 4

ralhar, repreender (vt)	wabbeχ	وبّخ
recomendar (vt)	naṣaḥ	نصح
repetir (dizer outra vez)	karrar	كرّر
reservar (~ um quarto)	ḥagaz	حجز
responder (vt)	gāwab	جاوب
rezar, orar (vi)	ṣalla	صلّى
rir (vi)	ḍeḥek	ضحك
roubar (vt)	sara'	سرق
saber (vt)	'eref	عرف
sair (~ de casa)	χarag	خرج
salvar (resgatar)	anqaz	أنقذ
seguir (~ alguém)	tatabba'	تتبّع
sentar-se (vr)	'a'ad	قعد
ser necessário	maṭlūb	مطلوب
ser, estar	kān	كان
significar (vt)	'aṣad	قصد
sorrir (vi)	ebtasam	إبتسم
subestimar (vt)	estaχaff	إستخفّ
surpreender-se (vr)	etfāge'	إتفاجئ
tentar (~ fazer)	ḥāwel	حاول
ter (vt)	malak	ملك
ter fome	'āyez 'ākol	عايز آكل
ter medo	χāf	خاف
ter sede	'āyez aʃrab	عايز أشرب
tocar (com as mãos)	lamas	لمس
tomar café da manhã	feṭer	فطر
trabalhar (vi)	eʃtaɣal	إشتغل
traduzir (vt)	targem	ترجم
unir (vt)	waḥḥed	وحّد
vender (vt)	bā'	باع
ver (vt)	ʃāf	شاف
virar (~ para a direita)	ḥād	حاد
voar (vi)	ṭār	طار

14. Cores

cor (f)	lone (m)	لون
tom (m)	daraget el lōn (m)	درجة اللون
tonalidade (m)	ṣabɣet lōn (f)	صبغة اللون
arco-íris (m)	qose qozaḥ (m)	قوس قزح

branco (adj)	abyaḍ	أبيض
preto (adj)	aswad	أسود
cinza (adj)	romādy	رمادي
verde (adj)	aχḍar	أخضر
amarelo (adj)	aṣfar	أصفر
vermelho (adj)	aḥmar	أحمر
azul (adj)	azra'	أزرق
azul claro (adj)	azra' fāteḥ	أزرق فاتح
rosa (adj)	wardy	وردي
laranja (adj)	bortoqāly	برتقاليّ
violeta (adj)	banaffsegy	بنفّسجي
marrom (adj)	bonny	بنّي
dourado (adj)	dahaby	ذهبي
prateado (adj)	feḍḍy	فضّي
bege (adj)	bɛ:ʒ	بيج
creme (adj)	'āgy	عاجيّ
turquesa (adj)	fayrūzy	فيروزي
vermelho cereja (adj)	aḥmar karazy	أحمر كرزي
lilás (adj)	laylaky	ليّلكي
carmim (adj)	qormozy	قرمزي
claro (adj)	fāteḥ	فاتح
escuro (adj)	ɣāme'	غامق
vivo (adj)	zāhy	زاهي
de cor	melawwen	ملوّن
a cores	melawwen	ملوّن
preto e branco (adj)	abyaḍ we aswad	أبيض وأسوّد
unicolor (de uma só cor)	sāda	سادة
multicolor (adj)	mota'added el alwān	متعدّد الألوان

15. Questões

Quem?	mīn?	مين؟
O que?	eyh?	ايه؟
Onde?	feyn?	فين؟
Para onde?	feyn?	فين؟
De onde?	meneyn?	منين؟
Quando?	emta	امتى؟
Para quê?	'aʃān eyh?	عشان ايه؟
Por quê?	leyh?	ليه؟
Para quê?	l eyh?	لـ ليه؟
Como?	ezāy?	إزاي؟
Qual (~ é o problema?)	eyh?	ايه؟
Qual (~ deles?)	ayī?	أيّ؟
A quem?	le mīn?	لمين؟
De quem?	'an mīn?	عن مين؟
Do quê?	'an eyh?	عن ايه؟

Com quem?	maʿ mīn?	مع مين؟
Quanto, -os, -as?	kām?	كام؟
De quem? (masc.)	betāʿet mīn?	بتاعت مين؟

16. Preposições

com (prep.)	maʿ	مع
sem (prep.)	men ɣeyr	من غير
a, para (exprime lugar)	ela	إلى
sobre (ex. falar ~)	ʿan	عن
antes de ...	ʾabl	قبل
em frente de ...	ʾoddām	قدّام
debaixo de ...	taḥt	تحت
sobre (em cima de)	foʾe	فوق
em ..., sobre ...	ʿala	على
de, do (sou ~ Rio de Janeiro)	men	من
de (feito ~ pedra)	men	من
em (~ 3 dias)	baʿd	بعد
por cima de ...	men ʿala	من على

17. Palavras funcionais. Advérbios. Parte 1

Onde?	feyn?	فين؟
aqui	hena	هنا
lá, ali	henāk	هناك
em algum lugar	fe makānen ma	في مكان ما
em lugar nenhum	meʃ fi ayī makān	مش في أيّ مكان
perto de ...	ganb	جنب
perto da janela	ganb el ʃebbāk	جنب الشبّاك
Para onde?	feyn?	فين؟
aqui	hena	هنا
para lá	henāk	هناك
daqui	men hena	من هنا
de lá, dali	men henāk	من هناك
perto	ʾarīb	قريب
longe	beʿīd	بعيد
perto de ...	ʿand	عند
à mão, perto	ʾarīb	قريب
não fica longe	meʃ beʿīd	مش بعيد
esquerdo (adj)	el ʃemāl	الشمال
à esquerda	ʿalal ʃemāl	على الشمال
para a esquerda	lel ʃemāl	للشمال
direito (adj)	el yemīn	اليمين
à direita	ʿalal yemīn	على اليمين

para a direita	lel yemīn	لليمين
em frente	'oddām	قدّام
da frente	amāmy	أمامي
adiante (para a frente)	ela el amām	إلى الأمام
atrás de …	wara'	وراء
de trás	men wara	من ورّا
para trás	le wara	لورّا
meio (m), metade (f)	wasaṭ (m)	وسط
no meio	fel wasat	في الوسط
do lado	'ala ganb	على جنب
em todo lugar	fe kol makān	في كل مكان
por todos os lados	ḥawaleyn	حوالين
de dentro	men gowwah	من جوّه
para algum lugar	le 'ayī makān	لأي مكان
diretamente	'ala ṭūl	على طول
de volta	rogū'	رجوع
de algum lugar	men ayī makān	من أيّ مكان
de algum lugar	men makānen mā	من مكان ما
em primeiro lugar	awwalan	أوّلاً
em segundo lugar	sāneyan	ثانياً
em terceiro lugar	sālesan	ثالثاً
de repente	fag'a	فجأة
no início	fel bedāya	في البداية
pela primeira vez	le 'awwel marra	لأوّل مرّة
muito antes de …	'abl … be modda ṭawīla	قبل... بمدة طويلة
de novo	men gedīd	من جديد
para sempre	lel abad	للأبد
nunca	abadan	أبداً
de novo	tāny	تاني
agora	delwa'ty	دلوقتي
frequentemente	ketīr	كثير
então	wa'taha	وقتها
urgentemente	'ala ṭūl	على طول
normalmente	'ādatan	عادةً
a propósito, …	'ala fekra …	على فكرة...
é possível	momken	ممكن
provavelmente	momken	ممكن
talvez	momken	ممكن
além disso, …	bel eḍāfa ela …	بالإضافة إلى...
por isso …	'aʃān keda	عشان كده
apesar de …	bel raɣm men …	بالرغم من...
graças a …	be faḍl …	بفضل...
que (pron.)	elly	إللي
que (conj.)	ennu	إنّه
algo	ḥāga (f)	حاجة
alguma coisa	ayī ḥāga (f)	أيّ حاجة

nada	wala ḥāga	ولا حاجة
quem	elly	إللي
alguém (~ que ...)	ḥadd	حدّ
alguém (com ~)	ḥadd	حدّ
ninguém	wala ḥadd	ولا حدّ
para lugar nenhum	meʃ le wala makān	مش لـ ولا مكان
de ninguém	wala ḥadd	ولا حدّ
de alguém	le ḥadd	لحدّ
tão	geddan	جداً
também (gostaria ~ de ...)	kamān	كمان
também (~ eu)	kamān	كمان

18. Palavras funcionais. Advérbios. Parte 2

Por quê?	leyh?	ليه؟
por alguma razão	le sabeben ma	لسبب ما
porque ...	ʿaʃān ...	... عشان
por qualquer razão	le hadafen mā	لهدف ما
e (tu ~ eu)	w	و
ou (ser ~ não ser)	walla	ولّا
mas (porém)	bass	بسّ
para (~ a minha mãe)	ʿaʃān	عشان
muito, demais	ketīr geddan	كتير جدّاً
só, somente	bass	بسّ
exatamente	bel ḍabṭ	بالضبط
cerca de (~ 10 kg)	naḥw	نحو
aproximadamente	naḥw	نحو
aproximado (adj)	taqrīby	تقريبي
quase	taʾrīban	تقريباً
resto (m)	el bāʾy (m)	الباقي
cada (adj)	koll	كلّ
qualquer (adj)	ayī	أيّ
muito, muitos, muitas	ketīr	كتير
muitas pessoas	nās ketīr	ناس كتير
todos	koll el nās	كلّ الناس
em troca de ...	fi moqābel ...	... في مقابل
em troca	fe moqābel	في مقابل
à mão	bel yad	باليد
pouco provável	bel kād	بالكاد
provavelmente	momken	ممكن
de propósito	bel ʾaṣd	بالقصد
por acidente	bel ṣodfa	بالصدفة
muito	ʾawy	قويّ
por exemplo	masalan	مثلاً
entre	beyn	بين

entre (no meio de)	wesṭ	وسط
tanto	ketīr	كتير
especialmente	χāṣṣa	خاصّة

Conceitos básicos. Parte 2

19. Opostos

rico (adj)	ɣany	غني
pobre (adj)	fa'īr	فقير
doente (adj)	marīḍ	مريض
bem (adj)	salīm	سليم
grande (adj)	kebīr	كبير
pequeno (adj)	ṣaɣīr	صغير
rapidamente	bosor'a	بسرعة
lentamente	bo boṭ'	ببطء
rápido (adj)	saree'	سريع
lento (adj)	baṭī'	بطيء
alegre (adj)	farḥān	فرحان
triste (adj)	ḥazīn	حزين
juntos (ir ~)	ma' ba'ḍ	مع بعض
separadamente	le waḥdo	لوحده
em voz alta (ler ~)	beṣote 'āly	بصوت عالي
para si (em silêncio)	beṣamt	بصمت
alto (adj)	'āly	عالي
baixo (adj)	wāṭy	واطي
profundo (adj)	'amīq	عميق
raso (adj)	ḍaḥl	ضحل
sim	aywa	أيوه
não	la'	لأ
distante (adj)	be'īd	بعيد
próximo (adj)	'arīb	قريب
longe	be'īd	بعيد
à mão, perto	'arīb	قريب
longo (adj)	ṭawīl	طويل
curto (adj)	'aṣīr	قصير
bom (bondoso)	ṭayeb	طيّب
mal (adj)	ʃerrīr	شرير
casado (adj)	metgawwez	متجوّز

solteiro (adj)	a'zab	أعزب
proibir (vt)	mana'	منع
permitir (vt)	samaḥ	سمح
fim (m)	nehāya (f)	نهاية
início (m)	bedāya (f)	بداية
esquerdo (adj)	el ʃemāl	الشمال
direito (adj)	el yemīn	اليمين
primeiro (adj)	awwel	أوّل
último (adj)	'āχer	آخر
crime (m)	garīma (f)	جريمة
castigo (m)	'eqāb (m)	عقاب
ordenar (vt)	amar	أمر
obedecer (vt)	ṭā'	طاع
reto (adj)	mostaqīm	مستقيم
curvo (adj)	monḥany	منحني
paraíso (m)	el ganna (f)	الجنّة
inferno (m)	el gaḥīm (f)	الجحيم
nascer (vi)	etwalad	إتولّد
morrer (vi)	māt	مات
forte (adj)	'awy	قوّي
fraco, débil (adj)	ḍa'īf	ضعيف
velho, idoso (adj)	'agūz	عجوز
jovem (adj)	ʃāb	شاب
velho (adj)	'adīm	قديم
novo (adj)	gedīd	جديد
duro (adj)	ṣalb	صلب
macio (adj)	ṭary	طري
quente (adj)	dāfy	دافي
frio (adj)	bāred	بارد
gordo (adj)	teχīn	تخين
magro (adj)	rofaya'	رفيّع
estreito (adj)	ḍaye'	ضيّق
largo (adj)	wāse'	واسع
bom (adj)	kewayes	كويّس
mau (adj)	weḥeʃ	وحش
valente, corajoso (adj)	ʃogā'	شجاع
covarde (adj)	gabān	جبان

20. Dias da semana

segunda-feira (f)	el etneyn (m)	الإتنين
terça-feira (f)	el talāt (m)	التلات
quarta-feira (f)	el arbe'ā' (m)	الأربعاء
quinta-feira (f)	el χamīs (m)	الخميس
sexta-feira (f)	el gom'a (m)	الجمعة
sábado (m)	el sabt (m)	السبت
domingo (m)	el aḥad (m)	الأحد
hoje	el naharda	النهارده
amanhã	bokra	بكرة
depois de amanhã	ba'd bokra (m)	بعد بكرة
ontem	embāreḥ	امبارح
anteontem	awwel embāreḥ	أوّل امبارح
dia (m)	yome (m)	يوم
dia (m) de trabalho	yome 'amal (m)	يوم عمل
feriado (m)	agāza rasmiya (f)	أجازة رسميّة
dia (m) de folga	yome el agāza (m)	يوم أجازة
fim (m) de semana	nehāyet el osbū' (f)	نهاية الأسبوع
o dia todo	ṭūl el yome	طول اليوم
no dia seguinte	fel yome elly ba'dīh	في اليوم اللي بعديه
há dois dias	men yomeyn	من يومين
na véspera	fel yome elly 'ablo	في اليوم اللي قبله
diário (adj)	yawmy	يومي
todos os dias	yawmiyan	يومياً
semana (f)	osbū' (m)	أسبوع
na semana passada	el esbū' elly fāt	الأسبوع اللي فات
semana que vem	el esbū' elly gayī	الأسبوع اللي جاي
semanal (adj)	osbū'y	أسبوعي
toda semana	osbū'iyan	أسبوعياً
duas vezes por semana	marreteyn fel osbū'	مرّتين في الأسبوع
toda terça-feira	koll solasā'	كلّ ثلاثاء

21. Horas. Dia e noite

manhã (f)	ṣobḥ (m)	صبح
de manhã	fel ṣobḥ	في الصبح
meio-dia (m)	ẓohr (m)	ظهر
à tarde	ba'd el ḍohr	بعد الظهر
tardinha (f)	leyl (m)	ليل
à tardinha	bel leyl	بالليل
noite (f)	leyl (m)	ليل
à noite	bel leyl	بالليل
meia-noite (f)	noṣṣ el leyl (m)	نصّ الليل
segundo (m)	sanya (f)	ثانية
minuto (m)	deT'a (f)	دقيقة
hora (f)	sā'a (f)	ساعة

meia hora (f)	noṣṣ sā'a (m)	نصّ ساعة
quarto (m) de hora	rob' sā'a (f)	ربع ساعة
quinze minutos	χamastāʃer de'ī'a	خمستاشر دقيقة
vinte e quatro horas	arba'a we 'eʃrīn sā'a	أربعة وعشرين ساعة
nascer (m) do sol	ʃorū' el ʃams (m)	شروق الشمس
amanhecer (m)	fagr (m)	فجر
madrugada (f)	ṣobḥ badry (m)	صبح بدري
pôr-do-sol (m)	ɣorūb el ʃams (m)	غروب الشمس
de madrugada	el ṣobḥ badry	الصبح بدري
esta manhã	el naharda el ṣobḥ	النهاردة الصبح
amanhã de manhã	bokra el ṣobḥ	بكرة الصبح
esta tarde	el naharda ba'd el ḍohr	النهاردة بعد الظهر
à tarde	ba'd el ḍohr	بعد الظهر
amanhã à tarde	bokra ba'd el ḍohr	بكرة بعد الظهر
esta noite, hoje à noite	el naharda bel leyl	النهاردة بالليل
amanhã à noite	bokra bel leyl	بكرة بالليل
às três horas em ponto	es sā'a talāta bel ḍabṭ	الساعة تلاتة بالضبط
por volta das quatro	es sā'a arba'a ta'rīban	الساعة أربعة تقريبا
às doze	ḥatt es sā'a etnāʃar	حتى الساعة إتناشر
em vinte minutos	fe χelāl 'eʃrīn de'ee'a	في خلال عشرين دقيقة
em uma hora	fe χelāl sā'a	في خلال ساعة
a tempo	fe maw'edo	في موعده
... um quarto para	ella rob'	إلّا ربع
dentro de uma hora	χelāl sā'a	خلال ساعة
a cada quinze minutos	koll rob' sā'a	كلّ ربع ساعة
as vinte e quatro horas	leyl nahār	ليل نهار

22. Meses. Estações

janeiro (m)	yanāyer (m)	يناير
fevereiro (m)	febrāyer (m)	فبراير
março (m)	māres (m)	مارس
abril (m)	ebrīl (m)	إبريل
maio (m)	māyo (m)	مايو
junho (m)	yonyo (m)	يونيو
julho (m)	yolyo (m)	يوليو
agosto (m)	oɣosṭos (m)	أغسطس
setembro (m)	sebtamber (m)	سبتمبر
outubro (m)	oktober (m)	أكتوبر
novembro (m)	november (m)	نوفمبر
dezembro (m)	desember (m)	ديسمبر
primavera (f)	rabee' (m)	ربيع
na primavera	fel rabee'	في الربيع
primaveril (adj)	rabee'y	ربيعي
verão (m)	ṣeyf (m)	صيف
no verão	fel ṣeyf	في الصيف

de verão	ṣeyfy	صيفي
outono (m)	χarīf (m)	خريف
no outono	fel χarīf	في الخريف
outonal (adj)	χarīfy	خريفي
inverno (m)	ʃetā' (m)	شتاء
no inverno	fel ʃetā'	في الشتاء
de inverno	ʃetwy	شتوي
mês (m)	ʃahr (m)	شهر
este mês	fel ʃahr da	في الشهر ده
mês que vem	el ʃahr el gayī	الشهر الجاي
no mês passado	el ʃahr elly fāt	الشهر اللي فات
um mês atrás	men ʃahr	من شهر
em um mês	ba'd ʃahr	بعد شهر
em dois meses	ba'd ʃahreyn	بعد شهرين
todo o mês	el ʃahr kollo	الشهر كله
um mês inteiro	ṭawāl el ʃahr	طوال الشهر
mensal (adj)	ʃahry	شهري
mensalmente	ʃahry	شهري
todo mês	koll ʃahr	كل شهر
duas vezes por mês	marreteyn fel ʃahr	مرتين في الشهر
ano (m)	sana (f)	سنة
este ano	el sana di	السنة دي
ano que vem	el sana el gaya	السنة الجاية
no ano passado	el sana elly fātet	السنة اللي فاتت
há um ano	men sana	من سنة
em um ano	ba'd sana	بعد سنة
dentro de dois anos	ba'd sanateyn	بعد سنتين
todo o ano	el sana kollaha	السنة كلها
um ano inteiro	ṭūl el sana	طول السنة
cada ano	koll sana	كل سنة
anual (adj)	sanawy	سنوي
anualmente	koll sana	كل سنة
quatro vezes por ano	arba' marrāt fel sana	أربع مرات في السنة
data (~ de hoje)	tarīχ (m)	تاريخ
data (ex. ~ de nascimento)	tarīχ (m)	تاريخ
calendário (m)	natīga (f)	نتيجة
meio ano	noṣṣ sana	نص سنة
seis meses	settet aʃ-hor (f)	ستة أشهر
estação (f)	faṣl (m)	فصل
século (m)	qarn (m)	قرن

23. Tempo. Diversos

tempo (m)	wa't (m)	وقت
momento (m)	laḥza (f)	لحظة

instante (m)	laḥza (f)	لحظة
instantâneo (adj)	laḥza	لحظة
lapso (m) de tempo	fatra (f)	فترة
vida (f)	ḥayah (f)	حياة
eternidade (f)	abadiya (f)	أبديّة
época (f)	ʿahd (m)	عهد
era (f)	ʿaṣr (m)	عصر
ciclo (m)	dawra (f)	دورة
período (m)	fatra (f)	فترة
prazo (m)	fatra (f)	فترة
futuro (m)	el mostaqbal (m)	المستقبل
futuro (adj)	elly gayī	اللي جاي
da próxima vez	el marra el gaya	المرّة الجايّة
passado (m)	el māḍy (m)	الماضي
passado (adj)	elly fāt	اللي فات
na última vez	el marra elly fātet	المرّة اللي فاتت
mais tarde	baʿdeyn	بعدين
depois de ...	baʿd	بعد
atualmente	el ayām di	الأيام دي
agora	delwaʾty	دلوقتي
imediatamente	ḥālan	حالاً
em breve	ʾarīb	قريب
de antemão	moʾaddaman	مقدّماً
há muito tempo	men zamān	من زمان
recentemente	men ʾorayeb	من قريّب
destino (m)	maṣīr (m)	مصير
recordações (f pl)	zekra (f)	ذكرى
arquivo (m)	arʃīf (m)	أرشيف
durante ...	esnāʾ...	إثناء...
durante muito tempo	modda ṭawīla	مدّة طويلة
pouco tempo	le fatra ʾaṣīra	لفترة قصيرة
cedo (levantar-se ~)	badry	بدري
tarde (deitar-se ~)	metʾakχer	متأخّر
para sempre	lel abad	للأبد
começar (vt)	badaʾ	بدأ
adiar (vt)	aggel	أجّل
ao mesmo tempo	fe nafs el waqt	في نفس الوقت
permanentemente	be ʃakl dāʾem	بشكل دائم
constante (~ ruído, etc.)	mostamerr	مستمرّ
temporário (adj)	moʾakkatan	مؤقّتاً
às vezes	saʿāt	ساعات
raras vezes, raramente	nāderan	نادراً
frequentemente	ketīr	كثير

24. Linhas e formas

quadrado (m)	morabbaʿ (m)	مربّع
quadrado (adj)	morabbaʿ	مربّع

círculo (m)	dayra (f)	دايرة
redondo (adj)	medawwar	مدوّر
triângulo (m)	mosallas (m)	مثلّث
triangular (adj)	mosallasy el ʃakl	مثلّثي الشكل
oval (f)	bayḍawy (m)	بيضوّي
oval (adj)	bayḍawy	بيضوي
retângulo (m)	mostaṭīl (m)	مستطيل
retangular (adj)	mostaṭīly	مستطيلي
pirâmide (f)	haram (m)	هرم
losango (m)	moʿayen (m)	معيّن
trapézio (m)	ʃebh el monḥaref (m)	شبه المنحرف
cubo (m)	mokaʿab (m)	مكعّب
prisma (m)	manʃūr (m)	منشور
circunferência (f)	moḥīṭ monḥany moɣlaq (m)	محيط منحني مغلق
esfera (f)	kora (f)	كرة
globo (m)	kora (f)	كرة
diâmetro (m)	qaṭr (m)	قطر
raio (m)	noṣṣ qaṭr (m)	نصّ قطر
perímetro (m)	moḥīṭ (m)	محيط
centro (m)	wasaṭ (m)	وسط
horizontal (adj)	ofoqy	أفقي
vertical (adj)	ʿamūdy	عمودي
paralela (f)	motawāz (m)	متواز
paralelo (adj)	motawāzy	متوازي
linha (f)	xaṭṭ (m)	خطّ
traço (m)	ḥaraka (m)	حركة
reta (f)	xaṭṭ mostaqīm (m)	خطّ مستقيم
curva (f)	xaṭṭ monḥany (m)	خطّ منحني
fino (linha ~a)	rofayaʿ	رفيّع
contorno (m)	kontūr (m)	كنتور
interseção (f)	taqāṭoʿ (m)	تقاطع
ângulo (m) reto	zawya mostaqīma (f)	زاوية مستقيمة
segmento (m)	ʾeṭʿa (f)	قطعة
setor (m)	qaṭāʿ (m)	قطاع
lado (de um triângulo, etc.)	gāneb (m)	جانب
ângulo (m)	zawya (f)	زاوية

25. Unidades de medida

peso (m)	wazn (m)	وزن
comprimento (m)	ṭūl (m)	طول
largura (f)	ʿarḍ (m)	عرض
altura (f)	ertefāʿ (m)	إرتفاع
profundidade (f)	ʿomq (m)	عمق
volume (m)	ḥagm (m)	حجم
área (f)	mesāḥa (f)	مساحة
grama (m)	gram (m)	جرام
miligrama (m)	milligrām (m)	ملّيغرام

quilograma (m)	kilogrām (m)	كيلوغرام
tonelada (f)	ṭenn (m)	طنّ
libra (453,6 gramas)	reṭl (m)	رطل
onça (f)	onṣa (f)	أونصة
metro (m)	metr (m)	متر
milímetro (m)	millimetr (m)	ملّيمتر
centímetro (m)	santimetr (m)	سنتيمتر
quilômetro (m)	kilometr (m)	كيلومتر
milha (f)	mīl (m)	ميل
polegada (f)	boṣa (f)	بوصة
pé (304,74 mm)	'adam (m)	قدم
jarda (914,383 mm)	yarda (f)	ياردة
metro (m) quadrado	metr morabba' (m)	متر مربّع
hectare (m)	hektār (m)	هكتار
litro (m)	litre (m)	لتر
grau (m)	daraga (f)	درجة
volt (m)	volt (m)	فولت
ampère (m)	ambere (m)	أمبير
cavalo (m) de potência	ḥoṣān (m)	حصان
quantidade (f)	kemiya (f)	كميّة
um pouco de ...	ʃewayet ...	شويّة...
metade (f)	noṣṣ (m)	نصّ
dúzia (f)	desta (f)	دستة
peça (f)	waḥda (f)	وحدة
tamanho (m), dimensão (f)	ḥagm (m)	حجم
escala (f)	me'yās (m)	مقياس
mínimo (adj)	el adna	الأدنى
menor, mais pequeno	el aṣɣar	الأصغر
médio (adj)	motawasseṭ	متوّسط
máximo (adj)	el aqṣa	الأقصى
maior, mais grande	el akbar	الأكبر

26. Recipientes

pote (m) de vidro	barṭamān (m)	برطمان
lata (~ de cerveja)	kanz (m)	كانز
balde (m)	gardal (m)	جردل
barril (m)	barmīl (m)	برميل
bacia (~ de plástico)	ḥoḍe lel ɣasīl (m)	حوض للغسيل
tanque (m)	χazzān (m)	خزّان
cantil (m) de bolso	zamzamiya (f)	زمزميّة
galão (m) de gasolina	ʒerken (m)	جركن
cisterna (f)	χazzān (m)	خزّان
caneca (f)	mugg (m)	ماجّ
xícara (f)	fengān (m)	فنجان

pires (m)	ṭaba' fengān (m)	طبق فنجان
copo (m)	kobbāya (f)	كوبّاية
taça (f) de vinho	kāsa (f)	كاسة
panela (f)	ḥalla (f)	حلّة
garrafa (f)	ezāza (f)	إزازة
gargalo (m)	'onq (m)	عنق
jarra (f)	dawra' zogāgy (m)	دورق زجاجي
jarro (m)	ebrī' (m)	إبريق
recipiente (m)	we'ā' (m)	وعاء
pote (m)	aṣīṣ (m)	أصيص
vaso (m)	vāza (f)	فازة
frasco (~ de perfume)	ezāza (f)	إزازة
frasquinho (m)	ezāza (f)	إزازة
tubo (m)	anbūba (f)	أنبوبة
saco (ex. ~ de açúcar)	kīs (m)	كيس
sacola (~ plastica)	kīs (m)	كيس
maço (de cigarros, etc.)	'elba (f)	علبة
caixa (~ de sapatos, etc.)	'elba (f)	علبة
caixote (~ de madeira)	ṣandū' (m)	صندوق
cesto (m)	salla (f)	سلّة

27. Materiais

material (m)	madda (f)	مادّة
madeira (f)	χaʃab (m)	خشب
de madeira	χaʃaby	خشبي
vidro (m)	ezāz (m)	إزاز
de vidro	ezāz	إزاز
pedra (f)	ḥagar (m)	حجر
de pedra	ḥagary	حجري
plástico (m)	blastik (m)	بلاستيك
plástico (adj)	men el blastik	من البلاستيك
borracha (f)	maṭṭāṭ (m)	مطّاط
de borracha	maṭṭāṭy	مطّاطي
tecido, pano (m)	'omāʃ (m)	قماش
de tecido	men el 'omāʃ	من القماش
papel (m)	wara' (m)	ورق
de papel	wara'y	ورقي
papelão (m)	kartōn (m)	كرتون
de papelão	kartony	كرتوني
polietileno (m)	bolyetylen (m)	بولي ايثيلين
celofane (m)	sellofān (m)	سيلوفان

madeira (f) compensada	ablakāʃ (m)	أبلكاش
porcelana (f)	borsalīn (m)	بورسلين
de porcelana	men el borsalīn	من البورسلين
argila (f), barro (m)	ṭīn (m)	طين
de barro	fokχāry	فخّاري
cerâmica (f)	seramīk (m)	سيراميك
de cerâmica	men el seramik	من السيراميك

28. Metais

metal (m)	maʿdan (m)	معدن
metálico (adj)	maʿdany	معدني
liga (f)	sebīka (f)	سبيكة
ouro (m)	dahab (m)	ذهب
de ouro	dahaby	ذهبي
prata (f)	faḍḍa (f)	فضّة
de prata	feḍḍy	فضّي
ferro (m)	ḥadīd (m)	حديد
de ferro	ḥadīdy	حديدي
aço (m)	fulāz (m)	فولاذ
de aço (adj)	folāzy	فولاذي
cobre (m)	neḥās (m)	نحاس
de cobre	neḥāsy	نحاسي
alumínio (m)	aluminyum (m)	الومينيوم
de alumínio	aluminyum	الومينيوم
bronze (m)	bronze (m)	برونز
de bronze	bronzy	برونزي
latão (m)	neḥās aṣfar (m)	نحاس أصفر
níquel (m)	nikel (m)	نيكل
platina (f)	blatīn (m)	بلاتين
mercúrio (m)	zeʾbaq (m)	زئبق
estanho (m)	ʾaṣdīr (m)	قصدير
chumbo (m)	roṣāṣ (m)	رصاص
zinco (m)	zink (m)	زنك

O SER HUMANO

O ser humano. O corpo

29. Humanos. Conceitos básicos

ser (m) humano	ensān (m)	إنسان
homem (m)	rāgel (m)	راجل
mulher (f)	set (f)	ست
criança (f)	ṭefl (m)	طفل
menina (f)	bent (f)	بنت
menino (m)	walad (m)	ولد
adolescente (m)	morāheq (m)	مراهق
velho (m)	'agūz (m)	عجوز
velha (f)	'agūza (f)	عجوزة

30. Anatomia humana

organismo (m)	'oḍw (m)	عضو
coração (m)	'alb (m)	قلب
sangue (m)	damm (m)	دم
artéria (f)	ʃeryān (m)	شريان
veia (f)	'er' (m)	عرق
cérebro (m)	mokχ (m)	مخّ
nervo (m)	'aṣab (m)	عصب
nervos (m pl)	a'ṣāb (pl)	أعصاب
vértebra (f)	faqra (f)	فقرة
coluna (f) vertebral	'amūd faqry (m)	عمود فقري
estômago (m)	me'da (f)	معدة
intestinos (m pl)	am'ā' (pl)	أمعاء
intestino (m)	ma'y (m)	معى
fígado (m)	kebd (f)	كبد
rim (m)	kelya (f)	كلية
osso (m)	'aḍm (m)	عظم
esqueleto (m)	haykal 'azmy (m)	هيكل عظمي
costela (f)	ḍel' (m)	ضلع
crânio (m)	gomgoma (f)	جمجمة
músculo (m)	'aḍala (f)	عضلة
bíceps (m)	biseps (f)	بايسبس
tríceps (m)	triseps (f)	ترايسبس
tendão (m)	watar (m)	وتر
articulação (f)	mefṣal (m)	مفصل

pulmões (m pl)	re'ateyn (du)	رئتين
órgãos (m pl) genitais	a'ḍā' tanasoliya (pl)	أعضاء تناسلية
pele (f)	boʃra (m)	بشرة

31. Cabeça

cabeça (f)	ra's (m)	رأس
rosto, cara (f)	weʃ (m)	وش
nariz (m)	manaχīr (m)	مناخير
boca (f)	bo' (m)	بوء
olho (m)	'eyn (f)	عين
olhos (m pl)	'oyūn (pl)	عيون
pupila (f)	ḥad'a (f)	حدقة
sobrancelha (f)	ḥāgeb (m)	حاجب
cílio (f)	remʃ (m)	رمش
pálpebra (f)	gefn (m)	جفن
língua (f)	lesān (m)	لسان
dente (m)	senna (f)	سنّة
lábios (m pl)	ʃafāyef (pl)	شفايف
maçãs (f pl) do rosto	'aḍmet el χadd (f)	عضمة الخدّ
gengiva (f)	lassa (f)	لثّة
palato (m)	ḥanak (m)	حنك
narinas (f pl)	manaχer (pl)	مناخر
queixo (m)	da''n (m)	دقن
mandíbula (f)	fakk (m)	فكّ
bochecha (f)	χadd (m)	خدّ
testa (f)	gabha (f)	جبهة
têmpora (f)	ṣedɣ (m)	صدغ
orelha (f)	wedn (f)	ودن
costas (f pl) da cabeça	'afa (m)	قفا
pescoço (m)	ra'aba (f)	رقبة
garganta (f)	zore (m)	زور
cabelo (m)	ʃa'r (m)	شعر
penteado (m)	tasrīḥa (f)	تسريحة
corte (m) de cabelo	tasrīḥa (f)	تسريحة
peruca (f)	barūka (f)	باروكة
bigode (m)	ʃanab (pl)	شنب
barba (f)	leḥya (f)	لحية
ter (~ barba, etc.)	'ando	عنده
trança (f)	ḍefīra (f)	ضفيرة
suíças (f pl)	sawālef (pl)	سوالف
ruivo (adj)	aḥmar el ʃa'r	أحمر الشعر
grisalho (adj)	ʃa'r abyaḍ	شعر أبيض
careca (adj)	aṣla'	أصلع
calva (f)	ṣala' (m)	صلع
rabo-de-cavalo (m)	deyl ḥoṣān (m)	ديل حصان
franja (f)	'oṣṣa (f)	قصّة

32. Corpo humano

mão (f)	yad (m)	يد
braço (m)	derā' (f)	دراع
dedo (m)	ṣobā' (m)	صباع
dedo (m) do pé	ṣobā' el 'adam (m)	صباع القدم
polegar (m)	ebhām (m)	إبهام
dedo (m) mindinho	χonṣor (m)	خنصر
unha (f)	ḍefr (m)	ضفر
punho (m)	qabḍa (f)	قبضة
palma (f)	kaff (f)	كفّ
pulso (m)	me'ṣam (m)	معصم
antebraço (m)	sā'ed (m)	ساعد
cotovelo (m)	kū' (m)	كوع
ombro (m)	ketf (f)	كتف
perna (f)	regl (f)	رجل
pé (m)	qadam (f)	قدم
joelho (m)	rokba (f)	ركبة
panturrilha (f)	semmāna (f)	سمّانة
quadril (m)	faχd (f)	فخد
calcanhar (m)	ka'b (m)	كعب
corpo (m)	gesm (m)	جسم
barriga (f), ventre (m)	baṭn (m)	بطن
peito (m)	ṣedr (m)	صدر
seio (m)	sady (m)	ثدي
lado (m)	ganb (m)	جنب
costas (dorso)	ḍahr (m)	ضهر
região (f) lombar	asfal el ḍahr (m)	أسفل الضهر
cintura (f)	wesṭ (f)	وسط
umbigo (m)	sorra (f)	سرّة
nádegas (f pl)	ardāf (pl)	أرداف
traseiro (m)	debr (m)	دبر
sinal (m), pinta (f)	ʃāma (f)	شامة
sinal (m) de nascença	waḥma	وحمة
tatuagem (f)	waʃm (m)	وشم
cicatriz (f)	nadba (f)	ندبة

Vestuário & Acessórios

33. Roupa exterior. Casacos

roupa (f)	malābes (pl)	ملابس
roupa (f) exterior	malābes fo'aniya (pl)	ملابس فوقانيّة
roupa (f) de inverno	malābes ʃetwiya (pl)	ملابس شتويّة
sobretudo (m)	balṭo (m)	بالطو
casaco (m) de pele	balṭo farww (m)	بالطو فروّ
jaqueta (f) de pele	ʒaket farww (m)	جاكيت فروّ
casaco (m) acolchoado	balṭo maḥʃy rīʃ (m)	بالطو محشي ريش
casaco (m), jaqueta (f)	ʒæket (m)	جاكيت
impermeável (m)	ʒæket lel maṭar (m)	جاكيت للمطر
a prova d'água	wāqy men el maya	واقي من الميّة

34. Vestuário de homem & mulher

camisa (f)	'amīṣ (m)	قميص
calça (f)	banṭalone (f)	بنطلون
jeans (m)	ʒeans (m)	جينز
paletó, terno (m)	ʒæket (f)	جاكت
terno (m)	badla (f)	بدلة
vestido (ex. ~ de noiva)	fostān (m)	فستان
saia (f)	ʒība (f)	جيبة
blusa (f)	bloza (f)	بلوزة
casaco (m) de malha	kardigan (m)	كارديجن
casaco, blazer (m)	ʒæket (m)	جاكيت
camiseta (f)	ti ʃirt (m)	تي شيرت
short (m)	ʃort (m)	شورت
training (m)	treneng (m)	ترينينج
roupão (m) de banho	robe el ḥammām (m)	روب حمّام
pijama (m)	beʒāma (f)	بيجاما
suéter (m)	blover (f)	بلوفر
pulôver (m)	blover (m)	بلوفر
colete (m)	vest (m)	فيست
fraque (m)	badlet sahra ṭawīla (f)	بدلة سهرة طويلة
smoking (m)	badla (f)	بدلة
uniforme (m)	zayī muwaḥḥad (m)	زيّ موحّد
roupa (f) de trabalho	lebs el ʃoɣl (m)	لبس الشغل
macacão (m)	overall (m)	اوفر اول
jaleco (m), bata (f)	balṭo (m)	بالطو

35. Vestuário. Roupa interior

roupa (f) íntima	malābes dāχeliya (pl)	ملابس داخلية
cueca boxer (f)	sirwāl dāχly rigāly (m)	سروال داخلي رجاليّ
calcinha (f)	sirwāl dāχly nisā'y (m)	سروال داخلي نسائيّ
camiseta (f)	fanella (f)	فانلّا
meias (f pl)	ʃarāb (m)	شراب
camisola (f)	'amīṣ nome (m)	قميص نوم
sutiã (m)	setyāna (f)	ستيانة
meias longas (f pl)	ʃarabāt ṭawīla (pl)	شرابات طويلة
meias-calças (f pl)	klone (m)	كلون
meias (~ de nylon)	gawāreb (pl)	جوارب
maiô (m)	mayo (m)	مايّوه

36. Adereços de cabeça

chapéu (m), touca (f)	ṭa'iya (f)	طاقيّة
chapéu (m) de feltro	borneyṭa (f)	برنيطة
boné (m) de beisebol	base bāl kāb (m)	بيس بول كاب
boina (~ italiana)	ṭa'iya mosaṭṭaḥa (f)	طاقيّة مسطحة
boina (ex. ~ basca)	bereyh (m)	بيريه
capuz (m)	ɣaṭa' (f)	غطاء
chapéu panamá (m)	qobba'et banama (f)	قبّعة بناما
touca (f)	ays kāb (m)	آيس كاب
lenço (m)	eʃarb (m)	إيشارب
chapéu (m) feminino	borneyṭa (f)	برنيطة
capacete (m) de proteção	χawza (f)	خوذة
bibico (m)	kāb (m)	كاب
capacete (m)	χawza (f)	خوذة
chapéu-coco (m)	qobba'a (f)	قبّعة
cartola (f)	qobba'a rasmiya (f)	قبّعة رسمية

37. Calçado

calçado (m)	gezam (pl)	جزم
botinas (f pl), sapatos (m pl)	gazma (f)	جزمة
sapatos (de salto alto, etc.)	gazma (f)	جزمة
botas (f pl)	būt (m)	بوت
pantufas (f pl)	ʃebʃeb (m)	شبشب
tênis (~ Nike, etc.)	kotʃy tennis (m)	كوتشي تنس
tênis (~ Converse)	kotʃy (m)	كوتشي
sandálias (f pl)	ṣandal (pl)	صندل
sapateiro (m)	eskāfy (m)	إسكافي
salto (m)	ka'b (m)	كعب

par (m)	goze (m)	جوز
cadarço (m)	ʃerīṭ (m)	شريط
amarrar os cadarços	rabaṭ	ربط
calçadeira (f)	labbāsa el gazma (f)	لبّاسة الجزمة
graxa (f) para calçado	warnīʃ el gazma (m)	ورنيش الجزمة

38. Têxtil. Tecidos

algodão (m)	'oṭn (m)	قطن
de algodão	'oṭny	قطني
linho (m)	kettān (m)	كتّان
de linho	men el kettān	من الكتّان
seda (f)	ḥarīr (m)	حرير
de seda	ḥarīry	حريري
lã (f)	ṣūf (m)	صوف
de lã	ṣūfiya	صوفية
veludo (m)	moχmal (m)	مخمل
camurça (f)	geld maz'abar (m)	جلد مزأبر
veludo (m) cotelê	'oṭṭn 'aṭīfa (f)	قطن قطيفة
nylon (m)	nylon (m)	نايلون
de nylon	men el naylon	من النيلون
poliéster (m)	bolyester (m)	بوليستر
de poliéster	men el bolyastar	من البوليستر
couro (m)	geld (m)	جلد
de couro	men el geld	من الجلد
pele (f)	farww (m)	فروّ
de pele	men el farww	من الفروّ

39. Acessórios pessoais

luva (f)	gwanty (m)	جوانتي
mitenes (f pl)	gwanty men ɣeyr aṣābe' (m)	جوانتي من غير أصابع
cachecol (m)	skarf (m)	سكارف
óculos (m pl)	naḍḍāra (f)	نظّارة
armação (f)	eṭār (m)	إطار
guarda-chuva (m)	ʃamsiya (f)	شمسيّة
bengala (f)	'aṣāya (f)	عصاية
escova (f) para o cabelo	forʃet ʃa'r (f)	فرشة شعر
leque (m)	marwaḥa (f)	مروّحة
gravata (f)	karavetta (f)	كرافتة
gravata-borboleta (f)	bebyona (m)	بيبيونة
suspensórios (m pl)	ḥammala (f)	حمّالة
lenço (m)	mandīl (m)	منديل
pente (m)	meʃṭ (m)	مشط
fivela (f) para cabelo	dabbūs (m)	دبّوس

grampo (m)	bensa (m)	بنسة
fivela (f)	bokla (f)	بكلة
cinto (m)	ḥezām (m)	حزام
alça (f) de ombro	ḥammalet el ketf (f)	حمّالة الكتف
bolsa (f)	ʃanṭa (f)	شنطة
bolsa (feminina)	ʃanṭet yad (f)	شنطة يد
mochila (f)	ʃanṭet ḍahr (f)	شنطة ظهر

40. Vestuário. Diversos

moda (f)	mūḍa (f)	موضة
na moda (adj)	fel moḍa	في الموضة
estilista (m)	moṣammem azyā' (m)	مصمّم أزياء
colarinho (m)	yā'a (f)	ياقة
bolso (m)	geyb (m)	جيب
de bolso	geyb	جيب
manga (f)	komm (m)	كمّ
ganchinho (m)	'elāqa (f)	علّاقة
braguetа (f)	lesān (m)	لسان
zíper (m)	sosta (f)	سوستة
colchete (m)	maʃbak (m)	مشبك
botão (m)	zerr (m)	زرّ
botoeira (casa de botão)	'arwa (f)	عروة
soltar-se (vr)	we'e'	وقع
costurar (vi)	χayaṭ	خيّط
bordar (vt)	ṭarraz	طرّز
bordado (m)	taṭrīz (m)	تطريز
agulha (f)	ebra (f)	إبرة
fio, linha (f)	χeyṭ (m)	خيط
costura (f)	derz (m)	درز
sujar-se (vr)	ettwassaχ	إتّوسّخ
mancha (f)	bo''a (f)	بقعة
amarrotar-se (vr)	takarmaʃ	تكرمش
rasgar (vt)	'aṭa'	قطع
traça (f)	'etta (f)	عثّة

41. Cuidados pessoais. Cosméticos

pasta (f) de dente	ma'gūn asnān (m)	معجون أسنان
escova (f) de dente	forʃet senān (f)	فرشة أسنان
escovar os dentes	naḍḍaf el asnān	نظّف الأسنان
gilete (f)	mūs (m)	موس
creme (m) de barbear	krīm ḥelā'a (m)	كريم حلاقة
barbear-se (vr)	ḥala'	حلق
sabonete (m)	ṣabūn (m)	صابون

xampu (m)	ʃambū (m)	شامبو
tesoura (f)	ma'aṣ (m)	مقص
lixa (f) de unhas	mabrad (m)	مبرد
corta-unhas (m)	mel'aṭ (m)	ملقط
pinça (f)	mel'aṭ (m)	ملقط
cosméticos (m pl)	mawād tagmīl (pl)	مواد تجميل
máscara (f)	mask (m)	ماسك
manicure (f)	monekīr (m)	مونيكير
fazer as unhas	'amal monikīr	عمل مونيكير
pedicure (f)	badikīr (m)	باديكير
bolsa (f) de maquiagem	ʃanṭet mekyāʒ (f)	شنطة مكياج
pó (de arroz)	bodret weʃ (f)	بودرة وش
pó (m) compacto	'elbet bodra (f)	علبة بودرة
blush (m)	aḥmar χodūd (m)	أحمر خدود
perfume (m)	barfān (m)	بارفان
água-de-colônia (f)	kolonya (f)	كولونيا
loção (f)	loʃion (m)	لوشن
colônia (f)	kolonya (f)	كولونيا
sombra (f) de olhos	eyeʃadow (m)	اىّ شادو
delineador (m)	koḥl (m)	كحل
máscara (f), rímel (m)	maskara (f)	ماسكارا
batom (m)	rūʒ (m)	روج
esmalte (m)	monekīr (m)	مونيكير
laquê (m), spray fixador (m)	mosabbet el ʃa'r (m)	مثبّت الشعر
desodorante (m)	mozīl 'ara' (m)	مزيل عرق
creme (m)	krīm (m)	كريم
creme (m) de rosto	krīm lel weʃ (m)	كريم للوش
creme (m) de mãos	krīm eyd (m)	كريم أيد
creme (m) antirrugas	krīm moḍād lel taga'īd (m)	كريم مضاد للتجاعيد
creme (m) de dia	krīm en nahār (m)	كريم النهار
creme (m) de noite	krīm el leyl (m)	كريم الليل
de dia	nahāry	نهاري
da noite	layly	ليّلي
absorvente (m) interno	tambon (m)	تانبون
papel (m) higiênico	wara' twalet (m)	ورق تواليت
secador (m) de cabelo	seʃwār (m)	سشوار

42. Joalheria

joias (f pl)	mogawharāt (pl)	مجوّهرات
precioso (adj)	ɣāly	غالي
marca (f) de contraste	damɣa (f)	دمغة
anel (m)	χātem (m)	خاتم
aliança (f)	deblet el faraḥ (m)	دبلة الفرح
pulseira (f)	eswera (m)	إسوّرة
brincos (m pl)	ḥala' (m)	حلق

colar (m)	'o'd (m)	عقد
coroa (f)	tāg (m)	تاج
colar (m) de contas	'o'd χaraz (m)	عقد خرز
diamante (m)	almāz (m)	ألماز
esmeralda (f)	zomorrod (m)	زمرّد
rubi (m)	ya'ūt aḥmar (m)	ياقوت أحمر
safira (f)	ya'ūt azra' (m)	ياقوت أزرق
pérola (f)	lo'lo' (m)	لؤلؤ
âmbar (m)	kahramān (m)	كهرمان

43. Relógios de pulso. Relógios

relógio (m) de pulso	sā'a (f)	ساعة
mostrador (m)	wag-h el sā'a (m)	وجه الساعة
ponteiro (m)	'a'rab el sā'a (m)	عقرب الساعة
bracelete (em aço)	ʃerīṭ sā'a ma'daniya (m)	شريط ساعة معدنية
bracelete (em couro)	ʃerīṭ el sā'a (m)	شريط الساعة
pilha (f)	baṭṭariya (f)	بطّاريّة
acabar (vi)	χelṣet	خلصت
trocar a pilha	ɣayar el baṭṭariya	غيّر البطّاريّة
estar adiantado	saba'	سبق
estar atrasado	ta'akχar	تأخّر
relógio (m) de parede	sā'et ḥeyṭa (f)	ساعة حيطة
ampulheta (f)	sā'a ramliya (f)	ساعة رمليّة
relógio (m) de sol	sā'a ʃamsiya (f)	ساعة شمسيّة
despertador (m)	monabbeh (m)	منبّه
relojoeiro (m)	sa'āty (m)	ساعاتي
reparar (vt)	ṣallaḥ	صلّح

Alimentação. Nutrição

44. Comida

carne (f)	laḥma (f)	لحمة
galinha (f)	ferāχ (m)	فراخ
frango (m)	farrūg (m)	فرّوج
pato (m)	baṭṭa (f)	بطّة
ganso (m)	wezza (f)	وزّة
caça (f)	ṣeyd (m)	صيد
peru (m)	dīk rūmy (m)	ديك رومي
carne (f) de porco	laḥm el χanazīr (m)	لحم الخنزير
carne (f) de vitela	laḥm el ʿegl (m)	لحم العجل
carne (f) de carneiro	laḥm ḍāny (m)	لحم ضاني
carne (f) de vaca	laḥm baqary (m)	لحم بقري
carne (f) de coelho	laḥm arāneb (m)	لحم أرانب
linguiça (f), salsichão (m)	sogo'' (m)	سجق
salsicha (f)	sogo'' (m)	سجق
bacon (m)	bakon (m)	بيكون
presunto (m)	hām(m)	هام
pernil (m) de porco	faχd χanzīr (m)	فخد خنزير
patê (m)	maʿgūn laḥm (m)	معجون لحم
fígado (m)	kebda (f)	كبدة
guisado (m)	hamburger (m)	هامبورجر
língua (f)	lesān (m)	لسان
ovo (m)	beyḍa (f)	بيضة
ovos (m pl)	beyḍ (m)	بيض
clara (f) de ovo	bayāḍ el beyḍ (m)	بياض البيض
gema (f) de ovo	ṣafār el beyḍ (m)	صفار البيض
peixe (m)	samak (m)	سمك
mariscos (m pl)	sīfūd (pl)	سي فود
caviar (m)	kaviar (m)	كافيار
caranguejo (m)	kaboria (m)	كابوريا
camarão (m)	gammbary (m)	جمبري
ostra (f)	maḥār (m)	محار
lagosta (f)	estakoza (m)	استاكوزا
polvo (m)	aχṭabūṭ (m)	أخطبوط
lula (f)	kalmāry (m)	كالماري
esturjão (m)	samak el ḥafʃ (m)	سمك الحفش
salmão (m)	salamon (m)	سلمون
halibute (m)	samak el halbūt (m)	سمك الهلبوت
bacalhau (m)	samak el qadd (m)	سمك القد
cavala, sarda (f)	makerel (m)	ماكريل

atum (m)	tuna (f)	تونة
enguia (f)	ḥankalīs (m)	حنكليس
truta (f)	salamon mera''aṭ (m)	سلمون مرقّط
sardinha (f)	sardīn (m)	سردين
lúcio (m)	samak el karāky (m)	سمك الكراكي
arenque (m)	renga (f)	رنجة
pão (m)	ʿeyʃ (m)	عيش
queijo (m)	gebna (f)	جبنة
açúcar (m)	sokkar (m)	سكّر
sal (m)	melḥ (m)	ملح
arroz (m)	rozz (m)	رزّ
massas (f pl)	makaruna (f)	مكرونة
talharim, miojo (m)	nūdles (f)	نودلز
manteiga (f)	zebda (f)	زبدة
óleo (m) vegetal	zeyt (m)	زيت
óleo (m) de girassol	zeyt ʿabbād el ʃams (m)	زيت عبّاد الشمس
margarina (f)	margarīn (m)	مارجرين
azeitonas (f pl)	zaytūn (m)	زيتون
azeite (m)	zeyt el zaytūn (m)	زيت الزيتون
leite (m)	laban (m)	لبن
leite (m) condensado	ḥalīb mokassaf (m)	حليب مكثّف
iogurte (m)	zabādy (m)	زبادي
creme (m) azedo	kreyma ḥamḍa (f)	كريمة حامضة
creme (m) de leite	krīma (f)	كريمة
maionese (f)	mayonnɛ:z (m)	مايونيز
creme (m)	krīmet zebda (f)	كريمة زبدة
grãos (m pl) de cereais	ḥobūb 'amḥ (pl)	حبوب قمح
farinha (f)	de'ī' (m)	دقيق
enlatados (m pl)	moʿallabāt (pl)	معلّبات
flocos (m pl) de milho	korn fleks (m)	كورن فليكس
mel (m)	ʿasal (m)	عسل
geleia (m)	mrabba (m)	مربّى
chiclete (m)	lebān (m)	لبان

45. Bebidas

água (f)	meyāh (f)	مياه
água (f) potável	mayet ʃorb (m)	ميّة شرب
água (f) mineral	maya maʿdaniya (f)	ميّة معدنية
sem gás (adj)	rakeda	راكدة
gaseificada (adj)	kanz	كانز
com gás	kanz	كانز
gelo (m)	talg (m)	ثلج
com gelo	bel talg	بالثلج

não alcoólico (adj)	men ɣeyr koḥūl	من غير كحول
refrigerante (m)	maʃrūb ɣāzy (m)	مشروب غازي
refresco (m)	ḥāga saʾʿa (f)	حاجة ساقعة
limonada (f)	limonāta (f)	ليموناتة
bebidas (f pl) alcoólicas	maʃrūbāt koḥūliya (pl)	مشروبات كحولية
vinho (m)	χamra (f)	خمرة
vinho (m) branco	nebīz abyaḍ (m)	نبيذ أبيض
vinho (m) tinto	nebī aḥmar (m)	نبيذ أحمر
licor (m)	liqure (m)	ليكيور
champanhe (m)	ʃambania (f)	شمبانيا
vermute (m)	vermote (m)	فيرموت
uísque (m)	wiski (m)	ويسكي
vodca (f)	vodka (f)	فودكا
gim (m)	ʒin (m)	جين
conhaque (m)	konyāk (m)	كونياك
rum (m)	rum (m)	رم
café (m)	ʾahwa (f)	قهوة
café (m) preto	ʾahwa sāda (f)	قهوة سادة
café (m) com leite	ʾahwa bel ḥalīb (f)	قهوة بالحليب
cappuccino (m)	kaputʃino (m)	كابتشينو
café (m) solúvel	neskafe (m)	نيسكافيه
leite (m)	laban (m)	لبن
coquetel (m)	koktayl (m)	كوكتيل
batida (f), milkshake (m)	milk ʃejk (m)	ميلك شيك
suco (m)	ʿaṣīr (m)	عصير
suco (m) de tomate	ʿaṣīr ṭamāṭem (m)	عصير طماطم
suco (m) de laranja	ʿaṣīr bortoqāl (m)	عصير برتقال
suco (m) fresco	ʿaṣīr freʃ (m)	عصير فريش
cerveja (f)	bīra (f)	بيرة
cerveja (f) clara	bīra χafīfa (f)	بيرة خفيفة
cerveja (f) preta	bīra ɣamʾa (f)	بيرة غامقة
chá (m)	ʃāy (m)	شاي
chá (m) preto	ʃāy aḥmar (m)	شاي أحمر
chá (m) verde	ʃāy aχḍar (m)	شاي أخضر

46. Vegetais

vegetais (m pl)	χoḍār (pl)	خضار
verdura (f)	χoḍrawāt waraqiya (pl)	خضروات ورقية
tomate (m)	ṭamāṭem (f)	طماطم
pepino (m)	χeyār (m)	خيار
cenoura (f)	gazar (m)	جزر
batata (f)	baṭāṭes (f)	بطاطس
cebola (f)	baṣal (m)	بصل
alho (m)	tūm (m)	ثوم

couve (f)	koronb (m)	كرنب
couve-flor (f)	'arnabīṭ (m)	قرنبيط
couve-de-bruxelas (f)	koronb broksel (m)	كرنب بروكسل
brócolis (m pl)	brokkoli (m)	بركولي
beterraba (f)	bangar (m)	بنجر
berinjela (f)	bātengān (m)	باذنجان
abobrinha (f)	kōsa (f)	كوسة
abóbora (f)	qarʿ ʿasaly (m)	قرع عسلي
nabo (m)	left (m)	لفت
salsa (f)	ba'dūnes (m)	بقدونس
endro, aneto (m)	ʃabat (m)	شبت
alface (f)	χass (m)	خس
aipo (m)	karfas (m)	كرفس
aspargo (m)	helione (m)	هليون
espinafre (m)	sabāneχ (m)	سبانخ
ervilha (f)	besella (f)	بسلة
feijão (~ soja, etc.)	fūl (m)	فول
milho (m)	dora (f)	ذرة
feijão (m) roxo	faṣolya (f)	فاصوليا
pimentão (m)	felfel (m)	فلفل
rabanete (m)	fegl (m)	فجل
alcachofra (f)	χarʃūf (m)	خرشوف

47. Frutos. Nozes

fruta (f)	faχa (f)	فاكهة
maçã (f)	toffāḥa (f)	تفاحة
pera (f)	komettra (f)	كمثرى
limão (m)	lymūn (m)	ليمون
laranja (f)	bortoqāl (m)	برتقال
morango (m)	farawla (f)	فراولة
tangerina (f)	yosfy (m)	يوسفي
ameixa (f)	bar'ū' (m)	برقوق
pêssego (m)	χawχa (f)	خوخة
damasco (m)	meʃmeʃ (f)	مشمش
framboesa (f)	tūt el ʿalī' el aḥmar (m)	توت العليق الأحمر
abacaxi (m)	ananās (m)	أناناس
banana (f)	moze (m)	موز
melancia (f)	baṭṭīχ (m)	بطيخ
uva (f)	ʿenab (m)	عنب
ginja, cereja (f)	karaz (m)	كرز
melão (m)	ʃammām (f)	شمام
toranja (f)	grabe frūt (m)	جريب فروت
abacate (m)	avokado (f)	افوكاتو
mamão (m)	babāya (m)	ببايا
manga (f)	manga (m)	مانجة
romã (f)	rommān (m)	رمان

groselha (f) vermelha	keʃmeʃ aḥmar (m)	كشمش أحمر
groselha (f) negra	keʃmeʃ aswad (m)	كشمش أسود
groselha (f) espinhosa	ʻenab el saʻlab (m)	عنب الثعلب
mirtilo (m)	ʻenab al aḥrāg (m)	عنب الأحراج
amora (f) silvestre	tūt aswad (m)	توت أسود
passa (f)	zebīb (m)	زبيب
figo (m)	tīn (m)	تين
tâmara (f)	tamr (m)	تمر
amendoim (m)	fūl sudāny (m)	فول سوداني
amêndoa (f)	loze (m)	لوز
noz (f)	ʻeyn gamal (f)	عين الجمل
avelã (f)	bondoʼ (m)	بندق
coco (m)	goze el hend (m)	جوز هند
pistaches (m pl)	fostoʼ (m)	فستق

48. Pão. Bolaria

pastelaria (f)	ḥalawīāt (pl)	حلويّات
pão (m)	ʻeyʃ (m)	عيش
biscoito (m), bolacha (f)	baskawīt (m)	بسكويت
chocolate (m)	ʃokolāta (f)	شكولاتة
de chocolate	bel ʃokolāṭa	بالشكولاتة
bala (f)	bonbony (m)	بونبوني
doce (bolo pequeno)	keyka (f)	كيكة
bolo (m) de aniversário	torta (f)	تورتة
torta (f)	feṭīra (f)	فطيرة
recheio (m)	ḥaʃwa (f)	حشوة
geleia (m)	mrabba (m)	مربّى
marmelada (f)	marmalād (f)	مرملاد
wafers (m pl)	waffles (pl)	وافلز
sorvete (m)	ʼays krīm (m)	آيس كريم
pudim (m)	būding (m)	بودنج

49. Pratos cozinhados

prato (m)	wagba (f)	وجبة
cozinha (~ portuguesa)	maṭbaχ (m)	مطبخ
receita (f)	waṣfa (f)	وصفة
porção (f)	naṣīb (m)	نصيب
salada (f)	solṭa (f)	سلطة
sopa (f)	ʃorba (f)	شوربة
caldo (m)	maraʼa (m)	مرقة
sanduíche (m)	sandawitʃ (m)	ساندويتش
ovos (m pl) fritos	beyḍ maʼly (m)	بيض مقلي
hambúrguer (m)	hamburger (m)	هامبورجر

bife (m)	steak laḥm (m)	ستيك لحم
acompanhamento (m)	ṭaba' gāneby (m)	طبق جانبي
espaguete (m)	spaɣetti (m)	سباجيتي
purê (m) de batata	baṭāṭes mahrūsa (f)	بطاطس مهروسة
pizza (f)	bītza (f)	بيتزا
mingau (m)	'aṣīda (f)	عصيدة
omelete (f)	omlette (m)	اومليت
fervido (adj)	maslū'	مسلوق
defumado (adj)	modakχen	مدخّن
frito (adj)	ma'ly	مقلي
seco (adj)	mogaffaf	مجفّف
congelado (adj)	mogammad	مجمّد
em conserva (adj)	meχallel	مخلّل
doce (adj)	mesakkar	مسكّر
salgado (adj)	māleḥ	مالح
frio (adj)	bāred	بارد
quente (adj)	soχn	سخن
amargo (adj)	morr	مرّ
gostoso (adj)	ḥelw	حلو
cozinhar em água fervente	sala'	سلق
preparar (vt)	ḥaḍḍar	حضّر
fritar (vt)	'ala	قلي
aquecer (vt)	sakχan	سخّن
salgar (vt)	rasʃ malḥ	رشّ ملح
apimentar (vt)	rasʃ felfel	رشّ فلفل
ralar (vt)	baraʃ	برش
casca (f)	'eʃra (f)	قشرة
descascar (vt)	'asʃar	قشّر

50. Especiarias

sal (m)	melḥ (m)	ملح
salgado (adj)	māleḥ	مالح
salgar (vt)	rasʃ malḥ	رشّ ملح
pimenta-do-reino (f)	felfel aswad (m)	فلفل أسوّد
pimenta (f) vermelha	felfel aḥmar (m)	فلفل أحمر
mostarda (f)	mosṭarda (m)	مسطردة
raiz-forte (f)	fegl ḥār (m)	فجل حار
condimento (m)	bahār (m)	بهار
especiaria (f)	bahār (m)	بهار
molho (~ inglês)	ṣalṣa (f)	صلصة
vinagre (m)	χall (m)	خلّ
anis estrelado (m)	yansūn (m)	ينسون
manjericão (m)	rīḥān (m)	ريحان
cravo (m)	'oronfol (m)	قرنفل
gengibre (m)	zangabīl (m)	زنجبيل
coentro (m)	kozbora (f)	كزبرة

canela (f)	'erfa (f)	قرفة
gergelim (m)	semsem (m)	سمسم
folha (f) de louro	wara' el ɣār (m)	ورق الغار
páprica (f)	babrika (f)	بابريكا
cominho (m)	karawya (f)	كراوية
açafrão (m)	za'farān (m)	زعفران

51. Refeições

comida (f)	akl (m)	أكل
comer (vt)	akal	أكل
café (m) da manhã	foṭūr (m)	فطور
tomar café da manhã	feṭer	فطر
almoço (m)	ɣada' (m)	غداء
almoçar (vi)	etɣadda	إتغدّى
jantar (m)	'aʃā' (m)	عشاء
jantar (vi)	et'asʃa	إتعشّى
apetite (m)	ʃahiya (f)	شهيّة
Bom apetite!	bel hana wel ʃefa!	بالهنا والشفا!
abrir (~ uma lata, etc.)	fataḥ	فتح
derramar (~ líquido)	dala'	دلق
derramar-se (vr)	dala'	دلق
ferver (vi)	ɣely	غلى
ferver (vt)	ɣely	غلى
fervido (adj)	maɣly	مغلي
esfriar (vt)	barrad	برّد
esfriar-se (vr)	barrad	برّد
sabor, gosto (m)	ṭa'm (m)	طعم
fim (m) de boca	ṭa'm ma ba'd el mazāq (m)	طعم ما بعد المذاق
emagrecer (vi)	χass	خسّ
dieta (f)	reʒīm (m)	رجيم
vitamina (f)	vitamīn (m)	فيتامين
caloria (f)	so'ra ḥarāriya (f)	سعرة حراريّة
vegetariano (m)	nabāty (m)	نباتي
vegetariano (adj)	nabāty	نباتي
gorduras (f pl)	dohūn (pl)	دهون
proteínas (f pl)	brotenāt (pl)	بروتينات
carboidratos (m pl)	naʃawīāt (pl)	نشويّات
fatia (~ de limão, etc.)	ʃarīḥa (f)	شريحة
pedaço (~ de bolo)	'eṭ'a (f)	قطعة
migalha (f), farelo (m)	fattāta (f)	فتاتة

52. Por a mesa

colher (f)	ma'la'a (f)	معلقة
faca (f)	sekkīna (f)	سكّينة

garfo (m)	ʃawka (f)	شوكة
xícara (f)	fengān (m)	فنجان
prato (m)	ṭaba' (m)	طبق
pires (m)	ṭaba' fengān (m)	طبق فنجان
guardanapo (m)	mandīl wara' (m)	منديل ورق
palito (m)	χallet senān (f)	خلة سنان

53. Restaurante

restaurante (m)	maṭ'am (m)	مطعم
cafeteria (f)	'ahwa (f), kaféih (m)	قهوة, كافيه
bar (m), cervejaria (f)	bār (m)	بار
salão (m) de chá	ṣalone ʃāy (m)	صالون شاي
garçom (m)	garsone (m)	جرسون
garçonete (f)	garsona (f)	جرسونة
barman (m)	bārman (m)	بارمان
cardápio (m)	qā'emet el ṭa'ām (f)	قائمة طعام
lista (f) de vinhos	qā'emet el χomūr (f)	قائمة خمور
reservar uma mesa	ḥagaz sofra	حجز سفرة
prato (m)	wagba (f)	وجبة
pedir (vt)	ṭalab	طلب
fazer o pedido	ṭalab	طلب
aperitivo (m)	ʃarāb (m)	شراب
entrada (f)	moqabbelāt (pl)	مقبّلات
sobremesa (f)	ḥalawīāt (pl)	حلويّات
conta (f)	ḥesāb (m)	حساب
pagar a conta	dafa' el ḥesāb	دفع الحساب
dar o troco	edda el bā'y	ادّي الباقي
gorjeta (f)	ba'ʃīʃ (m)	بقشيش

Família, parentes e amigos

54. Informação pessoal. Formulários

nome (m)	esm (m)	اسم
sobrenome (m)	esm el 'a'ela (m)	اسم العائلة
data (f) de nascimento	tarīχ el melād (m)	تاريخ الميلاد
local (m) de nascimento	makān el melād (m)	مكان الميلاد
nacionalidade (f)	gensiya (f)	جنسيّة
lugar (m) de residência	maqarr el eqāma (m)	مقرّ الإقامة
país (m)	balad (m)	بلد
profissão (f)	mehna (f)	مهنة
sexo (m)	ginss (m)	جنس
estatura (f)	ṭūl (m)	طول
peso (m)	wazn (m)	وزن

55. Membros da família. Parentes

mãe (f)	walda (f)	والدة
pai (m)	wāled (m)	والد
filho (m)	walad (m)	ولد
filha (f)	bent (f)	بنت
caçula (f)	el bent el saɣīra (f)	البنت الصغيرة
caçula (m)	el ebn el saɣīr (m)	الابن الصغير
filha (f) mais velha	el bent el kebīra (f)	البنت الكبيرة
filho (m) mais velho	el ebn el kabīr (m)	الابن الكبير
irmão (m)	aχ (m)	أخ
irmão (m) mais velho	el aχ el kibīr (m)	الأخ الكبير
irmão (m) mais novo	el aχ el ṣoɣeyyir (m)	الأخ الصغير
irmã (f)	oχt (f)	أخت
irmã (f) mais velha	el uχt el kibīra (f)	الأخت الكبيرة
irmã (f) mais nova	el uχt el ṣoɣeyyira (f)	الأخت الصغيرة
primo (m)	ibn 'amm (m), ibn χāl (m)	إبن عمّ, إبن خال
prima (f)	bint 'amm (f), bint χāl (f)	بنت عم, بنت خال
mamãe (f)	mama (f)	ماما
papai (m)	baba (m)	بابا
pais (pl)	waldeyn (du)	والدين
criança (f)	ṭefl (m)	طفل
crianças (f pl)	aṭfāl (pl)	أطفال
avó (f)	gedda (f)	جدّة
avô (m)	gadd (m)	جدّ
neto (m)	ḥafīd (m)	حفيد

neta (f)	ḥafīda (f)	حفيدة
netos (pl)	aḥfād (pl)	أحفاد
tio (m)	ʿamm (m), χāl (m)	عمّ, خال
tia (f)	ʿamma (f), χāla (f)	عمّة, خالة
sobrinho (m)	ibn el aχ (m), ibn el uχt (m)	إبن الأخ, إبن الأخت
sobrinha (f)	bint el aχ (f), bint el uχt (f)	بنت الأخ, بنت الأخت
sogra (f)	ḥamah (f)	حماة
sogro (m)	ḥama (m)	حما
genro (m)	goze el bent (m)	جوز البنت
madrasta (f)	merāt el abb (f)	مرات الأب
padrasto (m)	goze el omm (m)	جوز الأم
criança (f) de colo	ṭefl raḍeeʿ (m)	طفل رضيع
bebê (m)	mawlūd (m)	موّلود
menino (m)	walad ṣaɣīr (m)	ولد صغير
mulher (f)	goza (f)	جوزة
marido (m)	goze (m)	جوز
esposo (m)	goze (m)	جوز
esposa (f)	goza (f)	جوزة
casado (adj)	metgawwez	متجوّز
casada (adj)	metgawweza	متجوّزة
solteiro (adj)	aʿzab	أعزب
solteirão (m)	aʿzab (m)	أعزب
divorciado (adj)	moṭallaq (m)	مطلّق
viúva (f)	armala (f)	أرملة
viúvo (m)	armal (m)	أرمل
parente (m)	ʾarīb (m)	قريب
parente (m) próximo	nesīb ʾarīb (m)	نسيب قريب
parente (m) distante	nesīb beʿīd (m)	نسيب بعيد
parentes (m pl)	aqāreb (pl)	أقارب
órfão (m), órfã (f)	yatīm (m)	يتيم
tutor (m)	walyī amr (m)	وليّ أمر
adotar (um filho)	tabanna	تبنّى
adotar (uma filha)	tabanna	تبنّى

56. Amigos. Colegas de trabalho

amigo (m)	ṣadīq (m)	صديق
amiga (f)	ṣadīqa (f)	صديقة
amizade (f)	ṣadāqa (f)	صداقة
ser amigos	ṣādaq	صادق
amigo (m)	ṣāḥeb (m)	صاحب
amiga (f)	ṣaḥba (f)	صاحبة
parceiro (m)	rafīʾ (m)	رفيق
chefe (m)	raʾīs (m)	رئيس
superior (m)	el arfaʿ maqāman (m)	الأرفع مقاماً
proprietário (m)	ṣāḥib (m)	صاحب

subordinado (m)	tābeʿ (m)	تابع
colega (m, f)	zamīl (m)	زميل
conhecido (m)	maʿrefa (m)	معرفة
companheiro (m) de viagem	rafīʾ safar (m)	رفيق سفر
colega (m) de classe	zamīl fel ṣaff (m)	زميل في الصفّ
vizinho (m)	gār (m)	جار
vizinha (f)	gāra (f)	جارة
vizinhos (pl)	gerān (pl)	جيران

57. Homem. Mulher

mulher (f)	set (f)	ست
menina (f)	bent (f)	بنت
noiva (f)	ʿarūsa (f)	عروسة
bonita, bela (adj)	gamīla	جميلة
alta (adj)	ṭawīla	طويلة
esbelta (adj)	raʃīqa	رشيقة
baixa (adj)	ʾaṣīra	قصيرة
loira (f)	ʃaʾra (f)	شقراء
morena (f)	zāt al ʃaʿr el dāken (f)	ذات الشعر الداكن
de senhora	sayedāt	سيّدات
virgem (f)	ʿazrāʾ (f)	عذراء
grávida (adj)	ḥāmel	حامل
homem (m)	rāgel (m)	راجل
loiro (m)	aʃʾar (m)	أشقر
moreno (m)	zu el ʃaʿr el dāken (m)	ذو الشعر الداكن
alto (adj)	ṭawīl	طويل
baixo (adj)	ʾaṣīr	قصير
rude (adj)	waqeḥ	وقح
atarracado (adj)	malyān	مليان
robusto (adj)	matīn	متين
forte (adj)	ʾawy	قوّي
força (f)	ʾowwa (f)	قوّة
gordo (adj)	teχīn	تخين
moreno (adj)	asmar	أسمر
esbelto (adj)	raʃīq	رشيق
elegante (adj)	anīq	أنيق

58. Idade

idade (f)	ʿomr (m)	عمر
juventude (f)	ʃabāb (m)	شباب
jovem (adj)	ʃāb	شاب
mais novo (adj)	aṣɣar	أصغر

mais velho (adj)	akbar	أكبر
jovem (m)	ʃāb (m)	شاب
adolescente (m)	morāheq (m)	مراهق
rapaz (m)	ʃāb (m)	شاب
velho (m)	ʿagūz (m)	عجوز
velha (f)	ʿagūza (f)	عجوزة
adulto	rāʃed (m)	راشد
de meia-idade	fe montaṣaf el ʿomr	في منتصف العمر
idoso, de idade (adj)	ʿagūz	عجوز
velho (adj)	ʿagūz	عجوز
aposentadoria (f)	maʿāʃ (m)	معاش
aposentar-se (vr)	oḥīl ʿala el maʿāʃ	أحيل على المعاش
aposentado (m)	motaqāʿed (m)	متقاعد

59. Crianças

criança (f)	ṭefl (m)	طفل
crianças (f pl)	aṭfāl (pl)	أطفال
gêmeos (m pl), gêmeas (f pl)	tawʾam (du)	توأم
berço (m)	mahd (m)	مهد
chocalho (m)	χoʃχeyʃa (f)	خشخيشة
fralda (f)	bambarz, ḥaffāḍ (m)	بامبرز, حفاض
chupeta (f), bico (m)	bazzāza (f)	بزّازة
carrinho (m) de bebê	ʿarabet aṭfāl (f)	عربة أطفال
jardim (m) de infância	rawḍet aṭfāl (f)	روضة أطفال
babysitter, babá (f)	dāda (f)	دادة
infância (f)	ṭofūla (f)	طفولة
boneca (f)	ʿarūsa (f)	عروسة
brinquedo (m)	leʿba (f)	لعبة
jogo (m) de montar	mokaʿʿabāt (pl)	مكعّبات
bem-educado (adj)	moʾaddab	مؤدّب
malcriado (adj)	ʾalīl el adab	قليل الأدب
mimado (adj)	metdallaʿ	متدلّع
ser travesso	ʃefy	شقي
travesso, traquinas (adj)	laʿūb	لعوب
travessura (f)	ezʿāg (m)	إزعاج
criança (f) travessa	ṭefl laʿūb (m)	طفل لعوب
obediente (adj)	moṭeeʿ	مطيع
desobediente (adj)	ʿāq	عاقّ
dócil (adj)	ʿāʾel	عاقل
inteligente (adj)	zaky	ذكي
prodígio (m)	ṭefl moʿgeza (m)	طفل معجزة

60. Casais. Vida de família

beijar (vt)	bās	باس
beijar-se (vr)	bās	باس
família (f)	ʿeyla (f)	عيلة
familiar (vida ~)	ʿā'ely	عائلي
casal (m)	gozeyn (du)	جوزين
matrimônio (m)	gawāz (m)	جواز
lar (m)	beyt (m)	بيت
dinastia (f)	solāla ḥākema (f)	سلالة حاكمة
encontro (m)	mawʿed (m)	موّعد
beijo (m)	bosa (f)	بوسة
amor (m)	ḥobb (m)	حبّ
amar (pessoa)	ḥabb	حبّ
amado, querido (adj)	ḥabīb	حبيب
ternura (f)	ḥanān (m)	حنان
afetuoso (adj)	ḥanūn	حنون
fidelidade (f)	el eχlāṣ (m)	الإخلاص
fiel (adj)	moχleṣ	مخلص
cuidado (m)	ʿenāya (f)	عناية
carinhoso (adj)	mohtamm	مهتّم
recém-casados (pl)	ʿarūseyn (du)	عروسين
lua (f) de mel	ʃahr el ʿasal (m)	شهر العسل
casar-se (com um homem)	tagawwaz	تجوّز
casar-se (com uma mulher)	tagawwaz	تجوّز
casamento (m)	faraḥ (m)	فرح
bodas (f pl) de ouro	el zekra el χamsīn lel gawāz (f)	الذكرى الخمسين للجواز
aniversário (m)	zekra sanawiya (f)	ذكرى سنوية
amante (m)	ḥabīb (m)	حبيب
amante (f)	ḥabība (f)	حبيبة
adultério (m), traição (f)	χeyāna zawgiya (f)	خيانة زوّجية
cometer adultério	χān	خان
ciumento (adj)	ɣayūr	غيّور
ser ciumento, -a	ɣār	غار
divórcio (m)	ṭalā' (m)	طلاق
divorciar-se (vr)	ṭalla'	طلّق
brigar (discutir)	etχāne'	إتخانق
fazer as pazes	taṣālaḥ	تصالح
juntos (ir ~)	maʿ baʿḍ	مع بعض
sexo (m)	ginss (m)	جنس
felicidade (f)	saʿāda (f)	سعادة
feliz (adj)	saʿīd	سعيد
infelicidade (f)	moṣība (m)	مصيبة
infeliz (adj)	taʿīs	تعيس

Caráter. Sentimentos. Emoções

61. Sentimentos. Emoções

sentimento (m)	ʃoʿūr (m)	شعور
sentimentos (m pl)	maʃāʿer (pl)	مشاعر
sentir (vt)	ʃaʿar	شعر
fome (f)	gūʿ (m)	جوع
ter fome	ʿāyez ʾākol	عايز آكل
sede (f)	ʿaṭaʃ (m)	عطش
ter sede	ʿāyez aʃrab	عايز أشرب
sonolência (f)	neʿās (m)	نعاس
estar sonolento	neʿes	نعس
cansaço (m)	taʿab (m)	تعب
cansado (adj)	taʿbān	تعبان
ficar cansado	teʿeb	تعب
humor (m)	mazāg (m)	مزاج
tédio (m)	malal (m)	ملل
entediar-se (vr)	zeheʾ	زهق
reclusão (isolamento)	ʿozla (f)	عزلة
isolar-se (vr)	ʿazal	عزل
preocupar (vt)	aʾlaʾ	أقلق
estar preocupado	ʾeleʾ	قلق
preocupação (f)	ʾalaʾ (m)	قلق
ansiedade (f)	ʾalaʾ (m)	قلق
preocupado (adj)	maʃɣūl el bāl	مشغول البال
estar nervoso	etwattar	إتوّتر
entrar em pânico	etχaḍḍ	إتخضّ
esperança (f)	amal (m)	أمل
esperar (vt)	tamanna	تمنّى
certeza (f)	yaqīn (m)	يقين
certo, seguro de ...	motaʾakked	متأكّد
indecisão (f)	ʿadam el taʾakkod (m)	عدم التأكّد
indeciso (adj)	meʃ motaʾakked	مش متأكّد
bêbado (adj)	sakrān	سكران
sóbrio (adj)	ṣāḥy	صاحي
fraco (adj)	ḍaʿīf	ضعيف
feliz (adj)	saʿīd	سعيد
assustar (vt)	χawwef	خوّف
fúria (f)	ɣaḍab ʃedīd (m)	غضب شديد
ira, raiva (f)	ɣaḍab (m)	غضب
depressão (f)	ekteʾāb (m)	إكتئاب
desconforto (m)	ʿadam erteyāḥ (m)	عدم إرتياح

conforto (m)	rāḥa (f)	راحة
arrepender-se (vr)	nedem	ندم
arrependimento (m)	nadam (m)	ندم
azar (m), má sorte (f)	sū' ḥaẓẓ (m)	سوء حظ
tristeza (f)	ḥozn (f)	حزن
vergonha (f)	xagal (m)	خجل
alegria (f)	farah (m)	فرح
entusiasmo (m)	ḥamās (m)	حماس
entusiasta (m)	motaḥammes (m)	متحمّس
mostrar entusiasmo	taḥammas	تحمّس

62. Caráter. Personalidade

caráter (m)	ʃaxṣiya (f)	شخصية
falha (f) de caráter	ʿeyb (m)	عيب
mente, razão (f)	ʿa'l (m)	عقل
consciência (f)	ḍamīr (m)	ضمير
hábito, costume (m)	ʿāda (f)	عادة
habilidade (f)	qodra (f)	قدرة
saber (~ nadar, etc.)	ʿeref	عرف
paciente (adj)	ṣabūr	صبور
impaciente (adj)	'alīl el ṣabr	قليل الصبر
curioso (adj)	foḍūly	فضولي
curiosidade (f)	foḍūl (m)	فضول
modéstia (f)	tawāḍoʿ (m)	تواضع
modesto (adj)	motawāḍeʿ	متواضع
imodesto (adj)	meʃ motawāḍeʿ	مش متواضع
preguiça (f)	kasal (m)	كسل
preguiçoso (adj)	kaslān	كسلان
preguiçoso (m)	kaslān (m)	كسلان
astúcia (f)	makr (m)	مكر
astuto (adj)	makkār	مكّار
desconfiança (f)	ʿadam el seqa (m)	عدم الثقة
desconfiado (adj)	ʃakkāk	شكّاك
generosidade (f)	karam (m)	كرم
generoso (adj)	karīm	كريم
talentoso (adj)	mawhūb	موهوب
talento (m)	mawheba (f)	موهبة
corajoso (adj)	ʃogāʿ	شجاع
coragem (f)	ʃagāʿa (f)	شجاعة
honesto (adj)	amīn	أمين
honestidade (f)	amāna (f)	أمانة
prudente, cuidadoso (adj)	ḥazer	حذر
valoroso (adj)	ʃogāʿ	شجاع
sério (adj)	gād	جاد

severo (adj)	ṣārem	صارم
decidido (adj)	ḥāsem	حاسم
indeciso (adj)	motaradded	متردّد
tímido (adj)	χagūl	خجول
timidez (f)	χagal (m)	خجل
confiança (f)	seqa (f)	ثقة
confiar (vt)	wasaq	وثق
crédulo (adj)	saree' el taṣdīq	سريع التصديق
sinceramente	beṣarāḥa	بصراحة
sincero (adj)	moχleṣ	مخلص
sinceridade (f)	eχlāṣ (m)	إخلاص
aberto (adj)	ṣarīḥ	صريح
calmo (adj)	hady	هادئ
franco (adj)	ṣarīḥ	صريح
ingênuo (adj)	sāzeg	ساذج
distraído (adj)	ʃāred el fekr	شارد الفكر
engraçado (adj)	moḍḥek	مضحك
ganância (f)	boχl (m)	بخل
ganancioso (adj)	ṭammā'	طماع
avarento, sovina (adj)	baχīl	بخيل
mal (adj)	ʃerrīr	شرير
teimoso (adj)	'anīd	عنيد
desagradável (adj)	karīh	كريه
egoísta (m)	anāny (m)	أناني
egoísta (adj)	anāny	أناني
covarde (m)	gabān (m)	جبان
covarde (adj)	gabān	جبان

63. O sono. Sonhos

dormir (vi)	nām	نام
sono (m)	nome (m)	نوم
sonho (m)	ḥelm (m)	حلم
sonhar (ver sonhos)	ḥelem	حلم
sonolento (adj)	na'sān	نعسان
cama (f)	serīr (m)	سرير
colchão (m)	martaba (f)	مرتبة
cobertor (m)	baṭṭaniya (f)	بطّانيّة
travesseiro (m)	maχadda (f)	مخدّة
lençol (m)	melāya (f)	ملاية
insônia (f)	araq (m)	أرق
sem sono (adj)	bodūn nome	بدون نوم
sonífero (m)	monawwem (m)	منوّم
tomar um sonífero	aχad monawwem	اخد منوّم
estar sonolento	ne'es	نعس
bocejar (vi)	ettāweb	إتّاوب

ir para a cama	rāḥ lel serīr	راح للسرير
fazer a cama	waḍḍab el serīr	وضّب السرير
adormecer (vi)	nām	نام
pesadelo (m)	kabūs (m)	كابوس
ronco (m)	ʃexīr (m)	شخير
roncar (vi)	ʃakxar	شخّر
despertador (m)	monabbeh (m)	منبّه
acordar, despertar (vt)	ṣaḥḥa	صحّى
acordar (vi)	ṣeḥy	صحي
levantar-se (vr)	ʾām	قام
lavar-se (vr)	ɣasal	غسل

64. Humor. Riso. Alegria

humor (m)	hezār (m)	هزار
senso (m) de humor	ḥess fokāhy (m)	حس فكاهي
divertir-se (vr)	estamtaʿ	إستمتع
alegre (adj)	farḥān	فرحان
diversão (f)	bahga (f)	بهجة
sorriso (m)	ebtesāma (f)	إبتسامة
sorrir (vi)	ebtasam	إبتسم
começar a rir	badaʾ yeḍḥak	بدأ يضحك
rir (vi)	ḍeḥek	ضحك
riso (m)	ḍeḥka (f)	ضحكة
anedota (f)	ḥekāya (f)	حكاية
engraçado (adj)	moḍḥek	مضحك
ridículo, cômico (adj)	moḍḥek	مضحك
brincar (vi)	hazzar	هزّر
piada (f)	nokta (f)	نكتة
alegria (f)	saʿāda (f)	سعادة
regozijar-se (vr)	mereḥ	مرح
alegre (adj)	saʿīd	سعيد

65. Discussão, conversação. Parte 1

comunicação (f)	tawāṣol (m)	تواصل
comunicar-se (vr)	tawāṣal	تواصل
conversa (f)	moḥadsa (f)	محادثة
diálogo (m)	ḥewār (m)	حوار
discussão (f)	monaʾʃa (f)	مناقشة
debate (m)	xelāf (m)	خلاف
debater (vt)	xālef	خالف
interlocutor (m)	muḥāwer (m)	محاوِر
tema (m)	mawḍūʿ (m)	موضوع
ponto (m) de vista	weg-het naẓar (f)	وجهة نظر

opinião (f)	ra'yī (m)	رأي
discurso (m)	χeṭāb (m)	خطاب
discussão (f)	mona'ʃa (f)	مناقشة
discutir (vt)	nā'eʃ	ناقش
conversa (f)	ḥadīs (m)	حديث
conversar (vi)	dardeʃ	دردش
reunião (f)	leqā' (m)	لقاء
encontrar-se (vr)	'ābel	قابل
provérbio (m)	masal (m)	مثل
ditado, provérbio (m)	maqūla (f)	مقولة
adivinha (f)	loɣz (m)	لغز
dizer uma adivinha	toʃakkel loɣz	تشكّل لغز
senha (f)	kelmet el morūr (f)	كلمة مرور
segredo (m)	serr (m)	سرّ
juramento (m)	qasam (m)	قسم
jurar (vi)	aqsam	أقسم
promessa (f)	wa'd (m)	وعد
prometer (vt)	wa'ad	وعد
conselho (m)	naṣīḥa (f)	نصيحة
aconselhar (vt)	naṣaḥ	نصح
seguir o conselho	tatabba' naṣīḥa	تتبّع نصيحة
escutar (~ os conselhos)	aṭā'	أطاع
novidade, notícia (f)	aχbār (m)	أخبار
sensação (f)	ḍagga (f)	ضجّة
informação (f)	ma'lumāt (pl)	معلومات
conclusão (f)	estentāg (f)	إستنتاج
voz (f)	ṣote (m)	صوت
elogio (m)	madḥ (m)	مدح
amável, querido (adj)	laṭīf	لطيف
palavra (f)	kelma (f)	كلمة
frase (f)	'ebāra (f)	عبارة
resposta (f)	gawāb (m)	جواب
verdade (f)	ḥa'ī'a (f)	حقيقة
mentira (f)	kezb (m)	كذب
pensamento (m)	fekra (f)	فكرة
ideia (f)	fekra (f)	فكرة
fantasia (f)	χayāl (m)	خيال

66. Discussão, conversação. Parte 2

estimado, respeitado (adj)	moḥtaram	محترم
respeitar (vt)	eḥtaram	إحترم
respeito (m)	eḥterām (m)	إحترام
Estimado ..., Caro ...	'azīzy ...	عزيزي...
apresentar (alguém a alguém)	'arraf	عرّف

conhecer (vt)	ta'arraf	تعرّف
intenção (f)	niya (f)	نيّة
tencionar (~ fazer algo)	nawa	نوى
desejo (de boa sorte)	omniya (f)	أمنية
desejar (ex. ~ boa sorte)	tamanna	تمنّى
surpresa (f)	mofag'a (f)	مفاجأة
surpreender (vt)	fāga'	فاجئ
surpreender-se (vr)	etfāge'	إتفاجئ
dar (vt)	edda	أدّى
pegar (tomar)	aχad	أخد
devolver (vt)	radd	ردّ
retornar (vt)	ragga'	رجّع
desculpar-se (vr)	e'tazar	إعتذر
desculpa (f)	e'tezār (m)	إعتذار
perdoar (vt)	'afa	عفا
falar (vi)	etkallem	إتكلّم
escutar (vt)	seme'	سمع
ouvir até o fim	seme'	سمع
entender (compreender)	fehem	فهم
mostrar (vt)	'araḍ	عرض
olhar para …	baṣṣ	بصّ
chamar (alguém para …)	nāda	نادى
perturbar, distrair (vt)	ʃaɣal	شغل
perturbar (vt)	az'ag	أزعج
entregar (~ em mãos)	sallem	سلّم
pedido (m)	ṭalab (m)	طلب
pedir (ex. ~ ajuda)	ṭalab	طلب
exigência (f)	maṭlab (m)	مطلب
exigir (vt)	ṭāleb	طالب
insultar (chamar nomes)	ɣāẓ	غاظ
zombar (vt)	saχar	سخر
zombaria (f)	soχreya (f)	سخرية
alcunha (f), apelido (m)	esm el ʃohra (m)	اسم الشهرة
insinuação (f)	talmīḥ (m)	تلميح
insinuar (vt)	lammaḥ	لمّح
querer dizer	'aṣad	قصد
descrição (f)	waṣf (m)	وصف
descrever (vt)	waṣaf	وصف
elogio (m)	madḥ (m)	مدح
elogiar (vt)	madaḥ	مدح
desapontamento (m)	χeybet amal (f)	خيبة أمل
desapontar (vt)	χayab	خيّب
desapontar-se (vr)	χābet 'āmalo	خابت آماله
suposição (f)	efterāḍ (m)	إفتراض
supor (vt)	eftaraḍ	إفترض

advertência (f)	taḥzīr (m)	تحذير
advertir (vt)	ḥazzar	حذّر

67. Discussão, conversação. Parte 3

convencer (vt)	aqnaʿ	أقنع
acalmar (vt)	ṭamʾan	طمأن
silêncio (o ~ é de ouro)	sokūt (m)	سكوت
ficar em silêncio	seket	سكت
sussurrar (vt)	hamas	همس
sussurro (m)	hamsa (f)	همسة
francamente	beṣarāḥa	بصراحة
na minha opinião ...	fi raʾyi ...	... في رأيي
detalhe (~ da história)	tafṣīl (m)	تفصيل
detalhado (adj)	mofaṣṣal	مفصّل
detalhadamente	bel tafṣīl	بالتفصيل
dica (f)	talmīḥ (m)	تلميح
dar uma dica	edda lamḥa	أدى لمحة
olhar (m)	naẓra (f)	نظرة
dar uma olhada	alqa nazra	ألقى نظرة
fixo (olhada ~a)	sābet	ثابت
piscar (vi)	ramaʃ	رمش
piscar (vt)	ɣamaz	غمز
acenar com a cabeça	haz rāso	هزّ رأسه
suspiro (m)	tanhīda (f)	تنهيدة
suspirar (vi)	tanahhad	تنهّد
estremecer (vi)	ertaʿaʃ	ارتعش
gesto (m)	eʃāret yad (f)	إشارة يد
tocar (com as mãos)	lamas	لمس
agarrar (~ pelo braço)	mesek	مسك
bater de leve	ḥazz	حزّ
Cuidado!	χally bālak!	!خللي بالك
Sério?	feʿlan	فعلاً؟
Tem certeza?	enta motaʾakked?	أنت متأكّد؟
Boa sorte!	bel tawfīʾ!	!بالتوفيق
Entendi!	wāḍeḥ!	!واضح
Que pena!	ya χesāra!	!يا خسارة

68. Acordo. Recusa

consentimento (~ mútuo)	mowafʾa (f)	موافقة
consentir (vi)	wāfeʾ	وافق
aprovação (f)	ʾobūl (m)	قبول
aprovar (vt)	ʾabal	قبل
recusa (f)	rafḍ (m)	رفض

negar-se a ...	rafaḍ	رفض
Ótimo!	ʿazīm!	!عظيم
Tudo bem!	tamām!	!تمام
Está bem! De acordo!	ettafa'na!	!إتّفقنا
proibido (adj)	mamnūʿ	ممنوع
é proibido	mamnūʿ	ممنوع
é impossível	mostaḥīl	مستحيل
incorreto (adj)	ɣeleṭ	غلط
rejeitar (~ um pedido)	rafaḍ	رفض
apoiar (vt)	ayed	أيّد
aceitar (desculpas, etc.)	'abal	قبل
confirmar (vt)	akkad	أكّد
confirmação (f)	ta'kīd (m)	تأكيد
permissão (f)	samāḥ (m)	سماح
permitir (vt)	samaḥ	سمح
decisão (f)	qarār (m)	قرار
não dizer nada	ṣamt	صمت
condição (com uma ~)	ʃarṭ (m)	شرط
pretexto (m)	ʿozr (m)	عذر
elogio (m)	madḥ (m)	مدح
elogiar (vt)	madaḥ	مدح

69. Sucesso. Boa sorte. Insucesso

êxito, sucesso (m)	nagāḥ (m)	نجاح
com êxito	be nagāḥ	بنجاح
bem sucedido (adj)	nāgeḥ	ناجح
sorte (fortuna)	ḥazz (m)	حظّ
Boa sorte!	bel tawfī'!	!بالتوفيق
de sorte	maḥẓūẓ	محظوظ
sortudo, felizardo (adj)	maḥẓūẓ	محظوظ
fracasso (m)	faʃal (m)	فشل
pouca sorte (f)	sū' el ḥazz (m)	سوء الحظّ
azar (m), má sorte (f)	sū' el ḥazz (m)	سوء الحظّ
mal sucedido (adj)	ɣayr nāgeḥ	غير ناجح
catástrofe (f)	karsa (f)	كارثة
orgulho (m)	faχr (m)	فخر
orgulhoso (adj)	faχūr	فخور
estar orgulhoso, -a	eftaχar	إفتخر
vencedor (m)	fā'ez (m)	فائز
vencer (vi, vt)	fāz	فاز
perder (vt)	χeser	خسر
tentativa (f)	moḥawla (f)	محاولة
tentar (vt)	ḥāwel	حاول
chance (m)	forṣa (f)	فرصة

70. Conflitos. Emoções negativas

grito (m)	ṣarχa (f)	صرخة
gritar (vi)	ṣarraχ	صرّخ
começar a gritar	ṣarraχ	صرّخ
discussão (f)	χenā'a (f)	خناقة
brigar (discutir)	etχāne'	إتخانق
escândalo (m)	χenā'a (f)	خناقة
criar escândalo	taʃāgar	تشاجر
conflito (m)	χelāf (m)	خلاف
mal-entendido (m)	sū' tafāhom (m)	سوء تفاهم
insulto (m)	ehāna (f)	إهانة
insultar (vt)	ahān	أهان
insultado (adj)	mohān	مهان
ofensa (f)	esteyā' (m)	إستياء
ofender (vt)	ahān	أهان
ofender-se (vr)	estā'	إستاء
indignação (f)	saχṭ (m)	سخط
indignar-se (vr)	estā'	إستاء
queixa (f)	ʃakwa (f)	شكّوى
queixar-se (vr)	ʃaka	شكا
desculpa (f)	e'tezār (m)	إعتذار
desculpar-se (vr)	e'tazar	إعتذر
pedir perdão	e'tazar	إعتذر
crítica (f)	naqd (m)	نقد
criticar (vt)	naqad	نقد
acusação (f)	ettehām (m)	إتّهام
acusar (vt)	ettaham	إتّهم
vingança (f)	enteqām (m)	إنتقام
vingar (vt)	entaqam	إنتقم
vingar-se de	radd	ردّ
desprezo (m)	ezderā' (m)	إزدراء
desprezar (vt)	eḥtaqar	إحتقر
ódio (m)	korh (f)	كره
odiar (vt)	kereh	كره
nervoso (adj)	'aṣaby	عصبي
estar nervoso	etwattar	إتوّتر
zangado (adj)	ɣaḍbān	غضبان
zangar (vt)	narfez	نرفز
humilhação (f)	ezlāl (m)	إذلال
humilhar (vt)	zallel	ذلّل
humilhar-se (vr)	tazallal	تذلّل
choque (m)	ṣadma (f)	صدمة
chocar (vt)	ṣadam	صدم
aborrecimento (m)	moʃkela (f)	مشكلة

desagradável (adj)	karīh	كريه
medo (m)	χofe (m)	خوف
terrível (tempestade, etc.)	ʃedīd	شديد
assustador (ex. história ~a)	moχīf	مخيف
horror (m)	ro'b (m)	رعب
horrível (crime, etc.)	baʃe'	بشع
começar a tremer	erta'aʃ	إرتعش
chorar (vi)	baka	بكى
começar a chorar	bada' yebky	بدأ يبكي
lágrima (f)	dama'a (f)	دمعة
falta (f)	ɣalṭa (f)	غلطة
culpa (f)	zanb (m)	ذنب
desonra (f)	'ār (m)	عار
protesto (m)	eḥtegāg (m)	إحتجاج
estresse (m)	tawattor (m)	توتّر
perturbar (vt)	az'ag	أزعج
zangar-se com …	ɣeḍeb	غضب
zangado (irritado)	ɣaḍbān	غضبان
terminar (vt)	anha	أنهى
praguejar	ʃatam	شتم
assustar-se	χāf	خاف
golpear (vt)	ḍarab	ضرب
brigar (na rua, etc.)	χāne'	خانق
resolver (o conflito)	sawwa	سوّى
descontente (adj)	meʃ rāḍy	مش راضي
furioso (adj)	ɣaḍbān	غضبان
Não está bem!	keda meʃ kwayes!	!كده مش كويّس
É ruim!	keda weḥeʃ!	!كده وحش

Medicina

71. Doenças

doença (f)	marad̦ (m)	مرض
estar doente	mered̦	مرض
saúde (f)	ṣeḥḥa (f)	صحّة
nariz (m) escorrendo	raʃ-ḥ fel anf (m)	رشح في الأنف
amigdalite (f)	eltehāb el lawzateyn (m)	إلتهاب اللوزتين
resfriado (m)	zokām (m)	زكام
ficar resfriado	gālo bard	جاله برد
bronquite (f)	eltehāb ʃoʿaby (m)	إلتهاب شعبيّ
pneumonia (f)	eltehāb ra'awy (m)	إلتهاب رئوي
gripe (f)	influenza (f)	إنفلونزا
míope (adj)	'aṣīr el naẓar	قصير النظر
presbita (adj)	beʿīd el naẓar	بعيد النظر
estrabismo (m)	ḥawal (m)	حوّل
estrábico, vesgo (adj)	aḥwal	أحوّل
catarata (f)	katarakt (f)	كاتاراكت
glaucoma (m)	glawkoma (f)	جلوكوما
AVC (m), apoplexia (f)	sakta (f)	سكتة
ataque (m) cardíaco	azma 'albiya (f)	أزمة قلبية
enfarte (m) do miocárdio	nawba 'albiya (f)	نوبة قلبية
paralisia (f)	ʃalal (m)	شلل
paralisar (vt)	ʃall	شلّ
alergia (f)	ḥasasiya (f)	حساسيّة
asma (f)	rabw (m)	ربو
diabetes (f)	dā' el sokkary (m)	داء السكّري
dor (f) de dente	alam asnān (m)	ألم الأسنان
cárie (f)	naχr el asnān (m)	نخر الأسنان
diarreia (f)	es-hāl (m)	إسهال
prisão (f) de ventre	emsāk (m)	إمساك
desarranjo (m) intestinal	ed̦ṭrāb el meʿda (m)	إضطراب المعدة
intoxicação (f) alimentar	tasammom (m)	تسمم
intoxicar-se	etsammem	إتسمّم
artrite (f)	eltehāb el mafāṣel (m)	إلتهاب المفاصل
raquitismo (m)	kosāḥ el aṭfāl (m)	كساح الأطفال
reumatismo (m)	rheumatism (m)	روماتزم
arteriosclerose (f)	taṣṣallob el ʃarayīn (m)	تصلّب الشرايين
gastrite (f)	eltehāb el meʿda (m)	إلتهاب المعدة
apendicite (f)	eltehāb el zayda el dūdiya (m)	إلتهاب الزائدة الدودية

colecistite (f)	eltehāb el marāra (m)	إلتهاب المرارة
úlcera (f)	qorḥa (f)	قرحة
sarampo (m)	maraḍ el ḥaṣba (m)	مرض الحصبة
rubéola (f)	el ḥaṣba el almaniya (f)	الحصبة الألمانية
icterícia (f)	yaraqān (m)	يرقان
hepatite (f)	eltehāb el kabed el vayrūsy (m)	إلتهاب الكبد الفيروسي
esquizofrenia (f)	fuṣām (m)	فصام
raiva (f)	dā' el kalb (m)	داء الكلب
neurose (f)	eḍṭrāb ʿaṣaby (m)	إضطراب عصبي
contusão (f) cerebral	ertegāg el moχ (m)	إرتجاج المخ
câncer (m)	saraṭān (m)	سرطان
esclerose (f)	taṣṣallob (m)	تصلّب
esclerose (f) múltipla	taṣṣallob motaʿadded (m)	تصلّب متعدّد
alcoolismo (m)	edmān el χamr (m)	إدمان الخمر
alcoólico (m)	modmen el χamr (m)	مدمن الخمر
sífilis (f)	syfilis el zehry (m)	سفلس الزهري
AIDS (f)	el eydz (m)	الايدز
tumor (m)	waram (m)	ورم
maligno (adj)	χabīs	خبيث
benigno (adj)	ḥamīd (m)	حميد
febre (f)	ḥomma (f)	حمّى
malária (f)	malaria (f)	ملاريا
gangrena (f)	ɣanɣarīna (f)	غنغرينا
enjoo (m)	dawār el baḥr (m)	دوار البحر
epilepsia (f)	maraḍ el ṣaraʿ (m)	مرض الصرع
epidemia (f)	wabā' (m)	وباء
tifo (m)	tyfus (m)	تيفوس
tuberculose (f)	maraḍ el soll (m)	مرض السلّ
cólera (f)	kōlīra (f)	كوليرا
peste (f) bubônica	ṭaʿūn (m)	طاعون

72. Sintomas. Tratamentos. Parte 1

sintoma (m)	ʿaraḍ (m)	عرض
temperatura (f)	ḥarāra (f)	حرارة
febre (f)	ḥomma (f)	حمى
pulso (m)	nabḍ (m)	نبض
vertigem (f)	dawχa (f)	دوخة
quente (testa, etc.)	soχn	سخن
calafrio (m)	raʿʃa (f)	رعشة
pálido (adj)	aṣfar	أصفر
tosse (f)	koḥḥa (f)	كحّة
tossir (vi)	kaḥḥ	كحّ
espirrar (vi)	ʿaṭas	عطس

desmaio (m)	dawχa (f)	دوخة
desmaiar (vi)	oɣma ʿaleyh	أغمي عليه
mancha (f) preta	kadma (f)	كدمة
galo (m)	tawarrom (m)	تورّم
machucar-se (vr)	etχabaṭ	إتخبط
contusão (f)	raḍḍa (f)	رضّة
machucar-se (vr)	etkadam	إتكدم
mancar (vi)	ʿarag	عرج
deslocamento (f)	χalʿ (m)	خلع
deslocar (vt)	χalaʿ	خلع
fratura (f)	kasr (m)	كسر
fraturar (vt)	enkasar	إنكسر
corte (m)	garḥ (m)	جرح
cortar-se (vr)	garaḥ nafsoh	جرح نفسه
hemorragia (f)	nazīf (m)	نزيف
queimadura (f)	ḥarʾ (m)	حرق
queimar-se (vr)	et-ḥaraʾ	إتحرق
picar (vt)	waχaz	وخز
picar-se (vr)	waχaz nafso	وخز نفسه
lesionar (vt)	aṣāb	أصاب
lesão (m)	eṣāba (f)	إصابة
ferida (f), ferimento (m)	garḥ (m)	جرح
trauma (m)	ṣadma (f)	صدمة
delirar (vi)	haza	هذى
gaguejar (vi)	talaʿsam	تلعثم
insolação (f)	ḍarabet ʃams (f)	ضربة شمس

73. Sintomas. Tratamentos. Parte 2

dor (f)	alam (m)	ألم
farpa (no dedo, etc.)	ʃazya (f)	شظية
suor (m)	ʿerʾ (m)	عرق
suar (vi)	ʿereʾ	عرق
vômito (m)	targeeʿ (m)	ترجيع
convulsões (f pl)	taʃonnogāt (pl)	تشنّجات
grávida (adj)	ḥāmel	حامل
nascer (vi)	etwalad	اتولّد
parto (m)	welāda (f)	ولادة
dar à luz	walad	ولد
aborto (m)	eg-hāḍ (m)	إجهاض
respiração (f)	tanaffos (m)	تنفّس
inspiração (f)	estenʃāq (m)	إستنشاق
expiração (f)	zafīr (m)	زفير
expirar (vi)	zafar	زفر
inspirar (vi)	estanʃaq	إستنشق

inválido (m)	moʻāq (m)	معاق
aleijado (m)	moqʻad (m)	مقعد
drogado (m)	modmen moχaddarāt (m)	مدمن مخدّرات
surdo (adj)	aṭraʃ	أطرش
mudo (adj)	aχras	أخرس
surdo-mudo (adj)	aṭraʃ aχras	أطرش أخرس
louco, insano (adj)	magnūn	مجنون
louco (m)	magnūn (m)	مجنون
louca (f)	magnūna (f)	مجنونة
ficar louco	etgannen	اتجنّن
gene (m)	ʒīn (m)	جين
imunidade (f)	manāʻa (f)	مناعة
hereditário (adj)	werāsy	وراثي
congênito (adj)	χolqy men el welāda	خلقي من الولادة
vírus (m)	virūs (m)	فيروس
micróbio (m)	mikrūb (m)	ميكروب
bactéria (f)	garsūma (f)	جرثومة
infecção (f)	ʻadwa (f)	عدوى

74. Sintomas. Tratamentos. Parte 3

hospital (m)	mostaʃfa (m)	مستشفى
paciente (m)	marīḍ (m)	مريض
diagnóstico (m)	taʃχīṣ (m)	تشخيص
cura (f)	ʃefāʼ (m)	شفاء
tratamento (m) médico	ʻelāg ṭebby (m)	علاج طبي
curar-se (vr)	etʻāleg	اتعالج
tratar (vt)	ʻālag	عالج
cuidar (pessoa)	marraḍ	مرّض
cuidado (m)	ʻenāya (f)	عناية
operação (f)	ʻamaliya grāḥiya (f)	عمليّة جراحية
enfaixar (vt)	ḍammad	ضمّد
enfaixamento (m)	taḍmīd (m)	تضميد
vacinação (f)	talqīḥ (m)	تلقيح
vacinar (vt)	laqqaḥ	لقّح
injeção (f)	ḥoʼna (f)	حقنة
dar uma injeção	ḥaʼan ebra	حقن إبرة
ataque (~ de asma, etc.)	nawba (f)	نوبة
amputação (f)	batr (m)	بتر
amputar (vt)	batr	بتر
coma (f)	ɣaybūba (f)	غيبوبة
estar em coma	kān fi ḥālet ɣaybūba	كان في حالة غيبوبة
reanimação (f)	el ʻenāya el morakkaza (f)	العناية المركّزة
recuperar-se (vr)	ʃefy	شفي
estado (~ de saúde)	ḥāla (f)	حالة

consciência (perder a ~)	wa'y (m)	وعي
memória (f)	zākera (f)	ذاكرة
tirar (vt)	xala'	خلع
obturação (f)	ḥaʃww (m)	حشو
obturar (vt)	ḥaʃa	حشا
hipnose (f)	el tanwīm el meɣnaṭīsy (m)	التنويم المغناطيسي
hipnotizar (vt)	nawwem	نوّم

75. Médicos

médico (m)	doktore (m)	دكتور
enfermeira (f)	momarreḍa (f)	ممرّضة
médico (m) pessoal	doktore ʃaxṣy (m)	دكتور شخصي
dentista (m)	doktore asnān (m)	دكتور أسنان
oculista (m)	doktore el 'oyūn (m)	دكتور العيون
terapeuta (m)	ṭabīb baṭna (m)	طبيب باطنة
cirurgião (m)	garrāḥ (m)	جرّاح
psiquiatra (m)	doktore nafsāny (m)	دكتور نفساني
pediatra (m)	doktore aṭfāl (m)	دكتور أطفال
psicólogo (m)	axeṣā'y 'elm el nafs (m)	أخصائي علم النفس
ginecologista (m)	doktore nesa (m)	دكتور نسا
cardiologista (m)	doktore 'alb (m)	دكتور قلب

76. Medicina. Drogas. Acessórios

medicamento (m)	dawā' (m)	دواء
remédio (m)	'elāg (m)	علاج
receitar (vt)	waṣaf	وصف
receita (f)	waṣfa (f)	وصفة
comprimido (m)	'orṣ (m)	قرص
unguento (m)	marham (m)	مرهم
ampola (f)	ambūla (f)	أمبولة
solução, preparado (m)	dawā' ʃorb (m)	دواء شراب
xarope (m)	ʃarāb (m)	شراب
cápsula (f)	ḥabba (f)	حبّة
pó (m)	zorūr (m)	ذرور
atadura (f)	ḍammāda ʃāʃ (f)	ضمادة شاش
algodão (m)	'oṭn (m)	قطن
iodo (m)	yūd (m)	يود
curativo (m) adesivo	blaster (m)	بلاستر
conta-gotas (m)	'aṭṭāra (f)	قطّارة
termômetro (m)	termometr (m)	ترمومتر
seringa (f)	serennga (f)	سرنجة
cadeira (f) de rodas	korsy motaḥarrek (m)	كرسي متحرك
muletas (f pl)	'okkāz (m)	عكّاز

analgésico (m)	mosakken (m)	مسكّن
laxante (m)	molayen (m)	مليّن
álcool (m)	etanol (m)	إيثانول
ervas (f pl) medicinais	aʿʃāb ṭebbiya (pl)	أعشاب طبّية
de ervas (chá ~)	ʿoʃby	عشبي

77. Fumar. Produtos tabágicos

tabaco (m)	tabɣ (m)	تبغ
cigarro (m)	segāra (f)	سيجارة
charuto (m)	segār (m)	سيجار
cachimbo (m)	ɣelyone (m)	غليون
maço (~ de cigarros)	ʿelba (f)	علبة
fósforos (m pl)	kebrīt (m)	كبريت
caixa (f) de fósforos	ʿelbet kebrīt (f)	علبة كبريت
isqueiro (m)	wallāʿa (f)	ولّاعة
cinzeiro (m)	ṭa'ṭū'a (f)	طقطوقة
cigarreira (f)	ʿelbet sagāyer (f)	علبة سجائر
piteira (f)	ḥamelet segāra (f)	حاملة سيجارة
filtro (m)	filter (m)	فلتر
fumar (vi, vt)	dakχen	دخّن
acender um cigarro	wallaʿ segāra	ولّع سيجارة
tabagismo (m)	tadχīn (m)	تدخين
fumante (m)	modakχen (m)	مدخّن
bituca (f)	ʿaqab segāra (m)	عقب سيجارة
fumaça (f)	dokχān (m)	دخّان
cinza (f)	ramād (m)	رماد

HABITAT HUMANO

Cidade

78. Cidade. Vida na cidade

cidade (f)	madīna (f)	مدينة
capital (f)	'āṣema (f)	عاصمة
aldeia (f)	qarya (f)	قرية
mapa (m) da cidade	xarīṭet el madinah (f)	خريطة المدينة
centro (m) da cidade	west el balad (m)	وسط البلد
subúrbio (m)	ḍāḥeya (f)	ضاحية
suburbano (adj)	el ḍawāḥy	الضواحي
periferia (f)	aṭrāf el madīna (pl)	أطراف المدينة
arredores (m pl)	ḍawāḥy el madīna (pl)	ضواحي المدينة
quarteirão (m)	ḥayī (m)	حي
quarteirão (m) residencial	ḥayī sakany (m)	حي سكني
tráfego (m)	ḥaraket el morūr (f)	حركة المرور
semáforo (m)	eʃārāt el morūr (pl)	إشارات المرور
transporte (m) público	wasā'el el na'l (pl)	وسائل النقل
cruzamento (m)	taqāṭo' (m)	تقاطع
faixa (f)	ma'bar (m)	معبر
túnel (m) subterrâneo	nafa' moʃāh (m)	نفق مشاه
cruzar, atravessar (vt)	'abar	عبر
pedestre (m)	māʃy (m)	ماشي
calçada (f)	raṣīf (m)	رصيف
ponte (f)	kobry (m)	كبري
margem (f) do rio	korneyʃ (m)	كورنيش
fonte (f)	nafūra (f)	نافورة
alameda (f)	mamʃa (m)	ممشى
parque (m)	ḥadīqa (f)	حديقة
bulevar (m)	bolvār (m)	بولفار
praça (f)	medān (m)	ميدان
avenida (f)	ʃāre' (m)	شارع
rua (f)	ʃāre' (m)	شارع
travessa (f)	zo'ā' (m)	زقاق
beco (m) sem saída	ṭarī' masdūd (m)	طريق مسدود
casa (f)	beyt (m)	بيت
edifício, prédio (m)	mabna (m)	مبنى
arranha-céu (m)	nāṭeḥet sahāb (f)	ناطحة سحاب
fachada (f)	waɣa (f)	واجهة
telhado (m)	sa'f (m)	سقف

janela (f)	ʃebbāk (m)	شبّاك
arco (m)	qose (m)	قوس
coluna (f)	ʿamūd (m)	عمود
esquina (f)	zawya (f)	زاوية
vitrine (f)	vatrīna (f)	فترينة
letreiro (m)	yafṭa, lāfeta (f)	لافتة, يافطة
cartaz (do filme, etc.)	boster (m)	بوستر
cartaz (m) publicitário	boster eʿlān (m)	بوستر إعلان
painel (m) publicitário	lawḥet eʿlanāt (f)	لوحة إعلانات
lixo (m)	zebāla (f)	زبالة
lata (f) de lixo	ṣandūʾ zebāla (m)	صندوق زبالة
jogar lixo na rua	rama zebāla	رمى زبالة
aterro (m) sanitário	mazbala (f)	مزبلة
orelhão (m)	koʃk telefōn (m)	كشك تليفون
poste (m) de luz	ʿamūd nūr (m)	عمود نور
banco (m)	korsy (m)	كرسي
polícia (m)	ʃorṭy (m)	شرطي
polícia (instituição)	ʃorṭa (f)	شرطة
mendigo, pedinte (m)	ʃaḥḥāt (m)	شحّات
desabrigado (m)	motaʃarred (m)	متشرّد

79. Instituições urbanas

loja (f)	maḥal (m)	محل
drogaria (f)	ṣaydaliya (f)	صيدليّة
ótica (f)	maḥal naḍḍārāt (m)	محل نضّارات
centro (m) comercial	mole (m)	مول
supermercado (m)	subermarket (m)	سوبرماركت
padaria (f)	maχbaz (m)	مخبز
padeiro (m)	χabbāz (m)	خبّاز
pastelaria (f)	ḥalawāny (m)	حلواني
mercearia (f)	baʾʾāla (f)	بقّالة
açougue (m)	gezāra (f)	جزارة
fruteira (f)	dokkān χoḍār (m)	دكّان خضار
mercado (m)	sūʾ (f)	سوق
cafeteria (f)	ʾahwa (f), kaféih (m)	قهوة ,كافيه
restaurante (m)	maṭʿam (m)	مطعم
bar (m)	bār (m)	بار
pizzaria (f)	maḥal pizza (m)	محل بيتزا
salão (m) de cabeleireiro	ṣalone ḥelāʾa (m)	صالون حلاقة
agência (f) dos correios	maktab el barīd (m)	مكتب البريد
lavanderia (f)	dray klīn (m)	دراي كلين
estúdio (m) fotográfico	estudio taṣwīr (m)	إستوديو تصوير
sapataria (f)	maḥal gezam (m)	محل جزم
livraria (f)	maḥal kotob (m)	محل كتب

loja (f) de artigos esportivos	maḥal mostalzamāt reyaḍiya (m)	محل مستلزمات رياضية
costureira (m)	maḥal χeyāṭet malābes (m)	محل خياطة ملابس
aluguel (m) de roupa	ta'gīr malābes rasmiya (m)	تأجير ملابس رسمية
videolocadora (f)	maḥal ta'gīr video (m)	محل تأجير فيديو
circo (m)	serk (m)	سيرك
jardim (m) zoológico	ḥadīqet el ḥayawān (f)	حديقة حيوان
cinema (m)	sinema (f)	سينما
museu (m)	mat-ḥaf (m)	متحف
biblioteca (f)	maktaba (f)	مكتبة
teatro (m)	masraḥ (m)	مسرح
ópera (f)	obra (f)	أوبرا
boate (casa noturna)	malha leyly (m)	ملهى ليّلي
cassino (m)	kazino (m)	كازينو
mesquita (f)	masged (m)	مسجد
sinagoga (f)	kenīs (m)	كنيس
catedral (f)	katedra'iya (f)	كاتدرائية
templo (m)	ma'bad (m)	معبد
igreja (f)	kenīsa (f)	كنيسة
faculdade (f)	kolliya (m)	كليّة
universidade (f)	gam'a (f)	جامعة
escola (f)	madrasa (f)	مدرسة
prefeitura (f)	moqaṭ'a (f)	مقاطعة
câmara (f) municipal	baladiya (f)	بلديّة
hotel (m)	fondo' (m)	فندق
banco (m)	bank (m)	بنك
embaixada (f)	safāra (f)	سفارة
agência (f) de viagens	ʃerket seyāḥa (f)	شركة سياحة
agência (f) de informações	maktab el este'lāmāt (m)	مكتب الإستعلامات
casa (f) de câmbio	ṣarrāfa (f)	صرّافة
metrô (m)	metro (m)	مترو
hospital (m)	mostaʃfa (m)	مستشفى
posto (m) de gasolina	maḥaṭṭet banzīn (f)	محطّة بنزين
parque (m) de estacionamento	maw'ef el 'arabeyāt (m)	موقف العربيات

80. Sinais

letreiro (m)	yafṭa, lāfeta (f)	لافتة, يافطة
aviso (m)	bayān (m)	بيان
cartaz, pôster (m)	boster (m)	بوستر
placa (f) de direção	'alāmet (f)	علامة إتجاه
seta (f)	'alāmet eʃāra (f)	علامة إشارة
aviso (advertência)	taḥzīr (m)	تحذير
sinal (m) de aviso	lāfetat taḥzīr (f)	لافتة تحذير
avisar, advertir (vt)	ḥazzar	حذّر

dia (m) de folga	yome ʻoṭla (m)	يوم عطلة
horário (~ dos trens, etc.)	gadwal (m)	جدوَل
horário (m)	aw'āt el ʻamal (pl)	أوقات العمل
BEM-VINDOS!	ahlan w sahlan!	أهلاَ وسهلا!
ENTRADA	doχūl	دخول
SAÍDA	χorūg	خروج
EMPURRE	edfaʻ	إدفع
PUXE	es-ḥab	إسحب
ABERTO	maftūḥ	مفتوح
FECHADO	moɣlaq	مغلق
MULHER	lel sayedāt	للسيدات
HOMEM	lel regāl	للرجال
DESCONTOS	χoṣomāt	خصومات
SALDOS, PROMOÇÃO	taχfeḍāt	تخفيضات
NOVIDADE!	gedīd!	جديد!
GRÁTIS	maggānan	مجّاناً
ATENÇÃO!	entebāh!	إنتباه!
NÃO HÁ VAGAS	koll el amāken maḥgūza	كلّ الأماكن محجوزة
RESERVADO	maḥgūz	محجوز
ADMINISTRAÇÃO	edāra	إدارة
SOMENTE PESSOAL AUTORIZADO	lel ʻamelīn faqaṭ	للعاملين فقط
CUIDADO CÃO FEROZ	eḥzar wogūd kalb	إحذر وجود الكلب
PROIBIDO FUMAR!	mamnūʻ el tadχīn	ممنوع التدخين
NÃO TOCAR	ʻadam el lams	عدم اللمس
PERIGOSO	χaṭīr	خطير
PERIGO	χaṭar	خطر
ALTA TENSÃO	tayār ʻāly	تيّار عالي
PROIBIDO NADAR	el sebāḥa mamnūʻa	السباحة ممنوعة
COM DEFEITO	moʻaṭṭal	معطّل
INFLAMÁVEL	sareeʻ el eʃteʻāl	سريع الإشتعال
PROIBIDO	mamnūʻ	ممنوع
ENTRADA PROIBIDA	mamnūʻ el morūr	ممنوع المرور
CUIDADO TINTA FRESCA	eḥzar ṭelāʼ ɣayr gāf	احذر طلاء غير جاف

81. Transportes urbanos

ônibus (m)	buṣ (m)	باص
bonde (m) elétrico	trām (m)	ترام
trólebus (m)	trolly buṣ (m)	ترولي باص
rota (f), itinerário (m)	χaṭṭ (m)	خطّ
número (m)	raqam (m)	رقم
ir de ... (carro, etc.)	rāḥ be ...	راح بـ ...
entrar no ...	rekeb	ركب

descer do ...	nezel men	نزل من
parada (f)	maw'af (m)	موقف
próxima parada (f)	el maḥaṭṭa el gaya (f)	المحطة الجاية
terminal (m)	'āχer maw'af (m)	آخر موقف
horário (m)	gadwal (m)	جدول
esperar (vt)	estanna	إستنّى
passagem (f)	tazkara (f)	تذكرة
tarifa (f)	ogra (f)	أجرة
bilheteiro (m)	kaʃier (m)	كاشيير
controle (m) de passagens	taftīʃ el tazāker (m)	تفتيش التذاكر
revisor (m)	mofatteʃ tazāker (m)	مفتّش تذاكر
atrasar-se (vr)	met'akχer	متأخّر
perder (o autocarro, etc.)	ta'akχar	تأخّر
estar com pressa	mesta'gel	مستعجل
táxi (m)	taksi (m)	تاكسي
taxista (m)	sawwā' taksi (m)	سوّاق تاكسي
de táxi (ir ~)	bel taksi	بالتاكسي
ponto (m) de táxis	maw'ef taksi (m)	موّقف تاكسي
chamar um táxi	kallem taksi	كلّم تاكسي
pegar um táxi	aχad taksi	أخد تاكسي
tráfego (m)	ḥaraket el morūr (f)	حركة المرور
engarrafamento (m)	zaḥmet el morūr (f)	زحمة المرور
horas (f pl) de pico	sā'et el zorwa (f)	ساعة الذروة
estacionar (vi)	rakan	ركن
estacionar (vt)	rakan	ركن
parque (m) de estacionamento	maw'ef el 'arabeyāt (m)	موقف العربيات
metrô (m)	metro (m)	مترو
estação (f)	maḥaṭṭa (f)	محطّة
ir de metrô	aχad el metro	أخد المترو
trem (m)	qeṭār, 'aṭṭr (m)	قطار
estação (f) de trem	maḥaṭṭet qeṭār (f)	محطّة قطار

82. Turismo

monumento (m)	temsāl (m)	تمثال
fortaleza (f)	'al'a (f)	قلعة
palácio (m)	'aṣr (m)	قصر
castelo (m)	'al'a (f)	قلعة
torre (f)	borg (m)	برج
mausoléu (m)	ḍarīḥ (m)	ضريح
arquitetura (f)	handasa me'māriya (f)	هندسة معمارية
medieval (adj)	men el qorūn el wosṭa	من القرون الوسطى
antigo (adj)	'atīq	عتيق
nacional (adj)	waṭany	وطني
famoso, conhecido (adj)	maʃ-hūr	مشهور
turista (m)	sā'eḥ (m)	سائح
guia (pessoa)	morʃed (m)	مرشد

excursão (f)	gawla (f)	جولة
mostrar (vt)	warra	ورّى
contar (vt)	'āl	قال
encontrar (vt)	la'a	لقى
perder-se (vr)	ḍāʿ	ضاع
mapa (~ do metrô)	xarīṭa (f)	خريطة
mapa (~ da cidade)	xarīṭa (f)	خريطة
lembrança (f), presente (m)	tezkār (m)	تذكار
loja (f) de presentes	maḥal hadāya (m)	محل هدايا
tirar fotos, fotografar	ṣawwar	صوّر
fotografar-se (vr)	etṣawwar	إتصوّر

83. Compras

comprar (vt)	eʃtara	إشترى
compra (f)	ḥāga (f)	حاجة
fazer compras	eʃtara	إشترى
compras (f pl)	ʃobbing (m)	شوبينج
estar aberta (loja)	maftūḥ	مفتوح
estar fechada	moɣlaq	مغلق
calçado (m)	gezam (pl)	جزم
roupa (f)	malābes (pl)	ملابس
cosméticos (m pl)	mawād tagmīl (pl)	مواد تجميل
alimentos (m pl)	akl (m)	أكل
presente (m)	hediya (f)	هديّة
vendedor (m)	bayāʿ (m)	بيّاع
vendedora (f)	bayāʿa (f)	بيّاعة
caixa (f)	ṣandū' el dafʿ (m)	صندوق الدفع
espelho (m)	merāya (f)	مراية
balcão (m)	manḍada (f)	منضدة
provador (m)	ɣorfet el 'eyās (f)	غرفة القياس
provar (vt)	garrab	جرّب
servir (roupa, caber)	nāseb	ناسب
gostar (apreciar)	ʿagab	عجب
preço (m)	seʿr (m)	سعر
etiqueta (f) de preço	tiket el seʿr (m)	تيكت السعر
custar (vt)	kallef	كلّف
Quanto?	bekām?	بكام؟
desconto (m)	xaṣm (m)	خصم
não caro (adj)	meʃ ɣāly	مش غالي
barato (adj)	rexīṣ	رخيص
caro (adj)	ɣāly	غالي
É caro	da ɣāly	ده غالي
aluguel (m)	este'gār (m)	إستئجار
alugar (roupas, etc.)	est'gar	إستأجر

crédito (m)	e'temān (m)	إئتمان
a crédito	bel ta'seeṭ	بالتقسيط

84. Dinheiro

dinheiro (m)	folūs (pl)	فلوس
câmbio (m)	taḥwīl ʿomla (m)	تحويل عملة
taxa (f) de câmbio	seʿr el ṣarf (m)	سعر الصرف
caixa (m) eletrônico	makinet ṣarrāf 'āly (f)	ماكينة صرّاف آلي
moeda (f)	'erʃ (m)	قرش
dólar (m)	dolār (m)	دولار
euro (m)	yoro (m)	يورو
lira (f)	lira (f)	ليرة
marco (m)	el mark el almāny (m)	المارك الألماني
franco (m)	frank (m)	فرنك
libra (f) esterlina	geneyh esterlīny (m)	جنيه استرليني
iene (m)	yen (m)	ين
dívida (f)	deyn (m)	دين
devedor (m)	modīn (m)	مدين
emprestar (vt)	sallef	سلّف
pedir emprestado	estalaf	إستلف
banco (m)	bank (m)	بنك
conta (f)	ḥesāb (m)	حساب
depositar (vt)	awdaʿ	أودع
depositar na conta	awdaʿ fel ḥesāb	أودع في الحساب
sacar (vt)	saḥab men el ḥesāb	سحب من الحساب
cartão (m) de crédito	kredit kard (f)	كريدت كارد
dinheiro (m) vivo	kæʃ (m)	كاش
cheque (m)	ʃīk (m)	شيك
passar um cheque	katab ʃīk	كتب شيك
talão (m) de cheques	daftar ʃikāt (m)	دفتر شيكات
carteira (f)	maḥfaẓa (f)	محفظة
niqueleira (f)	maḥfazet fakka (f)	محفظة فكّة
cofre (m)	χazzāna (f)	خزّانة
herdeiro (m)	wāres (m)	وارث
herança (f)	werāsa (f)	وراثة
fortuna (riqueza)	sarwa (f)	ثروّة
arrendamento (m)	ʿa'd el egār (m)	عقد الإيجار
aluguel (pagar o ~)	ogret el sakan (f)	أجرة السكن
alugar (vt)	est'gar	إستأجر
preço (m)	seʿr (m)	سعر
custo (m)	taman (m)	ثمن
soma (f)	mablaɣ (m)	مبلغ
gastar (vt)	ṣaraf	صرف
gastos (m pl)	maṣarīf (pl)	مصاريف

economizar (vi)	waffar	وفّر
econômico (adj)	mowaffer	موّفر
pagar (vt)	dafa'	دفع
pagamento (m)	daf' (m)	دفع
troco (m)	el bā'y (m)	الباقي
imposto (m)	ḍarība (f)	ضريبة
multa (f)	ɣarāma (f)	غرامة
multar (vt)	faraḍ ɣarāma	فرض غرامة

85. Correios. Serviço postal

agência (f) dos correios	maktab el barīd (m)	مكتب البريد
correio (m)	el barīd (m)	البريد
carteiro (m)	sā'y el barīd (m)	ساعي البريد
horário (m)	aw'āt el 'amal (pl)	أوقات العمل
carta (f)	resāla (f)	رسالة
carta (f) registada	resāla mosaggala (f)	رسالة مسجّلة
cartão (m) postal	kart barīdy (m)	كرت بريدي
telegrama (m)	barqiya (f)	برقيّة
encomenda (f)	ṭard (m)	طرد
transferência (f) de dinheiro	ḥewāla māliya (f)	حوالة مالية
receber (vt)	estalam	إستلم
enviar (vt)	arsal	أرسل
envio (m)	ersāl (m)	إرسال
endereço (m)	'enwān (m)	عنوان
código (m) postal	raqam el barīd (m)	رقم البريد
remetente (m)	morsel (m)	مرسل
destinatário (m)	morsel elayh (m)	مرسل إليه
nome (m)	esm (m)	اسم
sobrenome (m)	esm el 'a'ela (m)	اسم العائلة
tarifa (f)	ta'rīfa (f)	تعريفة
ordinário (adj)	'ādy	عادي
econômico (adj)	mowaffer	موّفر
peso (m)	wazn (m)	وزن
pesar (estabelecer o peso)	wazan	وزن
envelope (m)	ẓarf (m)	ظرف
selo (m) postal	ṭābe' (m)	طابع
colar o selo	alṣaq ṭābe'	ألصق طابع

Moradia. Casa. Lar

86. Casa. Habitação

casa (f)	beyt (m)	بيت
em casa	fel beyt	في البيت
pátio (m), quintal (f)	sāḥa (f)	ساحة
cerca, grade (f)	sūr (m)	سور
tijolo (m)	ṭūb (m)	طوب
de tijolos	men el ṭūb	من الطوب
pedra (f)	ḥagar (m)	حجر
de pedra	ḥagary	حجري
concreto (m)	χarasāna (f)	خرسانة
concreto (adj)	χarasāny	خرساني
novo (adj)	gedīd	جديد
velho (adj)	ʾadīm	قديم
decrépito (adj)	ʾāayel lel soqūṭ	آيل للسقوط
moderno (adj)	moʿāṣer	معاصر
de vários andares	motaʿadded el ṭawābeq	متعدّد الطوابق
alto (adj)	ʿāly	عالي
andar (m)	dore (m)	دور
de um andar	zu ṭābeq wāḥed	ذو طابق واحد
térreo (m)	el dore el awwal (m)	الدور الأوّل
andar (m) de cima	ṭābeʾ ʿolwy (m)	طابق علوي
telhado (m)	saʾf (m)	سقف
chaminé (f)	madχana (f)	مدخنة
telha (f)	qarmīd (m)	قرميد
de telha	men el qarmīd	من القرميد
sótão (m)	ʿelya (f)	علية
janela (f)	ʃebbāk (m)	شبّاك
vidro (m)	ezāz (m)	إزاز
parapeito (m)	ḥāfet el ʃebbāk (f)	حافة الشبّاك
persianas (f pl)	ʃīʃ (m)	شيش
parede (f)	ḥeyṭa (f)	حيطة
varanda (f)	balakona (f)	بلكونة
calha (f)	masūret el taṣrīf (f)	ماسورة التصريف
em cima	foʾe	فوق
subir (vi)	ṭeleʿ	طلع
descer (vi)	nezel	نزل
mudar-se (vr)	naʾal	نقل

87. Casa. Entrada. Elevador

entrada (f)	madχal (m)	مدخل
escada (f)	sellem (m)	سلّم
degraus (m pl)	daragāt (pl)	درجات
corrimão (m)	drabzīn (m)	درابزين
hall (m) de entrada	ṣāla (f)	صالة
caixa (f) de correio	ṣandū' el barīd (m)	صندوق البريد
lata (f) do lixo	ṣandū' el zebāla (m)	صندوق الزبالة
calha (f) de lixo	manfaz el zebāla (m)	منفذ الزبالة
elevador (m)	asanseyr (m)	اسانسير
elevador (m) de carga	asanseyr el ʃaḥn (m)	اسانسير الشحن
cabine (f)	kabīna (f)	كابينة
pegar o elevador	rekeb el asanseyr	ركب الاسانسير
apartamento (m)	ʃa''a (f)	شقّة
residentes (pl)	sokkān (pl)	سكّان
vizinho (m)	gār (m)	جار
vizinha (f)	gāra (f)	جارة
vizinhos (pl)	gerān (pl)	جيران

88. Casa. Eletricidade

eletricidade (f)	kahraba' (m)	كهرباء
lâmpada (f)	lammba (f)	لمّبة
interruptor (m)	meftāḥ (m)	مفتاح
fusível, disjuntor (m)	fuse (m)	فيوز
fio, cabo (m)	selk (m)	سلك
instalação (f) elétrica	aslāk (pl)	أسلاك
medidor (m) de eletricidade	'addād (m)	عدّاد
indicação (f), registro (m)	qerā'a (f)	قراءة

89. Casa. Portas. Fechaduras

porta (f)	bāb (m)	باب
portão (m)	bawwāba (f)	بوّابة
maçaneta (f)	okret el bāb (f)	اوكرة الباب
destrancar (vt)	fataḥ	فتح
abrir (vt)	fataḥ	فتح
fechar (vt)	'afal	قفل
chave (f)	meftāḥ (m)	مفتاح
molho (m)	rabṭa (f)	ربطة
ranger (vi)	ṣarr	صر
rangido (m)	ṣarīr (m)	صرير
dobradiça (f)	mafaṣṣla (f)	مفصّلة
capacho (m)	seggādet bāb (f)	سجّادة باب
fechadura (f)	'efl el bāb (m)	قفل الباب

buraco (m) da fechadura	xorm el meftāḥ (m)	خرم المفتاح
barra (f)	terbās (m)	ترباس
fecho (ferrolho pequeno)	terbās (m)	ترباس
cadeado (m)	'efl (m)	قفل
tocar (vt)	rann	رنّ
toque (m)	ranīn (m)	رنين
campainha (f)	garas (m)	جرس
botão (m)	zerr (m)	زرّ
batida (f)	ṭar', da'' (m)	طرق, دقّ
bater (vi)	xabbaṭ	خبّط
código (m)	kōd (m)	كود
fechadura (f) de código	kōd (m)	كود
interfone (m)	garas el bāb (m)	جرس الباب
número (m)	raqam (m)	رقم
placa (f) de porta	lawḥa (f)	لوحة
olho (m) mágico	el 'eyn el seḥriya (m)	العين السحرية

90. Casa de campo

aldeia (f)	qarya (f)	قرية
horta (f)	bostān xoḍār (m)	بستان خضار
cerca (f)	sūr (m)	سور
cerca (f) de piquete	sūr (m)	سور
portão (f) do jardim	bawwāba far'iya (f)	بوّابة فرعيّة
celeiro (m)	ʃouna (f)	شونة
adega (f)	serdāb (m)	سرداب
galpão, barracão (m)	sa'īfa (f)	سقيفة
poço (m)	bīr (m)	بير
fogão (m)	forn (m)	فرن
atiçar o fogo	awqad el botogāz	أوقد البوتاجاز
lenha (carvão ou ~)	ḥaṭab (m)	حطب
acha, lenha (f)	'eṭ'et ḥaṭab (f)	قطعة حطب
varanda (f)	varannda (f)	فاراندة
alpendre (m)	ʃorfa (f)	شرفة
degraus (m pl) de entrada	sellem (m)	سلّم
balanço (m)	morgeyḥa (f)	مرجيحة

91. Moradia. Mansão

casa (f) de campo	villa rīfiya (f)	فيلا ريفيّة
vila (f)	villa (f)	فيلا
ala (~ do edifício)	genāḥ (m)	جناح
jardim (m)	geneyna (f)	جنينة
parque (m)	ḥadīqa (f)	حديقة
estufa (f)	dafī'a (f)	دفيئة
cuidar de ...	ehtamm	إهتمّ

piscina (f)	ḥammām sebāḥa (m)	حمّام سباحة
academia (f) de ginástica	gīm (m)	جيم
quadra (f) de tênis	mal'ab tennis (m)	ملعب تنس
cinema (m)	sinema manzeliya (f)	سينما منزليّة
garagem (f)	garāʒ (m)	جراج
propriedade (f) privada	melkiya χāṣa (f)	ملكيّة خاصّة
terreno (m) privado	arḍ χāṣa (m)	أرض خاصّة
advertência (f)	taḥzīr (m)	تحذير
sinal (m) de aviso	lāfetat taḥzīr (f)	لافتة تحذير
guarda (f)	ḥerāsa (f)	حراسة
guarda (m)	ḥāres amn (m)	حارس أمن
alarme (m)	gehāz enzār (m)	جهاز إنذار

92. Castelo. Palácio

castelo (m)	'al'a (f)	قلعة
palácio (m)	'aṣr (m)	قصر
fortaleza (f)	'al'a (f)	قلعة
muralha (f)	sūr (m)	سور
torre (f)	borg (m)	برج
calabouço (m)	borbg ra'īsy (m)	برج رئيسي
grade (f) levadiça	bāb motaḥarrek (m)	باب متحرّك
passagem (f) subterrânea	serdāb (m)	سرداب
fosso (m)	χondoq mā'y (m)	خندق مائي
corrente, cadeia (f)	selsela (f)	سلسلة
seteira (f)	mozɣal (m)	مزغل
magnífico (adj)	rā'e'	رائع
majestoso (adj)	mohīb	مهيب
inexpugnável (adj)	manee'	منيع
medieval (adj)	men el qorūn el wosṭa	من القرون الوسطى

93. Apartamento

apartamento (m)	ʃa''a (f)	شقّة
quarto, cômodo (m)	oḍa (f)	أوضة
quarto (m) de dormir	oḍet el nome (f)	أوضة النوم
sala (f) de jantar	oḍet el sofra (f)	أوضة السفرة
sala (f) de estar	oḍet el esteqbāl (f)	أوضة الإستقبال
escritório (m)	maktab (m)	مكتب
sala (f) de entrada	madχal (m)	مدخل
banheiro (m)	ḥammām (m)	حمّام
lavabo (m)	ḥammām (m)	حمّام
teto (m)	sa'f (m)	سقف
chão, piso (m)	arḍiya (f)	أرضية
canto (m)	zawya (f)	زاوية

94. Apartamento. Limpeza

arrumar, limpar (vt)	naḍḍaf	نظّف
guardar (no armário, etc.)	ʃāl	شال
pó (m)	ɣobār (m)	غبار
empoeirado (adj)	meɣabbar	مغبّر
tirar o pó	masaḥ el ɣobār	مسح الغبار
aspirador (m)	maknasa kahraba'iya (f)	مكنسة كهربائيّة
aspirar (vt)	naḍḍaf be maknasa kahrabā'iya	نظّف بمكنسة كهربائيّة
varrer (vt)	kanas	كنس
sujeira (f)	qomāma (f)	قمامة
arrumação, ordem (f)	nezām (m)	نظام
desordem (f)	fawḍa (m)	فوضى
esfregão (m)	ʃarʃūba (f)	شرشوبة
pano (m), trapo (m)	mamsaḥa (f)	ممسحة
vassoura (f)	ma'sʃa (f)	مقشّة
pá (f) de lixo	lammāma (f)	لمّامة

95. Mobiliário. Interior

mobiliário (m)	asās (m)	أثاث
mesa (f)	maktab (m)	مكتب
cadeira (f)	korsy (m)	كرسي
cama (f)	serīr (m)	سرير
sofá, divã (m)	kanaba (f)	كنبة
poltrona (f)	korsy (m)	كرسي
estante (f)	xazzānet kotob (f)	خزّانة كتب
prateleira (f)	raff (m)	رفّ
guarda-roupas (m)	dolāb (m)	دولاب
cabide (m) de parede	ʃammā'a (f)	شمّاعة
cabideiro (m) de pé	ʃammā'a (f)	شمّاعة
cômoda (f)	dolāb adrāg (m)	دولاب أدراج
mesinha (f) de centro	ṭarabeyzet el 'ahwa (f)	طرابيزة القهوة
espelho (m)	merāya (f)	مراية
tapete (m)	seggāda (f)	سجّادة
tapete (m) pequeno	seggāda (f)	سجّادة
lareira (f)	daffāya (f)	دفّاية
vela (f)	ʃam'a (f)	شمعة
castiçal (m)	ʃam'adān (m)	شمعدان
cortinas (f pl)	satā'er (pl)	ستائر
papel (m) de parede	wara' ḥā'eṭ (m)	ورق حائط
persianas (f pl)	satā'er ofoqiya (pl)	ستائر أفقيّة
luminária (f) de mesa	abāʒūr (f)	اباجورة
luminária (f) de parede	lammbet ḥā'eṭ (f)	لمّبة حائط

abajur (m) de pé	meṣbāḥ arḍy (m)	مصباح أرضي
lustre (m)	nagafa (f)	نجفة
pé (de mesa, etc.)	regl (f)	رجل
braço, descanso (m)	masnad (m)	مسند
costas (f pl)	masnad (m)	مسند
gaveta (f)	dorg (m)	درج

96. Quarto de dormir

roupa (f) de cama	bayāḍāt el serīr (pl)	بياضات السرير
travesseiro (m)	maχadda (f)	مخدّة
fronha (f)	kīs el maχadda (m)	كيس المخدّة
cobertor (m)	leḥāf (m)	لحاف
lençol (m)	melāya (f)	ملاية
colcha (f)	ɣaṭā' el serīr (m)	غطاء السرير

97. Cozinha

cozinha (f)	maṭbaχ (m)	مطبخ
gás (m)	ɣāz (m)	غاز
fogão (m) a gás	botoɣāz (m)	بوتوغاز
fogão (m) elétrico	forn kaharabā'y (m)	فرن كهربائي
forno (m)	forn (m)	فرن
forno (m) de micro-ondas	mikroweyv (m)	ميكروويف
geladeira (f)	tallāga (f)	ثلاجة
congelador (m)	freyzer (m)	فريزر
máquina (f) de lavar louça	ɣassālet aṭbā' (f)	غسّالة أطباق
moedor (m) de carne	farrāmet laḥm (f)	فرّامة لحم
espremedor (m)	'aṣṣāra (f)	عصّارة
torradeira (f)	maḥmaṣet χobz (f)	محمصة خبز
batedeira (f)	χallāṭ (m)	خلّاط
máquina (f) de café	makinet ṣon' el 'ahwa (f)	ماكينة صنع القهوة
cafeteira (f)	ɣallāya kahraba'iya (f)	غلّاية القهوة
moedor (m) de café	maṭ-ḥanet 'ahwa (f)	مطحنة قهوة
chaleira (f)	ɣallāya (f)	غلّاية
bule (m)	barrād el ʃāy (m)	برّاد الشاي
tampa (f)	ɣaṭā' (m)	غطاء
coador (m) de chá	maṣfāh el ʃāy (f)	مصفاة الشاي
colher (f)	ma'la'a (f)	معلقة
colher (f) de chá	ma'la'et ʃāy (f)	معلقة شاي
colher (f) de sopa	ma'la'a kebīra (f)	ملعقة كبيرة
garfo (m)	ʃawka (f)	شوكة
faca (f)	sekkīna (f)	سكّينة
louça (f)	awāny (pl)	أواني
prato (m)	ṭaba' (m)	طبق

pires (m)	ṭaba' fengān (m)	طبق فنجان
cálice (m)	kāsa (f)	كاسة
copo (m)	kobbāya (f)	كوبّاية
xícara (f)	fengān (m)	فنجان
açucareiro (m)	sokkariya (f)	سكّريّة
saleiro (m)	mamlaḥa (f)	مملحة
pimenteiro (m)	mobhera (f)	مبهرة
manteigueira (f)	ṭaba' zebda (m)	طبق زبدة
panela (f)	ḥalla (f)	حلّة
frigideira (f)	ṭāsa (f)	طاسة
concha (f)	maɣrafa (f)	مغرفة
coador (m)	maṣfāh (f)	مصفاه
bandeja (f)	ṣeniya (f)	صينيّة
garrafa (f)	ezāza (f)	إزازة
pote (m) de vidro	barṭamān (m)	برطمان
lata (~ de cerveja)	kanz (m)	كانز
abridor (m) de garrafa	fattāḥa (f)	فتّاحة
abridor (m) de latas	fattāḥa (f)	فتّاحة
saca-rolhas (m)	barrīma (f)	بريّمة
filtro (m)	filter (m)	فلتر
filtrar (vt)	ṣaffa	صفّى
lixo (m)	zebāla (f)	زبالة
lixeira (f)	ṣandū' el zebāla (m)	صندوق الزبالة

98. Casa de banho

banheiro (m)	ḥammām (m)	حمّام
água (f)	meyāh (f)	مياه
torneira (f)	ḥanafiya (f)	حنفيّة
água (f) quente	maya soχna (f)	مايّة سخنة
água (f) fria	maya barda (f)	مايّة باردة
pasta (f) de dente	ma'gūn asnān (m)	معجون أسنان
escovar os dentes	naḍḍaf el asnān	نظّف الأسنان
escova (f) de dente	forʃet senān (f)	فرشة أسنان
barbear-se (vr)	ḥala'	حلق
espuma (f) de barbear	raɣwa lel ḥelā'a (f)	رغوة للحلاقة
gilete (f)	mūs (m)	موس
lavar (vt)	ɣasal	غسل
tomar banho	estaḥamma	إستحمّى
chuveiro (m), ducha (f)	doʃ (m)	دوش
tomar uma ducha	aχad doʃ	أخد دوش
banheira (f)	banyo (m)	بانيو
vaso (m) sanitário	twalet (m)	تواليت
pia (f)	ḥoḍe (m)	حوض
sabonete (m)	ṣabūn (m)	صابون

saboneteira (f)	ṣabbāna (f)	صبّانة
esponja (f)	līfa (f)	ليفة
xampu (m)	ʃambū (m)	شامبو
toalha (f)	fūṭa (f)	فوطة
roupão (m) de banho	robe el ḥammām (m)	روب حمّام
lavagem (f)	ɣasīl (m)	غسيل
lavadora (f) de roupas	ɣassāla (f)	غسّالة
lavar a roupa	ɣasal el malābes	غسل الملابس
detergente (m)	mas-ḥū' ɣasīl (m)	مسحوق غسيل

99. Eletrodomésticos

televisor (m)	televizion (m)	تليفزيون
gravador (m)	gehāz tasgīl (m)	جهاز تسجيل
videogravador (m)	'āla tasgīl video (f)	آلة تسجيل فيديو
rádio (m)	gehāz radio (m)	جهاز راديو
leitor (m)	blayer (m)	بلبير
projetor (m)	gehāz 'arḍ (m)	جهاز عرض
cinema (m) em casa	sinema manzeliya (f)	سينما منزليّة
DVD Player (m)	dividī blayer (m)	دي في دي بليير
amplificador (m)	mokabbaer el ṣote (m)	مكبّر الصوت
console (f) de jogos	'ātāry (m)	أتاري
câmera (f) de vídeo	kamera video (f)	كاميرا فيديو
máquina (f) fotográfica	kamera (f)	كاميرا
câmera (f) digital	kamera diʒital (f)	كاميرا ديجيتال
aspirador (m)	maknasa kahraba'iya (f)	مكنسة كهربائيّة
ferro (m) de passar	makwa (f)	مكواة
tábua (f) de passar	lawḥet kayī (f)	لوحة كيّ
telefone (m)	telefon (m)	تليفون
celular (m)	mobile (m)	موبايل
máquina (f) de escrever	'āla katba (f)	آلة كاتبة
máquina (f) de costura	makanet el χeyāṭa (f)	مكنة الخياطة
microfone (m)	mikrofon (m)	ميكروفون
fone (m) de ouvido	samma'āt ra'siya (pl)	سمّاعات رأسية
controle remoto (m)	remowt kontrol (m)	ريموت كنترول
CD (m)	sidī (m)	سي دي
fita (f) cassete	kasett (m)	كاسيت
disco (m) de vinil	esṭewāna mūsīqa (f)	أسطوانة موسيقى

100. Reparações. Renovação

renovação (f)	tagdīdāt (m)	تجديدات
renovar (vt), fazer obras	gadded	جدّد
reparar (vt)	ṣallaḥ	صلّح
consertar (vt)	nazzam	نظّم

refazer (vt)	ʿād	عاد
tinta (f)	dehān (m)	دهان
pintar (vt)	dahhen	دهّن
pintor (m)	dahhān (m)	دهّان
pincel (m)	forʃet dehān (f)	فرشاة الدهان
cal (f)	maḥlūl mobayeḍ (m)	محلول مبيّض
caiar (vt)	beyḍ	بيّض
papel (m) de parede	wara' ḥā'eṭ (m)	ورق حائط
colocar papel de parede	laṣaq wara' el ḥā'eṭ	لصق ورق الحائط
verniz (m)	warnīʃ (m)	ورنيش
envernizar (vt)	ṭala bel warnīʃ	طلى بالورنيش

101. Canalizações

água (f)	meyāh (f)	مياه
água (f) quente	maya soχna (f)	مايّة سخنة
água (f) fria	maya barda (f)	مايّة باردة
torneira (f)	ḥanafiya (f)	حنفيّة
gota (f)	'aṭra (f)	قطرة
gotejar (vi)	'aṭṭar	قطّر
vazar (vt)	sarrab	سرّب
vazamento (m)	tasarrob (m)	تسرب
poça (f)	berka (f)	بركة
tubo (m)	masūra (f)	ماسورة
válvula (f)	ṣamām (m)	صمام
entupir-se (vr)	kān masdūd	كان مسدود
ferramentas (f pl)	adawāt (pl)	أدوات
chave (f) inglesa	el meftāḥ el englīzy (m)	المفتاح الإنجليزي
desenroscar (vt)	fataḥ	فتح
enroscar (vt)	aḥkam el ʃadd	أحكم الشدّ
desentupir (vt)	sallek	سلّك
encanador (m)	samkary (m)	سمكري
porão (m)	badrome (m)	بدروم
rede (f) de esgotos	ʃabaket el magāry (f)	شبكة المجاري

102. Fogo. Deflagração

incêndio (m)	ḥarī' (m)	حريق
chama (f)	lahab (m)	لهب
faísca (f)	ʃarāra (f)	شرارة
fumaça (f)	dokχān (m)	دخّان
tocha (f)	ʃoʿla (f)	شعلة
fogueira (f)	nār moχayem (m)	نار مخيّم
gasolina (f)	banzīn (m)	بنزين
querosene (m)	kerosīn (m)	كيروسين

inflamável (adj)	qābel lel eḥterāq	قابل للإحتراق
explosivo (adj)	māda motafaggera	مادة متفجّرة
PROIBIDO FUMAR!	mamnūʿ el tadχīn	ممنوع التدخين
segurança (f)	amn (m)	أمن
perigo (m)	χaṭar (m)	خطر
perigoso (adj)	χaṭīr	خطير
incendiar-se (vr)	eʃtaʿal	إشتعل
explosão (f)	enfegār (m)	إنفجار
incendiar (vt)	aʃʿal el nār	أشعل النار
incendiário (m)	moʃʿel ḥarīq ʿan ʿamd (m)	مشعل حريق عن عمد
incêndio (m) criminoso	eḥrāq el momtalakāt (m)	إحراق الممتلكات
flamejar (vi)	awhag	أوهج
queimar (vi)	et-ḥaraʾ	إتحرق
queimar tudo (vi)	et-ḥaraʾ	إتحرق
chamar os bombeiros	kallim ʾism el ḥarīʾ	كلّم قسم الحريق
bombeiro (m)	rāgel el maṭāfy (m)	راجل المطافي
caminhão (m) de bombeiros	sayāret el maṭāfy (f)	سيّارة المطافي
corpo (m) de bombeiros	ʾesm el maṭāfy (f)	قسم المطافي
escada (f) extensível	sellem el maṭāfy (m)	سلّم المطافي
mangueira (f)	χarṭūm el mayya (m)	خرطوم الميّة
extintor (m)	ṭaffayet ḥarīʾ (f)	طفّاية حريق
capacete (m)	χawza (f)	خوذة
sirene (f)	sarīna (f)	سرينة
gritar (vi)	ṣarraχ	صرّخ
chamar por socorro	estaɣās	إستغاث
socorrista (m)	monqez (m)	منقذ
salvar, resgatar (vt)	anqaz	أنقذ
chegar (vi)	weṣel	وصل
apagar (vt)	ṭaffa	طفّى
água (f)	meyāh (f)	مياه
areia (f)	raml (m)	رمل
ruínas (f pl)	ḥeṭām (pl)	حطام
ruir (vi)	enhār	إنهار
desmoronar (vi)	enhār	إنهار
desabar (vi)	enhār	إنهار
fragmento (m)	ʾeṭʿet ḥeṭām (f)	قطعة حطام
cinza (f)	ramād (m)	رماد
sufocar (vi)	eθχanaʾ	إتخنق
perecer (vi)	māt	مات

ATIVIDADES HUMANAS

Emprego. Negócios. Parte 1

103. Escritório. O trabalho no escritório

escritório (~ de advogados)	maktab (m)	مكتب
escritório (do diretor, etc.)	maktab (m)	مكتب
recepção (f)	este'bāl (m)	إستقبال
secretário (m)	sekerteyr (m)	سكرتير
diretor (m)	modīr (m)	مدير
gerente (m)	modīr (m)	مدير
contador (m)	muḥāseb (m)	محاسب
empregado (m)	mowazzaf (m)	موظّف
mobiliário (m)	asās (m)	أثاث
mesa (f)	maktab (m)	مكتب
cadeira (f)	korsy (m)	كرسي
gaveteiro (m)	weḥdet adrāg (f)	وحدة أدراج
cabideiro (m) de pé	ʃammā'a (f)	شمّاعة
computador (m)	kombuter (m)	كمبيوتر
impressora (f)	ṭābe'a (f)	طابعة
fax (m)	faks (m)	فاكس
fotocopiadora (f)	'ālet nasx (f)	آلة نسخ
papel (m)	wara' (m)	ورق
artigos (m pl) de escritório	adawāt maktabiya (pl)	أدوات مكتبية
tapete (m) para mouse	maws bād (m)	ماوس باد
folha (f)	wara'a (f)	ورقة
pasta (f)	malaff (m)	ملفّ
catálogo (m)	fehras (m)	فهرس
lista (f) telefônica	dalīl el telefone (m)	دليل التليفون
documentação (f)	wasā'eq (pl)	وثائق
brochura (f)	naʃra (f)	نشرة
panfleto (m)	manʃūr (m)	منشور
amostra (f)	namūzag (m)	نموذج
formação (f)	egtemā' tadrīb (m)	إجتماع تدريب
reunião (f)	egtemā' (m)	إجتماع
hora (f) de almoço	fatret el ɣada' (f)	فترة الغذاء
fazer uma cópia	ṣawwar	صوّر
tirar cópias	ṣawwar	صوّر
receber um fax	estalam faks	إستلم فاكس
enviar um fax	ba'at faks	بعت فاكس
fazer uma chamada	ettaṣal	إتّصل

responder (vt)	gāwab	جاوب
passar (vt)	waṣṣal	وصّل
marcar (vt)	ḥadded	حدّد
demonstrar (vt)	'araḍ	عرض
estar ausente	ɣāb	غاب
ausência (f)	ɣeyāb (m)	غياب

104. Processos negociais. Parte 1

ocupação (f)	ʃoɣl (m)	شغل
firma, empresa (f)	ʃerka (f)	شركة
companhia (f)	ʃerka (f)	شركة
corporação (f)	mo'assasa tegariya (f)	مؤسسة تجارية
empresa (f)	ʃerka (f)	شركة
agência (f)	wekāla (f)	وكالة
acordo (documento)	ettefaqiya (f)	إتّفاقية
contrato (m)	'a'd (m)	عقد
acordo (transação)	ṣafqa (f)	صفقة
pedido (m)	ṭalab (m)	طلب
termos (m pl)	ʃorūṭ (pl)	شروط
por atacado	bel gomla	بالجملة
por atacado (adj)	el gomla	الجملة
venda (f) por atacado	bey' bel gomla (m)	بيع بالجملة
a varejo	yebee' bel tagze'a	يبيع بالتجزئة
venda (f) a varejo	maḥal yebee' bel tagze'a (m)	محل يبيع بالتجزئة
concorrente (m)	monāfes (m)	منافس
concorrência (f)	monafsa (f)	منافسة
competir (vi)	nāfes	نافس
sócio (m)	ʃerīk (m)	شريك
parceria (f)	ʃarāka (f)	شراكة
crise (f)	azma (f)	أزمة
falência (f)	eflās (m)	إفلاس
entrar em falência	falles	فلّس
dificuldade (f)	ṣo'ūba (f)	صعوبة
problema (m)	moʃkela (f)	مشكلة
catástrofe (f)	karsa (f)	كارثة
economia (f)	eqtiṣād (m)	إقتصاد
econômico (adj)	eqteṣādy	إقتصادي
recessão (f) econômica	rokūd eqteṣādy (m)	ركود إقتصادي
objetivo (m)	hadaf (m)	هدف
tarefa (f)	mohemma (f)	مهمّة
comerciar (vi, vt)	tāger	تاجر
rede (de distribuição)	ʃabaka (f)	شبكة
estoque (m)	el maχzūn (m)	المخزون
sortimento (m)	taʃkīla (f)	تشكيلة

líder (m)	qā'ed (m)	قائد
grande (~ empresa)	kebīr	كبير
monopólio (m)	eḥtekār (m)	إحتكار
teoria (f)	naẓariya (f)	نظريّة
prática (f)	momarsa (f)	ممارسة
experiência (f)	χebra (f)	خبرة
tendência (f)	ettegāh (m)	إتّجاه
desenvolvimento (m)	tanmeya (f)	تنمية

105. Processos negociais. Parte 2

rentabilidade (f)	rebḥ (m)	ربح
rentável (adj)	morbeḥ	مربح
delegação (f)	wafd (m)	وفد
salário, ordenado (m)	morattab (m)	مرتّب
corrigir (~ um erro)	ṣaḥḥaḥ	صحّح
viagem (f) de negócios	reḥlet 'amal (f)	رحلة عمل
comissão (f)	lagna (f)	لجنة
controlar (vt)	et-ḥakkem	إتحكّم
conferência (f)	mo'tamar (m)	مؤتمر
licença (f)	roχṣa (f)	رخصة
confiável (adj)	mawsūq	موثوق
empreendimento (m)	mobadra (f)	مبادرة
norma (f)	me'yār (m)	معيار
circunstância (f)	ẓarf (m)	ظرف
dever (do empregado)	wāgeb (m)	واجب
empresa (f)	monaẓẓama (f)	منظّمة
organização (f)	tanẓīm (m)	تنظيم
organizado (adj)	monaẓẓam	منظّم
anulação (f)	elɣā' (m)	إلغاء
anular, cancelar (vt)	alɣa	ألغى
relatório (m)	ta'rīr (m)	تقرير
patente (f)	bara'et el eχterā' (f)	براءة الإختراع
patentear (vt)	saggel barā'et eχterā'	سجّل براءة الإختراع
planejar (vt)	χaṭṭeṭ	خطّط
bônus (m)	'alāwa (f)	علاوة
profissional (adj)	mehany	مهني
procedimento (m)	egrā' (m)	إجراء
examinar (~ a questão)	baḥs fi	بحث في
cálculo (m)	ḥesāb (m)	حساب
reputação (f)	som'a (f)	سمعة
risco (m)	moχaṭra (f)	مخاطرة
dirigir (~ uma empresa)	adār	أدار
informação (f)	ma'lumāt (pl)	معلومات
propriedade (f)	melkiya (f)	ملكيّة

união (f)	etteḥād (m)	إتّحاد
seguro (m) de vida	ta'mīn 'alal ḥayah (m)	تأمين على الحياة
fazer um seguro	ammen	أمّن
seguro (m)	ta'mīn (m)	تأمين
leilão (m)	mazād (m)	مزاد
notificar (vt)	ballaɣ	بلّغ
gestão (f)	edāra (f)	إدارة
serviço (indústria de ~s)	χadma (f)	خدمة
fórum (m)	nadwa (f)	ندوة
funcionar (vi)	adda waẓīfa	أدّى وظيفة
estágio (m)	marḥala (f)	مرحلة
jurídico, legal (adj)	qanūniya	قانونية
advogado (m)	muḥāmy (m)	محامي

106. Produção. Trabalhos

usina (f)	maṣna' (m)	مصنع
fábrica (f)	maṣna' (m)	مصنع
oficina (f)	warʃa (f)	ورشة
local (m) de produção	maṣna' (m)	مصنع
indústria (f)	ṣenā'a (f)	صناعة
industrial (adj)	ṣenā'y	صناعي
indústria (f) pesada	ṣenā'a te'īla (f)	صناعة ثقيلة
indústria (f) ligeira	ṣenā'a χafīfa (f)	صناعة خفيفة
produção (f)	montagāt (pl)	منتجات
produzir (vt)	antag	أنتج
matérias-primas (f pl)	mawād χām (pl)	مواد خام
chefe (m) de obras	ra'īs el 'ommāl (m)	رئيس العمّال
equipe (f)	farī' el 'ommāl (m)	فريق العمّال
operário (m)	'āmel (m)	عامل
dia (m) de trabalho	yome 'amal (m)	يوم عمل
intervalo (m)	rāḥa (f)	راحة
reunião (f)	egtemā' (m)	إجتماع
discutir (vt)	nā'eʃ	ناقش
plano (m)	χeṭṭa (f)	خطّة
cumprir o plano	naffez el χeṭṭa	نفّذ الخطّة
taxa (f) de produção	mo'addal el entāg (m)	معدّل الإنتاج
qualidade (f)	gawda (f)	جودة
controle (m)	taftīʃ (m)	تفتيش
controle (m) da qualidade	ḍabṭ el gawda (m)	ضبط الجودة
segurança (f) no trabalho	salāmet makān el 'amal (f)	سلامة مكان العمل
disciplina (f)	enḍebāṭ (m)	إنضباط
infração (f)	moχalfa (f)	مخالفة
violar (as regras)	χālef	خالف
greve (f)	eḍrāb (m)	إضراب
grevista (m)	moḍrab (m)	مضرب

estar em greve	aḍrab	أضرب
sindicato (m)	etteḥād el ʿomāl (m)	إتّحاد العمال
inventar (vt)	eχtaraʿ	إخترع
invenção (f)	eχterāʿ (m)	إختراع
pesquisa (f)	baḥs (m)	بحث
melhorar (vt)	ḥassen	حسّن
tecnologia (f)	teknoloʒia (f)	تكنولوجيا
desenho (m) técnico	rasm teqany (m)	رسم تقني
carga (f)	ʃaḥn (m)	شحن
carregador (m)	ʃayāl (m)	شيّال
carregar (o caminhão, etc.)	ʃaḥn	شحن
carregamento (m)	taḥmīl (m)	تحميل
descarregar (vt)	farraɣ	فرّغ
descarga (f)	tafrīɣ (m)	تفريغ
transporte (m)	wasā'el el na'l (pl)	وسائل النقل
companhia (f) de transporte	ʃerket na'l (f)	شركة نقل
transportar (vt)	na'al	نقل
vagão (m) de carga	ʿarabet ʃaḥn (f)	عربة شحن
tanque (m)	χazzān (m)	خزّان
caminhão (m)	ʃāḥena (f)	شاحنة
máquina (f) operatriz	makana (f)	مكنة
mecanismo (m)	'āliya (f)	آليّة
resíduos (m pl) industriais	moχallafāt ṣenaʿiya (pl)	مخلفات صناعية
embalagem (f)	taʿbe'a (f)	تعبئة
embalar (vt)	ʿabba	عبّأ

107. Contrato. Acordo

contrato (m)	ʿa'd (m)	عقد
acordo (m)	ettefā' (m)	إتّفاق
adendo, anexo (m)	moḷḥa' (m)	ملحق
assinar o contrato	waqqaʿ ʿala ʿa'd	وقّع على عقد
assinatura (f)	tawqeeʿ (m)	توقيع
assinar (vt)	waqqaʿ	وقّع
carimbo (m)	χetm (m)	ختم
objeto (m) do contrato	mawḍūʿ el ʿa'd (m)	موضوع العقد
cláusula (f)	band (m)	بند
partes (f pl)	aṭrāf (pl)	أطراف
domicílio (m) legal	ʿenwān qanūny (m)	عنوان قانوني
violar o contrato	χālef el ʿa'd	خالف العقد
obrigação (f)	eltezām (m)	إلتزام
responsabilidade (f)	mas'oliya (f)	مسؤوليّة
força (f) maior	'owwa qāhera (m)	قوّة قاهرة
litígio (m), disputa (f)	χelāf (m)	خلاف
multas (f pl)	ʿoqobāt (pl)	عقوبات

108. Importação & Exportação

importação (f)	esterād (m)	إستيراد
importador (m)	mostawred (m)	مستورد
importar (vt)	estawrad	إستورد
de importação	wāred	وارد
exportação (f)	taṣdīr (m)	تصدير
exportador (m)	moṣadder (m)	مصدّر
exportar (vt)	ṣaddar	صدّر
de exportação	sādir	صادر
mercadoria (f)	baḍā'e' (pl)	بضائع
lote (de mercadorias)	ʃoḥna (f)	شحنة
peso (m)	wazn (m)	وزن
volume (m)	ḥagm (m)	حجم
metro (m) cúbico	metr moka''ab (m)	متر مكعّب
produtor (m)	el ʃerka el moṣanne'a (f)	الشركة المصنّعة
companhia (f) de transporte	ʃerket na'l (f)	شركة نقل
contêiner (m)	ḥāweya (f)	حاوية
fronteira (f)	ḥadd (m)	حدّ
alfândega (f)	gamārek (pl)	جمارك
taxa (f) alfandegária	rasm gomroky (m)	رسم جمركي
funcionário (m) da alfândega	mowazzaf el gamārek (m)	موظّف الجمارك
contrabando (atividade)	tahrīb (m)	تهريب
contrabando (produtos)	beḍā'a moharraba (pl)	بضاعة مهربة

109. Finanças

ação (f)	sahm (m)	سهم
obrigação (f)	sanad (m)	سند
nota (f) promissória	kembyāla (f)	كمبيالة
bolsa (f) de valores	borṣa (f)	بورصة
cotação (m) das ações	se'r el sahm (m)	سعر السهم
tornar-se mais barato	reχeṣ	رخص
tornar-se mais caro	ʃely	غلي
parte (f)	naṣīb (m)	نصيب
participação (f) majoritária	el magmū'a el mosayṭara (f)	المجموعة المسيطرة
investimento (m)	estesmār (pl)	إستثمار
investir (vt)	estasmar	إستثمر
porcentagem (f)	bel me'a - bel miya	بالمئة
juros (m pl)	fayda (f)	فائدة
lucro (m)	rebḥ (m)	ربح
lucrativo (adj)	morbeḥ	مربح
imposto (m)	ḍarība (f)	ضريبة
divisa (f)	'omla (f)	عملة

nacional (adj)	waṭany	وطني
câmbio (m)	taḥwīl (m)	تحويل
contador (m)	muḥāseb (m)	محاسب
contabilidade (f)	maḥasba (f)	محاسبة
falência (f)	eflās (m)	إفلاس
falência, quebra (f)	enheyār (m)	إنهيار
ruína (f)	eflās (m)	إفلاس
estar quebrado	falles	فلّس
inflação (f)	taḍakχom māly (m)	تضخّم مالي
desvalorização (f)	taχfīḍ qīmet ʿomla (m)	تخفيض قيمة عملة
capital (m)	raʾs māl (m)	رأس مال
rendimento (m)	daχl (m)	دخل
volume (m) de negócios	dawret raʾs el māl (f)	دورة رأس المال
recursos (m pl)	mawāred (pl)	موارد
recursos (m pl) financeiros	el mawāred el naqdiya (pl)	الموارد النقديّة
despesas (f pl) gerais	nafaʾāt ʿāmma (pl)	نفقات عامّة
reduzir (vt)	χaffaḍ	خفّض

110. Marketing

marketing (m)	taswīʾ (m)	تسويق
mercado (m)	sūʾ (f)	سوق
segmento (m) do mercado	qaṭāʿ el sūʾ (m)	قطاع السوق
produto (m)	montag (m)	منتج
mercadoria (f)	baḍāʾeʿ (pl)	بضائع
marca (f)	mārka (f)	ماركة
marca (f) registrada	marka tegāriya (f)	ماركة تجاريّة
logotipo (m)	ʃeʿār (m)	شعار
logo (m)	ʃeʿār (m)	شعار
demanda (f)	ṭalab (m)	طلب
oferta (f)	mUʿIddāt (pl)	معدّات
necessidade (f)	ḥāga (f)	حاجة
consumidor (m)	mostahlek (m)	مستهلك
análise (f)	taḥlīl (m)	تحليل
analisar (vt)	ḥallel	حلّل
posicionamento (m)	waḍʿ (m)	وضع
posicionar (vt)	waḍaʿ	وضع
preço (m)	seʿr (m)	سعر
política (f) de preços	seyāset el asʿār (f)	سياسة الأسعار
formação (f) de preços	taʃkīl el asʿār (m)	تشكيل الأسعار

111. Publicidade

publicidade (f)	eʿlān (m)	إعلان
fazer publicidade	aʿlan	أعلن

orçamento (m)	mezaniya (f)	ميزانية
anúncio (m)	eʿlān (m)	إعلان
publicidade (f) na TV	eʿlān fel televizīōn (m)	إعلان في التليفزيون
publicidade (f) na rádio	eʿlān fel radio (m)	إعلان في الراديو
publicidade (f) exterior	eʿlān zahery (m)	إعلان ظاهري
comunicação (f) de massa	wasā'el el eʿlām (pl)	وسائل الإعلام
periódico (m)	magalla dawriya (f)	مجلّة دوريّة
imagem (f)	imyʒ (m)	إيميج
slogan (m)	ʃeʿār (m)	شعار
mote (m), lema (f)	ʃeʿār (m)	شعار
campanha (f)	ḥamla (f)	حملة
campanha (f) publicitária	ḥamla eʿlaniya (f)	حملة إعلانيّة
grupo (m) alvo	magmūʿa mostahdafa (f)	مجموعة مستهدفة
cartão (m) de visita	kart el ʿamal (m)	كارت العمل
panfleto (m)	manʃūr (m)	منشور
brochura (f)	naʃra (f)	نشرة
folheto (m)	kotayeb (m)	كتيّب
boletim (~ informativo)	naʃra eχbariya (f)	نشرة إخبارية
letreiro (m)	yafṭa, lāfeta (f)	لافتة, يافطة
cartaz, pôster (m)	boster (m)	بوستر
painel (m) publicitário	lawḥet eʿlanāt (f)	لوحة إعلانات

112. Banca

banco (m)	bank (m)	بنك
balcão (f)	farʿ (m)	فرع
consultor (m) bancário	mowazzaf bank (m)	موظّف بنك
gerente (m)	modīr (m)	مدير
conta (f)	ḥesāb bank (m)	حساب بنك
número (m) da conta	raqam el ḥesāb (m)	رقم الحساب
conta (f) corrente	ḥesāb gāry (m)	حساب جاري
conta (f) poupança	ḥesāb tawfīr (m)	حساب توّفير
abrir uma conta	fataḥ ḥesāb	فتح حساب
fechar uma conta	'afal ḥesāb	قفل حساب
depositar na conta	awdaʿ fel ḥesāb	أودع في الحساب
sacar (vt)	saḥab men el ḥesāb	سحب من الحساب
depósito (m)	wadeeʿa (f)	وديعة
fazer um depósito	awdaʿ	أودع
transferência (f) bancária	ḥewāla maṣrefiya (f)	حوالة مصرفيّة
transferir (vt)	ḥawwel	حوّل
soma (f)	mablaɣ (m)	مبلغ
Quanto?	kām?	كام؟
assinatura (f)	tawqeeʿ (m)	توقيع
assinar (vt)	waqqaʿ	وقّع

cartão (m) de crédito	kredit kard (f)	كريدت كارد
senha (f)	kōd (m)	كود
número (m) do cartão de crédito	raqam el kredit kard (m)	رقم الكريدت كارد
caixa (m) eletrônico	makinet ṣarrāf ʾāly (f)	ماكينة صرّاف آلي
cheque (m)	ʃīk (m)	شيك
passar um cheque	katab ʃīk	كتب شيك
talão (m) de cheques	daftar ʃikāt (m)	دفتر شيكات
empréstimo (m)	qarḍ (m)	قرض
pedir um empréstimo	ʾaddem ṭalab ʿala qarḍ	قدّم طلب على قرض
obter empréstimo	ḥaṣal ʿala qarḍ	حصل على قرض
dar um empréstimo	edda qarḍ	ادّى قرض
garantia (f)	ḍamān (m)	ضمان

113. Telefone. Conversação telefônica

telefone (m)	telefon (m)	تليفون
celular (m)	mobile (m)	موبايل
secretária (f) eletrônica	gehāz radd ʿalal mokalmāt (m)	جهاز ردّ على المكالمات
fazer uma chamada	ettaṣal	إتّصل
chamada (f)	mokalma telefoniya (f)	مكالمة تليفونية
discar um número	ettaṣal be raqam	إتّصل برقم
Alô!	alo!	ألو!
perguntar (vt)	saʾal	سأل
responder (vt)	radd	ردّ
ouvir (vt)	semeʿ	سمع
bem	kewayes	كويّس
mal	meʃ kowayīs	مش كويّس
ruído (m)	taʃwīʃ (m)	تشويش
fone (m)	sammāʿa (f)	سمّاعة
pegar o telefone	rafaʿ el sammāʿa	رفع السمّاعة
desligar (vi)	ʾafal el sammāʿa	قفل السمّاعة
ocupado (adj)	maʃɣūl	مشغول
tocar (vi)	rann	رنّ
lista (f) telefônica	dalīl el telefone (m)	دليل التليفون
local (adj)	maḥalliyya	محلّيّة ة
chamada (f) local	mokalma maḥalliya (f)	مكالمة محلّيّة
de longa distância	biʿīd	بعيد
chamada (f) de longa distância	mokalma biʿīda (f)	مكالمة بعيدة المدى
internacional (adj)	dowly	دوّلي
chamada (f) internacional	mokalma dowliya (f)	مكالمة دوليّة

114. Telefone móvel

celular (m)	mobile (m)	موبايل
tela (f)	'arḍ (m)	عرض
botão (m)	zerr (m)	زر
cartão SIM (m)	sim kard (m)	سيم كارد
bateria (f)	baṭṭariya (f)	بطّاريّة
descarregar-se (vr)	χelṣet	خلصت
carregador (m)	ʃāḥen (m)	شاحن
menu (m)	qā'ema (f)	قائمة
configurações (f pl)	awḍā' (pl)	أوضاع
melodia (f)	naɣama (f)	نغمة
escolher (vt)	eχtār	إختار
calculadora (f)	'āla ḥasba (f)	آلة حاسبة
correio (m) de voz	barīd ṣawty (m)	بريد صوتي
despertador (m)	monabbeh (m)	منبّه
contatos (m pl)	gehāt el etteṣāl (pl)	جهات الإتّصال
mensagem (f) de texto	resāla 'aṣīra ɛsɛmɛs (f)	رسالة قصيرة sms
assinante (m)	moʃtarek (m)	مشترك

115. Estacionário

caneta (f)	'alam gāf (m)	قلم جاف
caneta (f) tinteiro	'alam rīʃa (m)	قلم ريشة
lápis (m)	'alam roṣāṣ (m)	قلم رصاص
marcador (m) de texto	markar (m)	ماركر
caneta (f) hidrográfica	'alam fulumaster (m)	قلم فلوماستر
bloco (m) de notas	mozakkera (f)	مذكّرة
agenda (f)	gadwal el a'māl (m)	جدول الأعمال
régua (f)	masṭara (f)	مسطرة
calculadora (f)	'āla ḥasba (f)	آلة حاسبة
borracha (f)	astīka (f)	استيكة
alfinete (m)	dabbūs (m)	دبّوس
clipe (m)	dabbūs wara' (m)	دبّوس ورق
cola (f)	ṣamɣ (m)	صمغ
grampeador (m)	dabbāsa (f)	دبّاسة
furador (m) de papel	χarrāma (m)	خرّامة
apontador (m)	barrāya (f)	برّاية

116. Vários tipos de documentos

relatório (m)	ta'rīr (m)	تقرير
acordo (m)	ettefā' (m)	إتّفاق

ficha (f) de inscrição	estemāret ṭalab (m)	إستمارة طلب
autêntico (adj)	aṣly	أصلي
crachá (m)	ʃāra (f)	شارة
cartão (m) de visita	kart el ʿamal (m)	كارت العمل
certificado (m)	ʃahāda (f)	شهادة
cheque (m)	ʃīk (m)	شيك
conta (f)	ḥesāb (m)	حساب
constituição (f)	dostūr (m)	دستور
contrato (m)	ʿaʾd (m)	عقد
cópia (f)	ṣūra (f)	صورة
exemplar (~ assinado)	nosχa (f)	نسخة
declaração (f) alfandegária	taṣrīḥ gomroky (m)	تصريح جمركي
documento (m)	wasīqa (f)	وثيقة
carteira (f) de motorista	roχṣet el qeyāda (f)	رخصة قيادة
adendo, anexo (m)	molḥaʾ (m)	ملحق
questionário (m)	estemāra (f)	استمارة
carteira (f) de identidade	beṭāʾet el hawiya (f)	بطاقة الهويّة
inquérito (m)	estefsār (m)	إستفسار
convite (m)	beṭāʾet daʿwa (f)	بطاقة دعوة
fatura (f)	fatūra (f)	فاتورة
lei (f)	qanūn (m)	قانون
carta (correio)	resāla (f)	رسالة
papel (m) timbrado	tarwīsa (f)	ترويسة
lista (f)	qāʾema (f)	قائمة
manuscrito (m)	maχṭūṭa (f)	مخطوطة
boletim (~ informativo)	naʃra eχbariya (f)	نشرة إخبارية
bilhete (mensagem breve)	nouta (f)	نوتة
passe (m)	beṭāʾet morūr (f)	بطاقة مرور
passaporte (m)	basbore (m)	باسبور
permissão (f)	roχṣa (f)	رخصة
currículo (m)	sīra zātiya (f)	سيرة ذاتيّة
nota (f) promissória	mozakkeret deyn (f)	مذكّرة دين
recibo (m)	eṣāl (m)	إيصال
talão (f)	eṣāl (m)	إيصال
relatório (m)	taʾrīr (m)	تقرير
mostrar (vt)	ʾaddem	قدّم
assinar (vt)	waqqaʿ	وقّع
assinatura (f)	tawqeeʿ (m)	توقيع
carimbo (m)	χetm (m)	ختم
texto (m)	noṣṣ (m)	نصّ
ingresso (m)	tazkara (f)	تذكرة
riscar (vt)	ʃaṭab	شطب
preencher (vt)	mala	ملأ
carta (f) de porte	bolīṣet ʃaḥn (f)	بوليصة شحن
testamento (m)	waṣiya (f)	وصيّة

117. Tipos de negócios

serviços (m pl) de contabilidade	xedamāt moḥasba (pl)	خدمات محاسبة
publicidade (f)	e'lān (m)	إعلان
agência (f) de publicidade	wekālet e'lān (f)	وكالة إعلان
ar (m) condicionado	takyīf (m)	تكييف
companhia (f) aérea	ʃerket ṭayarān (f)	شركة طيران
bebidas (f pl) alcoólicas	maʃrūbāt koḥūliya (pl)	مشروبات كحوليّة
comércio (m) de antiguidades	toḥaf (pl)	تحف
galeria (f) de arte	ma'raḍ fanny (m)	معرض فنّي
serviços (m pl) de auditoria	xedamāt faḥṣ el ḥesābāt (pl)	خدمات فحص الحسابات
negócios (m pl) bancários	el qeṭā' el maṣrefy (m)	القطاع المصرفي
bar (m)	bār (m)	بار
salão (m) de beleza	ṣalone tagmīl (m)	صالون تجميل
livraria (f)	maḥal kotob (m)	محل كتب
cervejaria (f)	maṣna' bīra (m)	مصنع بيرة
centro (m) de escritórios	markaz tegāry (m)	مركز تجاري
escola (f) de negócios	kolliyet edāret el a'māl (f)	كليّة إدارة الأعمال
cassino (m)	kazino (m)	كازينو
construção (f)	benā' (m)	بناء
consultoria (f)	esteʃāra (f)	إستشارة
clínica (f) dentária	'eyādet asnān (f)	عيادة أسنان
design (m)	taṣmīm (m)	تصميم
drogaria (f)	ṣaydaliya (f)	صيدليّة
lavanderia (f)	dray klīn (m)	دراي كلين
agência (f) de emprego	wekālet tawẓīf (f)	وكالة توّظيف
serviços (m pl) financeiros	xedamāt māliya (pl)	خدمات ماليّة
alimentos (m pl)	akl (m)	أكل
funerária (f)	maktab mota'ahhed el dafn (m)	مكتب متعهّد الدفن
mobiliário (m)	asās (m)	أثاث
roupa (f)	malābes (pl)	ملابس
hotel (m)	fondo' (m)	فندق
sorvete (m)	'ays krīm (m)	آيس كريم
indústria (f)	ṣenā'a (f)	صناعة
seguro (~ de vida, etc.)	ta'mīn (m)	تأمين
internet (f)	internet (m)	إنترنت
investimento (m)	estesmarāt (pl)	إستثمارات
joalheiro (m)	ṣā'eɣ (m)	صائغ
joias (f pl)	mogawharāt (pl)	مجوهرات
lavanderia (f)	maɣsala (f)	مغسلة
assessorias (f pl) jurídicas	xedamāt qanūniya (pl)	خدمات قانونيّة
indústria (f) ligeira	ṣenā'a xafīfa (f)	صناعة خفيفة
revista (f)	magalla (f)	مجلّة
vendas (f pl) por catálogo	bey' be neẓām el barīd (m)	بيع بنظام البريد
medicina (f)	ṭebb (m)	طبّ

cinema (m)	sinema (f)	سينما
museu (m)	mat-ḥaf (m)	متحف
agência (f) de notícias	wekāla eχbariya (f)	وكالة إخبارية
jornal (m)	garīda (f)	جريدة
boate (casa noturna)	malha leyly (m)	ملهى ليّلي
petróleo (m)	nafṭ (m)	نفط
serviços (m pl) de remessa	χedamāt el ʃaḥn (pl)	خدمات الشحن
indústria (f) farmacêutica	ṣaydala (f)	صيدلة
tipografia (f)	ṭebāʿa (f)	طباعة
editora (f)	dar el ṭebāʿa wel naʃr (f)	دار الطباعة والنشر
rádio (m)	radio (m)	راديو
imobiliário (m)	ʿeqarāt (pl)	عقارات
restaurante (m)	maṭʿam (m)	مطعم
empresa (f) de segurança	ʃerket amn (f)	شركة أمن
esporte (m)	reyāḍa (f)	رياضة
bolsa (f) de valores	borṣa (f)	بورصة
loja (f)	maḥal (m)	محل
supermercado (m)	subermarket (m)	سوبرماركت
piscina (f)	ḥammām sebāḥa (m)	حمّام سباحة
alfaiataria (f)	maḥal χeyāṭa (m)	محل خياطة
televisão (f)	televizion (m)	تليفزيون
teatro (m)	masraḥ (m)	مسرح
comércio (m)	tegāra (f)	تجارة
serviços (m pl) de transporte	wasā'el el na'l (pl)	وسائل النقل
viagens (f pl)	safar (m)	سفر
veterinário (m)	doktore beṭary (m)	دكتور بيطري
armazém (m)	mostawdaʿ (m)	مستوّدع
recolha (f) do lixo	gamaʿ el nefayāt (m)	جمع النفايات

Emprego. Negócios. Parte 2

118. Espetáculo. Feira

feira, exposição (f)	ma'raḍ (m)	معرض
feira (f) comercial	ma'raḍ tegāry (m)	معرض تجاري
participação (f)	eʃterāk (m)	إشتراك
participar (vi)	ʃārek	شارك
participante (m)	moʃtarek (m)	مشترك
diretor (m)	modīr (m)	مدير
direção (f)	maktab el monaẓẓemīn (m)	مكتب المنظّمين
organizador (m)	monazzem (m)	منظّم
organizar (vt)	nazzam	نظّم
ficha (f) de inscrição	estemāret el eʃterak (f)	إستمارة الإشتراك
preencher (vt)	mala	ملأ
detalhes (m pl)	tafaṣīl (pl)	تفاصيل
informação (f)	este'lamāt (pl)	إستعلامات
preço (m)	se'r (m)	سعر
incluindo	bema feyh	بما فيه
incluir (vt)	taḍamman	تضمّن
pagar (vt)	dafa'	دفع
taxa (f) de inscrição	rosūm el tasgīl (pl)	رسوم التسجيل
entrada (f)	madχal (m)	مدخل
pavilhão (m), salão (f)	genāḥ (m)	جناح
inscrever (vt)	saggel	سجّل
crachá (m)	ʃāra (f)	شارة
stand (m)	koʃk (m)	كشك
reservar (vt)	ḥagaz	حجز
vitrine (f)	vatrīna (f)	فترينة
lâmpada (f)	kasʃāf el nūr (m)	كشّاف النور
design (m)	taṣmīm (m)	تصميم
pôr (posicionar)	ḥaṭṭ	حطّ
distribuidor (m)	mowazze' (m)	موزّع
fornecedor (m)	mowarred (m)	مورد
país (m)	balad (m)	بلد
estrangeiro (adj)	agnaby	أجنبي
produto (m)	montag (m)	منتج
associação (f)	gam'iya (f)	جمعيّة
sala (f) de conferência	qā'et el mo'tamarāt (f)	قاعة المؤتمرات
congresso (m)	mo'tamar (m)	مؤتمر

concurso (m)	mosab'a (f)	مسابقة
visitante (m)	zā'er (m)	زائر
visitar (vt)	ḥaḍar	حضر
cliente (m)	zobūn (m)	زبون

119. Media

jornal (m)	garīda (f)	جريدة
revista (f)	magalla (f)	مجلّة
imprensa (f)	ṣaḥāfa (f)	صحافة
rádio (m)	radio (m)	راديو
estação (f) de rádio	maḥaṭṭet radio (f)	محطّة راديو
televisão (f)	televizion (m)	تليفزيون
apresentador (m)	mo'addem (m)	مقدّم
locutor (m)	mozee' (m)	مذيع
comentarista (m)	mo'alleq (m)	معلّق
jornalista (m)	ṣaḥafy (m)	صحفي
correspondente (m)	morāsel (m)	مراسل
repórter (m) fotográfico	moṣawwer ṣaḥafy (m)	مصوّر صحفي
repórter (m)	ṣaḥafy (m)	صحفي
redator (m)	moḥarrer (m)	محرّر
redator-chefe (m)	ra'īs taḥrīr (m)	رئيس تحرير
assinar a ...	eʃtarak	إشترك
assinatura (f)	eʃterāk (m)	إشتراك
assinante (m)	moʃtarek (m)	مشترك
ler (vt)	'ara	قرأ
leitor (m)	qāre' (m)	قارئ
tiragem (f)	tadāwol (m)	تداول
mensal (adj)	ʃahry	شهري
semanal (adj)	osbū'y	أسبوعي
número (jornal, revista)	'adad (m)	عدد
recente, novo (adj)	gedīd	جديد
manchete (f)	'enwān (m)	عنوان
pequeno artigo (m)	maqāla saɣīra (f)	مقالة قصيرة
coluna (~ semanal)	'amūd (m)	عمود
artigo (m)	maqāla (f)	مقالة
página (f)	ṣafḥa (f)	صفحة
reportagem (f)	rebortāʒ (m)	ريبورتاج
evento (festa, etc.)	ḥadass (m)	حدث
sensação (f)	ḍagga (f)	ضجّة
escândalo (m)	feḍīḥa (f)	فضيحة
escandaloso (adj)	fāḍeḥ	فاضح
grande (adj)	ʃahīr	شهير
programa (m)	barnāmeg (m)	برنامج
entrevista (f)	leqā' ṣaḥafy (m)	لقاء صحفي
transmissão (f) ao vivo	ezā'a mobāʃera (f)	إذاعة مباشرة
canal (m)	qanah (f)	قناة

120. Agricultura

agricultura (f)	zerāʿa (f)	زراعة
camponês (m)	fallāḥ (m)	فلاّح
camponesa (f)	fallāḥa (f)	فلاّحة
agricultor, fazendeiro (m)	mozāreʿ (m)	مزارع
trator (m)	garrār (m)	جرّار
colheitadeira (f)	ḥaṣṣāda (f)	حصّادة
arado (m)	meḥrās (m)	محراث
arar (vt)	ḥaras	حرث
campo (m) lavrado	ḥaql maḥrūθ (m)	حقل محروث
sulco (m)	talem (m)	تلم
semear (vt)	bezr	بذر
plantadeira (f)	bazzara (f)	بذّارة
semeadura (f)	zarʿ (m)	زرع
foice (m)	meḥasʃ (m)	محشّ
cortar com foice	ḥasʃ	حشّ
pá (f)	karīk (m)	كريك
cavar (vt)	ḥaras	حرث
enxada (f)	magrafa (f)	مجرفة
capinar (vt)	est'ṣal nabatāt	إستأصل نباتات
erva (f) daninha	nabāt ṭafayly (m)	نبات طفيلي
regador (m)	raʃāʃa (f)	رشّاشة
regar (plantas)	sa'a	سقى
rega (f)	sa'y (m)	سقي
forquilha (f)	mazrāh (f)	مذراة
ancinho (m)	madamma (f)	مدمّة
fertilizante (m)	semād (m)	سماد
fertilizar (vt)	sammed	سمّد
estrume, esterco (m)	semād (m)	سماد
campo (m)	ḥaql (m)	حقل
prado (m)	marag (m)	مرج
horta (f)	bostān χoḍār (m)	بستان خضار
pomar (m)	bostān (m)	بستان
pastar (vt)	raʿa	رعى
pastor (m)	rāʿy (m)	راعي
pastagem (f)	marʿa (m)	مرعى
pecuária (f)	tarbeya el mawāʃy (f)	تربية المواشي
criação (f) de ovelhas	tarbeya aɣnām (f)	تربية أغنام
plantação (f)	mazraʿa (f)	مزرعة
canteiro (m)	ḥoḍe (m)	حوض
estufa (f)	dafī'a (f)	دفيئة

seca (f)	gafāf (m)	جفاف
seco (verão ~)	gāf	جاف
grão (m)	ḥobūb (pl)	حبوب
cereais (m pl)	maḥaṣīl el ḥubūb (pl)	محاصيل الحبوب
colher (vt)	ḥaṣad	حصد
moleiro (m)	ṭaḥḥān (m)	طحّان
moinho (m)	ṭaḥūna (f)	طاحونة
moer (vt)	ṭaḥn el ḥobūb	طحن الحبوب
farinha (f)	de'ī' (m)	دقيق
palha (f)	'aʃ (m)	قشّ

121. Construção. Processo de construção

canteiro (m) de obras	arḍ benā' (f)	أرض بناء
construir (vt)	bana	بنى
construtor (m)	'āmel benā' (m)	عامل بناء
projeto (m)	maʃrū' (m)	مشروع
arquiteto (m)	mohandes me'māry (m)	مهندس معماري
operário (m)	'āmel (m)	عامل
fundação (f)	asās (m)	أساس
telhado (m)	sa'f (m)	سقف
estaca (f)	kawmet el asās (f)	كومة الأساس
parede (f)	ḥeyṭa (f)	حيطة
colunas (f pl) de sustentação	ḥadīd taslīḥ (m)	حديد تسليح
andaime (m)	sa''āla (f)	سقّالة
concreto (m)	χarasāna (f)	خرسانة
granito (m)	granīt (m)	جرانيت
pedra (f)	ḥagar (m)	حجر
tijolo (m)	ṭūb (m)	طوب
areia (f)	raml (m)	رمل
cimento (m)	asmant (m)	إسمنت
emboço, reboco (m)	ṭalā' gaṣṣ (m)	طلاء جصّ
emboçar, rebocar (vt)	ṭala bel gaṣṣ	طلى بالجصّ
tinta (f)	dehān (m)	دهان
pintar (vt)	dahhen	دهّن
barril (m)	barmīl (m)	برميل
grua (f), guindaste (m)	rāfe'a (f)	رافعة
erguer (vt)	rafa'	رفع
baixar (vt)	nazzel	نزّل
buldózer (m)	bulldozer (m)	بولدوزر
escavadora (f)	ḥaffāra (f)	حفّارة
caçamba (f)	magrafa (f)	مجرفة
escavar (vt)	ḥafar	حفر
capacete (m) de proteção	χawza (f)	خوذة

122. Ciência. Investigação. Cientistas

ciência (f)	ʿelm (m)	علم
científico (adj)	ʿelmy	علمي
cientista (m)	ʿālem (m)	عالم
teoria (f)	naẓariya (f)	نظريّة
axioma (m)	badīhiya (f)	بديهيّة
análise (f)	taḥlīl (m)	تحليل
analisar (vt)	ḥallel	حلّل
argumento (m)	borhān (m)	برهان
substância (f)	madda (f)	مادّة
hipótese (f)	faraḍiya (f)	فرضيّة
dilema (m)	moʿḍela (f)	معضلة
tese (f)	resāla ʿelmiya (f)	رسالة علميّة
dogma (m)	ʿaqīda (f)	عقيدة
doutrina (f)	mazhab (m)	مذهب
pesquisa (f)	baḥs (m)	بحث
pesquisar (vt)	baḥs	بحث
testes (m pl)	eχtebārāt (pl)	إختبارات
laboratório (m)	moχtabar (m)	مختبر
método (m)	manhag (m)	منهج
molécula (f)	gozayeʾ (m)	جزيء
monitoramento (m)	reqāba (f)	رقابة
descoberta (f)	ekteʃāf (m)	إكتشاف
postulado (m)	mosallama (f)	مسلّمة
princípio (m)	mabdaʾ (m)	مبدأ
prognóstico (previsão)	tanabboʾ (m)	تنبّؤ
prognosticar (vt)	tanabbaʾ	تنبّأ
síntese (f)	tarkīb (m)	تركيب
tendência (f)	ettegāh (m)	إتّجاه
teorema (m)	naẓariya (f)	نظريّة
ensinamentos (m pl)	taʿalīm (pl)	تعاليم
fato (m)	ḥaʾīʾa (f)	حقيقة
expedição (f)	beʿsa (f)	بعثة
experiência (f)	tagreba (f)	تجربة
acadêmico (m)	akadīmy (m)	أكاديمي
bacharel (m)	bakaleryūs (m)	بكالوريوس
doutor (m)	doktore (m)	دكتور
professor (m) associado	ostāz moʃārek (m)	أستاذ مشارك
mestrado (m)	maʒestīr (m)	ماجستير
professor (m)	brofessor (m)	بروفيسور

Profissões e ocupações

123. Procura de emprego. Demissão

trabalho (m)	ʿamal (m)	عمل
equipe (f)	kawādir (pl)	كوادر
pessoal (m)	ṭāqem el ʿāmelīn (m)	طاقم العاملين
carreira (f)	mehna (f)	مهنة
perspectivas (f pl)	ʾāfāq (pl)	آفاق
habilidades (f pl)	maharāt (pl)	مهارات
seleção (f)	eχteyār (m)	إختيار
agência (f) de emprego	wekālet tawẓīf (f)	وكالة توّظيف
currículo (m)	sīra zātiya (f)	سيرة ذاتيّة
entrevista (f) de emprego	moʾablet ʿamal (f)	مقابلة عمل
vaga (f)	wazīfa χaleya (f)	وظيفة خالية
salário (m)	morattab (m)	مرتّب
salário (m) fixo	rāteb sābet (m)	راتب ثابت
pagamento (m)	ogra (f)	أجرة
cargo (m)	manṣeb (m)	منصب
dever (do empregado)	wāgeb (m)	واجب
gama (f) de deveres	magmūʿa men el wāgebāt (f)	مجموعة من الواجبات
ocupado (adj)	maʃɣūl	مشغول
despedir, demitir (vt)	rafad	رفد
demissão (f)	eqāla (m)	إقالة
desemprego (m)	baṭāla (f)	بطالة
desempregado (m)	ʿāṭel (m)	عاطل
aposentadoria (f)	maʿāʃ (m)	معاش
aposentar-se (vr)	oḥīl ʿala el maʿāʃ	أحيل على المعاش

124. Gente de negócios

diretor (m)	modīr (m)	مدير
gerente (m)	modīr (m)	مدير
patrão, chefe (m)	raʾīs (m)	رئيس
superior (m)	motafawweq (m)	متفوّق
superiores (m pl)	roʾasāʾ (pl)	رؤساء
presidente (m)	raʾīs (m)	رئيس
chairman (m)	raʾīs (m)	رئيس
substituto (m)	nāʾeb (m)	نائب
assistente (m)	mosāʿed (m)	مساعد

secretário (m)	sekerteyr (m)	سكرتير
secretário (m) pessoal	sekerteyr χāṣ (m)	سكرتير خاص
homem (m) de negócios	ragol a'māl (m)	رجل أعمال
empreendedor (m)	rā'ed a'māl (m)	رائد أعمال
fundador (m)	mo'asses (m)	مؤسّس
fundar (vt)	asses	أسّس
principiador (m)	mo'asses (m)	مؤسّس
parceiro, sócio (m)	ʃerīk (m)	شريك
acionista (m)	mālek el as-hom (m)	مالك الأسهم
milionário (m)	millyonīr (m)	مليونير
bilionário (m)	milliardīr (m)	ملياردير
proprietário (m)	ṣāḥeb (m)	صاحب
proprietário (m) de terras	ṣāḥeb el arḍ (m)	صاحب الأرض
cliente (m)	'amīl (m)	عميل
cliente (m) habitual	'amīl dā'em (m)	عميل دائم
comprador (m)	moʃtary (m)	مشتري
visitante (m)	zā'er (m)	زائر
profissional (m)	moḥtaref (m)	محترف
perito (m)	χabīr (m)	خبير
especialista (m)	motaχaṣṣeṣ (m)	متخصّص
banqueiro (m)	ṣāḥeb maṣraf (m)	صاحب مصرف
corretor (m)	semsār (m)	سمسار
caixa (m, f)	'āmel kaʃier (m)	عامل كاشيير
contador (m)	muḥāseb (m)	محاسب
guarda (m)	ḥāres amn (m)	حارس أمن
investidor (m)	mostasmer (m)	مستثمر
devedor (m)	modīn (m)	مدين
credor (m)	dā'en (m)	دائن
mutuário (m)	moqtareḍ (m)	مقترض
importador (m)	mostawred (m)	مستورّد
exportador (m)	moṣadder (m)	مصدّر
produtor (m)	el ʃerka el moṣanne'a (f)	الشركة المصنّعة
distribuidor (m)	mowazze' (m)	موزّع
intermediário (m)	wasīṭ (m)	وسيط
consultor (m)	mostaʃār (m)	مستشار
representante comercial	mandūb mabi'āt (m)	مندوب مبيعات
agente (m)	wakīl (m)	وكيل
agente (m) de seguros	wakīl el ta'mīn (m)	وكيل التأمين

125. Profissões de serviços

cozinheiro (m)	ṭabbāχ (m)	طبّاخ
chefe (m) de cozinha	el ʃeyf (m)	الشيف

padeiro (m)	xabbāz (m)	خبّاز
barman (m)	bārman (m)	بارمان
garçom (m)	garsone (m)	جرسون
garçonete (f)	garsona (f)	جرسونة
advogado (m)	muḥāmy (m)	محامي
jurista (m)	muḥāmy xabīr qanūny (m)	محامي خبير قانوني
notário (m)	mowassaq (m)	موثّق
eletricista (m)	kahrabā'y (m)	كهربائي
encanador (m)	samkary (m)	سمكري
carpinteiro (m)	naggār (m)	نجّار
massagista (m)	modallek (m)	مدلّك
massagista (f)	modalleka (f)	مدلّكة
médico (m)	doktore (m)	دكتور
taxista (m)	sawwā' taksi (m)	سوّاق تاكسي
condutor (automobilista)	sawwā' (m)	سوّاق
entregador (m)	rāgel el delivery (m)	راجل الديليفري
camareira (f)	'āmela tandīf ɣoraf (f)	عاملة تنظيف غرف
guarda (m)	ḥāres amn (m)	حارس أمن
aeromoça (f)	moḍīfet ṭayarān (f)	مضيفة طيران
professor (m)	modarres madrasa (m)	مدرّس مدرسة
bibliotecário (m)	amīn maktaba (m)	أمين مكتبة
tradutor (m)	motargem (m)	مترجم
intérprete (m)	motargem fawwry (m)	مترجم فوّري
guia (m)	morʃed (m)	مرشد
cabeleireiro (m)	ḥallā' (m)	حلّاق
carteiro (m)	sā'y el barīd (m)	ساعي البريد
vendedor (m)	bayā' (m)	بيّاع
jardineiro (m)	bostāny (m)	بستاني
criado (m)	xādema (m)	خادمة
criada (f)	xadema (f)	خادمة
empregada (f) de limpeza	'āmela tandīf (f)	عاملة تنظيف

126. Profissões militares e postos

soldado (m) raso	gondy (m)	جندي
sargento (m)	raqīb tāny (m)	رقيب تاني
tenente (m)	molāzem tāny (m)	ملازم تاني
capitão (m)	naqīb (m)	نقيب
major (m)	rā'ed (m)	رائد
coronel (m)	'aqīd (m)	عقيد
general (m)	ʒenerāl (m)	جنرال
marechal (m)	marʃāl (m)	مارشال
almirante (m)	amerāl (m)	أميرال
militar (m)	'askary (m)	عسكري
soldado (m)	gondy (m)	جندي

oficial (m)	ḍābeṭ (m)	ضابط
comandante (m)	qā'ed (m)	قائد
guarda (m) de fronteira	ḥaras ḥodūd (m)	حرس حدود
operador (m) de rádio	'āmel lāselky (m)	عامل لاسلكي
explorador (m)	rā'ed mostakʃef (m)	رائد مستكشف
sapador-mineiro (m)	mohandes 'askary (m)	مهندس عسكري
atirador (m)	rāmy (m)	رامي
navegador (m)	mallāḥ (m)	ملّاح

127. Oficiais. Padres

rei (m)	malek (m)	ملك
rainha (f)	maleka (f)	ملكة
príncipe (m)	amīr (m)	أمير
princesa (f)	amīra (f)	أميرة
czar (m)	qayṣar (m)	قيصر
czarina (f)	qayṣara (f)	قيصرة
presidente (m)	ra'īs (m)	رئيس
ministro (m)	wazīr (m)	وزير
primeiro-ministro (m)	ra'īs wozarā' (m)	رئيس وزراء
senador (m)	'oḍw magles el ʃoyūχ (m)	عضو مجلس الشيوخ
diplomata (m)	deblomāsy (m)	دبلوماسي
cônsul (m)	qonṣol (m)	قنصل
embaixador (m)	safīr (m)	سفير
conselheiro (m)	mostaʃār (m)	مستشار
funcionário (m)	mowazzaf (m)	موظّف
prefeito (m)	ra'īs edāret el ḥayī (m)	رئيس إدارة الحي
Presidente (m) da Câmara	ra'īs el baladiya (m)	رئيس البلديّة
juiz (m)	qāḍy (m)	قاضي
procurador (m)	el na'eb el 'ām (m)	النائب العام
missionário (m)	mobasʃer (m)	مبشّر
monge (m)	rāheb (m)	راهب
abade (m)	ra'īs el deyr (m)	رئيس الدير
rabino (m)	ḥaχām (m)	حاخام
vizir (m)	wazīr (m)	وزير
xá (m)	ʃāh (m)	شاه
xeique (m)	ʃɛyχ (m)	شيخ

128. Profissões agrícolas

abelheiro (m)	naḥḥāl (m)	نحّال
pastor (m)	rā'y (m)	راعي
agrônomo (m)	mohandes zerā'y (m)	مهندس زراعي

criador (m) de gado	morabby el mawāʃy (m)	مربّي المواشي
veterinário (m)	doktore beṭary (m)	دكتور بيطري
agricultor, fazendeiro (m)	mozāreʿ (m)	مزارع
vinicultor (m)	ṣāneʿ el χamr (m)	صانع الخمر
zoólogo (m)	χabīr fe ʿelm el ḥayawān (m)	خبير في علم الحيوان
vaqueiro (m)	rāʿy el baʾar (m)	راعي البقر

129. Profissões artísticas

ator (m)	momassel (m)	ممثّل
atriz (f)	momassela (f)	ممثّلة
cantor (m)	moṭreb (m)	مطرب
cantora (f)	moṭreba (f)	مطربة
bailarino (m)	rāqeṣ (m)	راقص
bailarina (f)	raʾāṣa (f)	راقصة
artista (m)	fannān (m)	فنّان
artista (f)	fannāna (f)	فنّانة
músico (m)	ʿāzef (m)	عازف
pianista (m)	ʿāzef biano (m)	عازف بيانو
guitarrista (m)	ʿāzef guitar (m)	عازف جيتار
maestro (m)	qāʾed orkestra (m)	قائد أوركسترا
compositor (m)	molaḥḥen (m)	ملحّن
empresário (m)	modīr ferʾa (m)	مدير فرقة
diretor (m) de cinema	moχreg aflām (m)	مخرج أفلام
produtor (m)	monteg (m)	منتج
roteirista (m)	kāteb senario (m)	كاتب سيناريو
crítico (m)	nāqed (m)	ناقد
escritor (m)	kāteb (m)	كاتب
poeta (m)	ʃāʿer (m)	شاعر
escultor (m)	naḥḥāt (m)	نحّات
pintor (m)	rassām (m)	رسّام
malabarista (m)	bahlawān (m)	بهلوان
palhaço (m)	aragoze (m)	أراجوز
acrobata (m)	bahlawān (m)	بهلوان
ilusionista (m)	sāḥer (m)	ساحر

130. Várias profissões

médico (m)	doktore (m)	دكتور
enfermeira (f)	momarreḍa (f)	ممرّضة
psiquiatra (m)	doktore nafsāny (m)	دكتور نفساني
dentista (m)	doktore asnān (m)	دكتور أسنان
cirurgião (m)	garrāḥ (m)	جرّاح

astronauta (m)	rā'ed faḍā' (m)	رائد فضاء
astrônomo (m)	'ālem falak (m)	عالم فلك
piloto (m)	ṭayār (m)	طيّار
motorista (m)	sawwā' (m)	سوّاق
maquinista (m)	sawwā' (m)	سوّاق
mecânico (m)	mikanīky (m)	ميكانيكي
mineiro (m)	'āmel mangam (m)	عامل منجم
operário (m)	'āmel (m)	عامل
serralheiro (m)	'affāl (m)	قفّال
marceneiro (m)	naggār (m)	نجّار
torneiro (m)	χarrāṭ (m)	خرّاط
construtor (m)	'āmel benā' (m)	عامل بناء
soldador (m)	laḥḥām (m)	لحّام
professor (m)	brofessor (m)	بروفيسور
arquiteto (m)	mohandes me'māry (m)	مهندس معماري
historiador (m)	mo'arreχ (m)	مؤرّخ
cientista (m)	'ālem (m)	عالم
físico (m)	fizyā'y (m)	فيزيائي
químico (m)	kemyā'y (m)	كيميائي
arqueólogo (m)	'ālem'āsār (m)	عالم آثار
geólogo (m)	ʒeoloʒy (m)	جيولوجي
pesquisador (cientista)	bāḥes (m)	باحث
babysitter, babá (f)	dāda (f)	دادة
professor (m)	mo'allem (m)	معلّم
redator (m)	moḥarrer (m)	محرّر
redator-chefe (m)	ra'īs taḥrīr (m)	رئيس تحرير
correspondente (m)	morāsel (m)	مراسل
datilógrafa (f)	kāteba 'ala el 'āla el kāteba (f)	كاتبة على الآلة الكاتبة
designer (m)	moṣammem (m)	مصمّم
especialista (m) em informática	motaχaṣṣeṣ bel kombuter (m)	متخصص بالكمبيوتر
programador (m)	mobarmeg (m)	مبرمج
engenheiro (m)	mohandes (m)	مهندس
marujo (m)	baḥḥār (m)	بحّار
marinheiro (m)	baḥḥār (m)	بحّار
socorrista (m)	monqez (m)	منقذ
bombeiro (m)	rāgel el maṭāfy (m)	راجل المطافئ
polícia (m)	ʃorṭy (m)	شرطي
guarda-noturno (m)	ḥāres (m)	حارس
detetive (m)	moḥaqqeq (m)	محقّق
funcionário (m) da alfândega	mowazzaf el gamārek (m)	موظّف الجمارك
guarda-costas (m)	ḥāres ʃaχṣy (m)	حارس شخصي
guarda (m) prisional	ḥāres segn (m)	حارس سجن
inspetor (m)	mofatteʃ (m)	مفتّش
esportista (m)	reyāḍy (m)	رياضي
treinador (m)	modarreb (m)	مدرّب

açougueiro (m)	gazzār (m)	جزّار
sapateiro (m)	eskāfy (m)	إسكافي
comerciante (m)	tāger (m)	تاجر
carregador (m)	ʃayāl (m)	شيّال
estilista (m)	moṣammem azyā' (m)	مصمّم أزياء
modelo (f)	modeyl (f)	موديل

131. Ocupações. Estatuto social

estudante (~ de escola)	talmīz (m)	تلميذ
estudante (~ universitária)	ṭāleb (m)	طالب
filósofo (m)	faylasūf (m)	فيلسوف
economista (m)	eqtiṣādy (m)	إقتصادي
inventor (m)	moχtare' (m)	مخترع
desempregado (m)	'āṭel (m)	عاطل
aposentado (m)	motaqā'ed (m)	متقاعد
espião (m)	gasūs (m)	جاسوس
preso, prisioneiro (m)	sagīn (m)	سجين
grevista (m)	moḍrab (m)	مضرب
burocrata (m)	buroqrāṭy (m)	بيوروقراطي
viajante (m)	raḥḥāla (m)	رحّالة
homossexual (m)	ʃāz (m)	شاذ
hacker (m)	haker (m)	هاكر
hippie (m, f)	hippi (m)	هيبي
bandido (m)	qāṭe' ṭarī' (m)	قاطع طريق
assassino (m)	qātel ma'gūr (m)	قاتل مأجور
drogado (m)	modmen moχaddarāt (m)	مدمن مخدّرات
traficante (m)	tāger moχaddarāt (m)	تاجر مخدّرات
prostituta (f)	mommos (f)	مومس
cafetão (m)	qawwād (m)	قوّاد
bruxo (m)	sāḥer (m)	ساحر
bruxa (f)	sāḥera (f)	ساحرة
pirata (m)	'orṣān (m)	قرصان
escravo (m)	'abd (m)	عبد
samurai (m)	samuray (m)	ساموراي
selvagem (m)	motawaḥḥeʃ (m)	متوحّش

Desportos

132. Tipos de desportos. Desportistas

esportista (m)	reyāḍy (m)	رياضي
tipo (m) de esporte	nūʿ men el reyāḍa (m)	نوع من الرياضة
basquete (m)	koret el salla (f)	كرة السلّة
jogador (m) de basquete	lāʿeb korat el salla (m)	لاعب كرة السلّة
beisebol (m)	baseball (m)	بيسبول
jogador (m) de beisebol	lāʿeb basebāl (m)	لاعب بيسبول
futebol (m)	koret el qadam (f)	كرة القدم
jogador (m) de futebol	lāʿeb korat qadam (m)	لاعب كرة القدم
goleiro (m)	ḥāres el marma (m)	حارس المرمى
hóquei (m)	hoky (m)	هوكي
jogador (m) de hóquei	lāʿeb hoky (m)	لاعب هوكي
vôlei (m)	voliball (m)	فولي بول
jogador (m) de vôlei	lāʿeb volly bal (m)	لاعب فولي بول
boxe (m)	molakma (f)	ملاكمة
boxeador (m)	molākem (m)	ملاكم
luta (f)	moṣarʿa (f)	مصارعة
lutador (m)	moṣāreʿ (m)	مصارع
caratê (m)	karate (m)	كاراتيه
carateca (m)	lāʿeb karateyh (m)	لاعب كاراتيه
judô (m)	ʒudo (m)	جودو
judoca (m)	lāʿeb ʒudo (m)	لاعب جودو
tênis (m)	tennis (m)	تنسّ
tenista (m)	lāʿeb tennis (m)	لاعب تنس
natação (f)	sebāḥa (f)	سباحة
nadador (m)	sabbāḥ (m)	سبّاح
esgrima (f)	mobarza (f)	مبارزة
esgrimista (m)	mobārez (m)	مبارز
xadrez (m)	ʃaṭarang (m)	شطرنج
jogador (m) de xadrez	lāʿeb ʃaṭarang (m)	لاعب شطرنج
alpinismo (m)	tasalloq el gebāl (m)	تسلّق الجبال
alpinista (m)	motasalleq el gebāl (m)	متسلّق الجبال
corrida (f)	garyī (m)	جريّ

corredor (m)	ʿaddāʾ (m)	عدّاء
atletismo (m)	alʿāb el qowa (pl)	ألعاب القوى
atleta (m)	lāʿeb reyāḍy (m)	لاعب رياضي
hipismo (m)	reyāḍa el forūsiya (f)	رياضة الفروسيّة
cavaleiro (m)	fāres (m)	فارس
patinação (f) artística	tazallog fanny ʿalal galīd (m)	تزلّج فنّي على الجليد
patinador (m)	motazalleg rāqeṣ (m)	متزلّج راقص
patinadora (f)	motazallega rāqeṣa (f)	متزلّجة راقصة
halterofilismo (m)	rafʿ el asqāl (m)	رفع الأثقال
halterofilista (m)	rāfeʿ el asqāl (m)	رافع الأثقال
corrida (f) de carros	sebāʾ el sayarāt (m)	سباق السيارات
piloto (m)	sawwāʾ sebāʾ (m)	سائق سباق
ciclismo (m)	rokūb el darragāt (m)	ركوب الدرّاجات
ciclista (m)	lāʿeb el darrāga (m)	لاعب الدرّاجة
salto (m) em distância	el qafz el ʿāly (m)	القفز العالي
salto (m) com vara	el qafz bel ʿaṣa (m)	القفز بالعصا
atleta (m) de saltos	qāfez (m)	قافز

133. Tipos de desportos. Diversos

futebol (m) americano	koret el qadam (f)	كرة القدم
badminton (m)	el rīʃa (m)	الريشة
biatlo (m)	el biatlon (m)	البياتلون
bilhar (m)	bilyardo (m)	بلياردو
bobsled (m)	zalāga gamaʿiya (f)	زلاجة جماعية
musculação (f)	body building (m)	بادي بيلدنج
polo (m) aquático	koret el maya (f)	كرة الميّة
handebol (m)	koret el yad (f)	كرة اليد
golfe (m)	golf (m)	جولف
remo (m)	tagdīf (m)	تجديف
mergulho (m)	ɣoṣe (m)	غوص
corrida (f) de esqui	reyāḍa el ski (f)	رياضة الإسكي
tênis (m) de mesa	koret el ṭawla (f)	كرة الطاولة
vela (f)	reyāḍa ebḥār el marākeb (f)	رياضة إبحار المراكب
rali (m)	sebāʾ el sayarāt (m)	سباق السيارات
rúgbi (m)	rugby (m)	رجبي
snowboard (m)	el tazallog ʿlal galīd (m)	التزلّج على الجليد
arco-e-flecha (m)	remāya (f)	رماية

134. Ginásio

barra (f)	bār ḥadīd (m)	بار حديد
halteres (m pl)	dumbbells (m)	دمبلز

aparelho (m) de musculação	gehāz tadrīb (m)	جهاز تدريب
bicicleta (f) ergométrica	ʿagalet tadrīb (f)	عجلة تدريب
esteira (f) de corrida	trīdmil (f)	تريد ميل
barra (f) fixa	ʿoʾla (f)	عقلة
barras (f pl) paralelas	el motawaziyīn (pl)	المتوازيين
cavalo (m)	manaṣṣet el qafz (f)	منصّة القفز
tapete (m) de ginástica	ḥaṣīra (f)	حصيرة
corda (f) de saltar	ḥabl el naṭṭ (m)	حبل النطّ
aeróbica (f)	aerobiks (m)	ايروبيكس
ioga, yoga (f)	yoga (f)	يوجا

135. Hóquei

hóquei (m)	hoky (m)	هوكي
jogador (m) de hóquei	lāʿeb hoky (m)	لاعب هوكي
jogar hóquei	leʿeb el hoky	لعب الهوكي
gelo (m)	galīd (m)	جليد
disco (m)	ʾorṣ el hoky (m)	قرص الهوكي
taco (m) de hóquei	maḍrab el hoky (m)	مضرب الهوكي
patins (m pl) de gelo	zallagāt (pl)	زلّاجات
muro (m)	ḥalabet el hokky (f)	حلبة الهوكي
tiro (m)	ramya (f)	رمية
goleiro (m)	ḥāres el marma (m)	حارس المرمى
gol (m)	hadaf (m)	هدف
marcar um gol	gāb hadaf	جاب هدف
tempo (m)	ʃoṭe (m)	شوط
segundo tempo (m)	el ʃoṭe el tāni (m)	الشوط التاني
banco (m) de reservas	dekket el eḥṭiāṭy (f)	دكّة الإحتياطي

136. Futebol

futebol (m)	koret el qadam (f)	كرة القدم
jogador (m) de futebol	lāʿeb korat qadam (m)	لاعب كرة القدم
jogar futebol	leʿeb korret el qadam	لعب كرة القدم
Time (m) Principal	el dawry el kebīr (m)	الدوّري الكبير
time (m) de futebol	nādy koret el qadam (m)	نادي كرة القدم
treinador (m)	modarreb (m)	مدرّب
proprietário (m)	ṣāḥeb (m)	صاحب
equipe (f)	farīʾ (m)	فريق
capitão (m)	kabten el farīʾ (m)	كابتن الفريق
jogador (m)	lāʿeb (m)	لاعب
jogador (m) reserva	lāʿeb eḥteyāṭy (m)	لاعب إحتياطي
atacante (m)	lāʿeb hogūm (m)	لاعب هجوم
centroavante (m)	wasaṭ el hogūm (m)	وسط الهجوم

marcador (m)	haddāf (m)	هدّاف
defesa (m)	modāfeʿ (m)	مدافع
meio-campo (m)	lāʿeb χaṭṭ wasaṭ (m)	لاعب خطّ وسط
jogo (m), partida (f)	mobarā (f)	مباراة
encontrar-se (vr)	ʾābel	قابل
final (m)	mobarāh neha'iya (f)	مباراة نهائيّة
semifinal (f)	el dore el neṣf el nehāʾy (m)	الدور النصف النهائي
campeonato (m)	boṭūla (f)	بطولة
tempo (m)	ʃoṭe (m)	شوط
primeiro tempo (m)	el ʃoṭe el awwal (m)	الشوط الأوّل
intervalo (m)	beyn el ʃoṭeyn	بين الشوطين
goleira (f)	marma (m)	مرمى
goleiro (m)	ḥāres el marma (m)	حارس المرمى
trave (f)	ʿārḍa (f)	عارضة
travessão (m)	ʿārḍa (f)	عارضة
rede (f)	ʃabaka (f)	شبكة
tomar um gol	samaḥ be eṣābet el hadaf	سمح بإصابة الهدف
bola (f)	kora (f)	كرة
passe (m)	tamrīra (f)	تمريرة
chute (m)	ḍarba (f)	ضربة
chutar (vt)	ʃāt	شات
pontapé (m)	ḍarba ḥorra (f)	ضربة حرّة
escanteio (m)	ḍarba rokniya (f)	ضربة ركنيّة
ataque (m)	hogūm (m)	هجوم
contra-ataque (m)	hagma moḍāda (f)	هجمة مضادّة
combinação (f)	tarkīb (m)	تركيب
árbitro (m)	ḥakam (m)	حكم
apitar (vi)	ṣaffar	صفّر
apito (m)	ṣoffāra (f)	صفّارة
falta (f)	moχalfa (f)	مخالفة
cometer a falta	χālef	خالف
expulsar (vt)	ṭarad men el malʿab	طرد من الملعب
cartão (m) amarelo	el kart el aṣfar (m)	الكارت الأصفر
cartão (m) vermelho	el kart el aḥmar (m)	الكارت الأحمر
desqualificação (f)	ḥermān (m)	حرمان
desqualificar (vt)	ḥaram	حرم
pênalti (m)	ḍarbet gazāʾ (f)	ضربة جزاء
barreira (f)	ḥāʾeṭ (m)	حائط
marcar (vt)	gāb hadaf	جاب هدف
gol (m)	hadaf (m)	هدف
marcar um gol	gāb hadaf	جاب هدف
substituição (f)	tabdīl (m)	تبديل
substituir (vt)	baddal	بدّل
regras (f pl)	qawāʿed (pl)	قواعد
tática (f)	taktīk (m)	تكتيك
estádio (m)	malʿab (m)	ملعب
arquibancadas (f pl)	modarrag (m)	مدرّج

fã, torcedor (m)	moʃagge' (m)	مشجّع
gritar (vi)	ṣarraχ	صرّخ
placar (m)	lawḥet el natīga (f)	لوحة النتيجة
resultado (m)	natīga (f)	نتيجة
derrota (f)	hazīma (f)	هزيمة
perder (vt)	χeser	خسر
empate (m)	ta'ādol (m)	تعادل
empatar (vi)	ta'ādal	تعادل
vitória (f)	foze (m)	فوز
vencer (vi, vt)	fāz	فاز
campeão (m)	baṭal (m)	بطل
melhor (adj)	aḥsan	أحسن
felicitar (vt)	hanna	هنّأ
comentarista (m)	mo'alleq (m)	معلّق
comentar (vt)	'alla'	علّق
transmissão (f)	ezā'a (f)	إذاعة

137. Esqui alpino

esqui (m)	zallagāt (pl)	زلّاجات
esquiar (vi)	tazallag	تزلّج
estação (f) de esqui	montaga' gabaly lel tazaḥloq (m)	منتجع جبلي للتزلج
teleférico (m)	meṣ'ad (m)	مصعد
bastões (m pl) de esqui	'eṣyān el tazallog (pl)	عصيان التزلّج
declive (m)	monḥadar (m)	منحدر
slalom (m)	el tazallog el mota'arreg (m)	التزلّج المتعرّج

138. Tênis. Golfe

golfe (m)	golf (m)	جولف
clube (m) de golfe	nādy golf (m)	نادي جولف
jogador (m) de golfe	lā'eb golf (m)	لاعب جولف
buraco (m)	tagwīf (m)	تجويف
taco (m)	maḍrab (m)	مضرب
trolley (m)	'araba lel golf (f)	عربة للجولف
tênis (m)	tennis (m)	تنس
quadra (f) de tênis	mal'ab tennis (m)	ملعب تنس
saque (m)	monawla (f)	مناولة
sacar (vi)	nāwel	ناول
raquete (f)	maḍrab (m)	مضرب
rede (f)	ʃabaka (f)	شبكة
bola (f)	kora (f)	كرة

139. Xadrez

xadrez (m)	ʃaṭarang (m)	شطرنج
peças (f pl) de xadrez	aḥgār el ʃaṭarang (pl)	أحجار الشطرنج
jogador (m) de xadrez	lā'eb ʃaṭarang (m)	لاعب شطرنج
tabuleiro (m) de xadrez	lawḥet el ʃaṭarang (f)	لوحة الشطرنج
peça (f)	ḥagar (m)	حجر
brancas (f pl)	aḥgār bayḍā' (pl)	أحجار بيضاء
pretas (f pl)	aḥgār sawdā' (pl)	أحجار سوداء
peão (m)	bayda' (m)	بيدق
bispo (m)	fīl (m)	فيل
cavalo (m)	ḥoṣān (m)	حصان
torre (f)	rakχ (m)	رخّ
dama (f)	el maleka (f)	الملكة
rei (m)	el malek (m)	الملك
vez (f)	χaṭwa (f)	خطوة
mover (vt)	ḥarrak	حرّك
sacrificar (vt)	ḍaḥḥa	ضحّى
roque (m)	χaṭwa el raχ wel ʃah (f)	خطوة الرخ والشاه
xeque (m)	kesʃ	كشّ
xeque-mate (m)	kesʃ malek	كشّ ملك
torneio (m) de xadrez	boṭūlet ʃaṭarang (f)	بطولة شطرنج
grão-mestre (m)	grand master (m)	جراند ماستر
combinação (f)	tarkīb (m)	تركيب
partida (f)	dore (m)	دور
jogo (m) de damas	dama (f)	داما

140. Boxe

boxe (m)	molakma (f)	ملاكمة
combate (m)	molakma (f)	ملاكمة
luta (f) de boxe	mobarāt molakma (f)	مباراة ملاكمة
round (m)	gawla (f)	جولة
ringue (m)	ḥalaba (f)	حلبة
gongo (m)	naqūs (m)	ناقوس
murro, soco (m)	ḍarba (f)	ضربة
derrubada (f)	ḍarba ḥasema (f)	ضربة حاسمة
nocaute (m)	ḍarba 'āḍya (f)	ضربة قاضية
nocautear (vt)	ḍarab ḍarba qāḍiya	ضرب ضربة قاضية
luva (f) de boxe	qoffāz el molakma (m)	قفّاز الملاكمة
juiz (m)	ḥakam (m)	حكم
peso-pena (m)	el wazn el χafīf (m)	الوزن الخفيف
peso-médio (m)	el wazn el motawasseṭ (m)	الوزن المتوسط
peso-pesado (m)	el wazn el te'īl (m)	الوزن الثقيل

141. Desportos. Diversos

Jogos (m pl) Olímpicos	al'āb olombiya (pl)	ألعاب أولمبيّة
vencedor (m)	fā'ez (m)	فائز
vencer (vi)	fāz	فاز
vencer (vi, vt)	fāz	فاز
líder (m)	za'īm (m)	زعيم
liderar (vt)	ta'addam	تقدّم
primeiro lugar (m)	el martaba el ūla (f)	المرتبة الأولى
segundo lugar (m)	el martaba el tanya (f)	المرتبة الثانية
terceiro lugar (m)	el martaba el talta (f)	المرتبة الثالثة
medalha (f)	medalya (f)	ميدالية
troféu (m)	ka's (f)	كأس
taça (f)	ka's (f)	كأس
prêmio (m)	gayza (f)	جائزة
prêmio (m) principal	akbar gayza (f)	أكبر جائزة
recorde (m)	raqam qeyāsy (m)	رقم قياسي
estabelecer um recorde	fāz be raqam qeyāsy	فاز برقم قياسي
final (m)	mobarāh neha'iya (f)	مباراة نهائيّة
final (adj)	nehā'y	نهائي
campeão (m)	baṭal (m)	بطل
campeonato (m)	boṭūla (f)	بطولة
estádio (m)	mal'ab (m)	ملعب
arquibancadas (f pl)	modarrag (m)	مدرّج
fã, torcedor (m)	moʃagge' (m)	مشجّع
adversário (m)	'adeww (m)	عدوّ
partida (f)	xaṭṭ el bedāya (m)	خطّ البداية
linha (f) de chegada	xaṭṭ el nehāya (m)	خطّ النهاية
derrota (f)	hazīma (f)	هزيمة
perder (vt)	xeser	خسر
árbitro, juiz (m)	ḥakam (m)	حكم
júri (m)	hay'et el ḥokm (f)	هيئة الحكم
resultado (m)	natīga (f)	نتيجة
empate (m)	ta'ādol (m)	تعادل
empatar (vi)	ta'ādal	تعادل
ponto (m)	no'ṭa (f)	نقطة
resultado (m) final	natīga neha'iya (f)	نتيجة نهائية
tempo (m)	ʃoṭe (m)	شوط
intervalo (m)	beyn el ʃoṭeyn	بين الشوطين
doping (m)	monasʃeṭāt (pl)	منشّطات
penalizar (vt)	'āqab	عاقب
desqualificar (vt)	ḥaram	حرم
aparelho, aparato (m)	adah (f)	أداة
dardo (m)	remḥ (m)	رمح

peso (m)	kora maʿdaniya (f)	كرة معدنية
bola (f)	kora (f)	كرة
alvo, objetivo (m)	hadaf (m)	هدف
alvo (~ de papel)	hadaf (m)	هدف
disparar, atirar (vi)	ḍarab bel nār	ضرب بالنار
preciso (tiro ~)	maḍbūṭ	مضبوط
treinador (m)	modarreb (m)	مدرّب
treinar (vt)	darrab	درّب
treinar-se (vr)	etdarrab	إتدرّب
treino (m)	tadrīb (m)	تدريب
academia (f) de ginástica	gīm (m)	جيم
exercício (m)	tamrīn (m)	تمرين
aquecimento (m)	tasχīn (m)	تسخين

Educação

142. Escola

escola (f)	madrasa (f)	مدرسة
diretor (m) de escola	modīr el madrasa (m)	مدير المدرسة
aluno (m)	talmīz (m)	تلميذ
aluna (f)	telmīza (f)	تلميذة
estudante (m)	talmīz (m)	تلميذ
estudante (f)	telmīza (f)	تلميذة
ensinar (vt)	‘allem	علّم
aprender (vt)	ta‘allam	تعلّم
decorar (vt)	ḥafaẓ	حفظ
estudar (vi)	ta‘allam	تعلّم
estar na escola	daras	درس
ir à escola	rāḥ el madrasa	راح المدرسة
alfabeto (m)	abgadiya (f)	أبجدية
disciplina (f)	madda (f)	مادّة
sala (f) de aula	faṣl (m)	فصل
lição, aula (f)	dars (m)	درس
recreio (m)	estrāḥa (f)	إستراحة
toque (m)	garas el madrasa (m)	جرس المدرسة
classe (f)	disk el madrasa (m)	ديسك المدرسة
quadro (m) negro	sabbūra (f)	سبّورة
nota (f)	daraga (f)	درجة
boa nota (f)	daraga kewayesa (f)	درجة كويسة
nota (f) baixa	daraga meʃ kewayesa (f)	درجة مش كويسة
dar uma nota	edda daraga	إدّى درجة
erro (m)	χaṭa’ (m)	خطأ
errar (vi)	aχṭa’	أخطأ
corrigir (~ um erro)	ṣaḥḥaḥ	صحّح
cola (f)	berʃām (m)	برشام
dever (m) de casa	wāgeb (m)	واجب
exercício (m)	tamrīn (m)	تمرين
estar presente	ḥaḍar	حضر
estar ausente	ɣāb	غاب
faltar às aulas	taɣeyyab ‘an el madrasa	تغيّب عن المدرسة
punir (vt)	‘āqab	عاقب
punição (f)	‘eqāb (m)	عقاب
comportamento (m)	solūk (m)	سلوك

boletim (m) escolar	el taqrīr el madrasy (m)	التقرير المدرسي
lápis (m)	'alam roṣāṣ (m)	قلم رصاص
borracha (f)	astīka (f)	استيكة
giz (m)	ṭabaʃīr (m)	طباشير
porta-lápis (m)	ma'lama (f)	مقلمة
mala, pasta, mochila (f)	ʃanṭet el madrasa (f)	شنطة المدرسة
caneta (f)	'alam (m)	قلم
caderno (m)	daftar (m)	دفتر
livro (m) didático	ketāb ta'līm (m)	كتاب تعليم
compasso (m)	bargal (m)	برجل
traçar (vt)	rasam rasm teqany	رسم رسم تقني
desenho (m) técnico	rasm teqany (m)	رسم تقني
poesia (f)	'aṣīda (f)	قصيدة
de cor	'an ẓahr qalb	عن ظهر قلب
decorar (vt)	ḥafaẓ	حفظ
férias (f pl)	agāza (f)	أجازة
estar de férias	'ando agāza	عنده أجازة
passar as férias	'aḍa el agāza	قضى الأجازة
teste (m), prova (f)	emteḥān (m)	إمتحان
redação (f)	enʃā' (m)	إنشاء
ditado (m)	emlā' (m)	إملاء
exame (m), prova (f)	emteḥān (m)	إمتحان
fazer prova	'amal emteḥān	عمل إمتحان
experiência (~ química)	tagreba (f)	تجربة

143. Colégio. Universidade

academia (f)	akademiya (f)	أكاديميّة
universidade (f)	gam'a (f)	جامعة
faculdade (f)	kolliya (f)	كلّيّة
estudante (m)	ṭāleb (m)	طالب
estudante (f)	ṭāleba (f)	طالبة
professor (m)	muḥāḍer (m)	محاضر
auditório (m)	modarrag (m)	مدرّج
graduado (m)	motaχarreg (m)	متخرّج
diploma (m)	dibloma (f)	دبلومة
tese (f)	resāla 'elmiya (f)	رسالة علميّة
estudo (obra)	derāsa (f)	دراسة
laboratório (m)	moχtabar (m)	مختبر
palestra (f)	moḥaḍra (f)	محاضرة
colega (m) de curso	zamīl fel ṣaff (m)	زميل في الصفّ
bolsa (f) de estudos	menḥa derāsiya (f)	منحة دراسيّة
grau (m) acadêmico	daraga 'elmiya (f)	درجة علميّة

144. Ciências. Disciplinas

matemática (f)	reyāḍīāt (pl)	رياضيّات
álgebra (f)	el gabr (m)	الجبر
geometria (f)	handasa (f)	هندسة
astronomia (f)	'elm el falak (m)	علم الفلك
biologia (f)	al aḥya' (m)	الأحياء
geografia (f)	goɣrafia (f)	جغرافيا
geologia (f)	ʒeoloʒia (f)	جيولوجيا
história (f)	tarīχ (m)	تاريخ
medicina (f)	ṭebb (m)	طبّ
pedagogia (f)	tarbeya (f)	تربية
direito (m)	qanūn (m)	قانون
física (f)	fezya' (f)	فيزياء
química (f)	kemya' (f)	كيمياء
filosofia (f)	falsafa (f)	فلسفة
psicologia (f)	'elm el nafs (m)	علم النفس

145. Sistema de escrita. Ortografia

gramática (f)	el naḥw wel ṣarf (m)	النحو والصرف
vocabulário (m)	mofradāt el loɣa (pl)	مفردات اللغة
fonética (f)	ṣawtīāt (pl)	صوتيات
substantivo (m)	esm (m)	اسم
adjetivo (m)	ṣefa (f)	صفة
verbo (m)	fe'l (m)	فعل
advérbio (m)	ẓarf (m)	ظرف
pronome (m)	ḍamīr (m)	ضمير
interjeição (f)	oslūb el ta'aggob (m)	أسلوب التعجّب
preposição (f)	ḥarf el garr (m)	حرف الجرّ
raiz (f)	gezr el kelma (m)	جذر الكلمة
terminação (f)	nehāya (f)	نهاية
prefixo (m)	sabaeqa (f)	سابقة
sílaba (f)	maqṭa' lafzy (m)	مقطع لفظي
sufixo (m)	lāḥeqa (f)	لاحقة
acento (m)	nabra (f)	نبرة
apóstrofo (f)	'alāmet ḥazf (f)	علامة حذف
ponto (m)	no'ṭa (f)	نقطة
vírgula (f)	faṣla (f)	فاصلة
ponto e vírgula (m)	no'ṭa w faṣla (f)	نقطة وفاصلة
dois pontos (m pl)	no'ṭeteyn (pl)	نقطتين
reticências (f pl)	talat no'aṭ (pl)	ثلاث نقط
ponto (m) de interrogação	'alāmet estefhām (f)	علامة إستفهام
ponto (m) de exclamação	'alāmet ta'aggob (f)	علامة تعجّب

aspas (f pl)	ʻalamāt el eqtebās (pl)	علامات الإقتباس
entre aspas	beyn ʻalamaty el eqtebās	بين علامتي الاقتباس
parênteses (m pl)	qoseyn (du)	قوسين
entre parênteses	beyn el qoseyn	بين القوسين
hífen (m)	ʻalāmet waṣl (f)	علامة وصل
travessão (m)	ʃorṭa (f)	شرطة
espaço (m)	farāɣ (m)	فراغ
letra (f)	ḥarf (m)	حرف
letra (f) maiúscula	ḥarf kebīr (m)	حرف كبير
vogal (f)	ḥarf ṣauty (m)	حرف صوتي
consoante (f)	ḥarf sāken (m)	حرف ساكن
frase (f)	gomla (f)	جملة
sujeito (m)	fāʻel (m)	فاعل
predicado (m)	mosnad (m)	مسند
linha (f)	saṭr (m)	سطر
em uma nova linha	men bedāyet el saṭr	من بداية السطر
parágrafo (m)	faqra (f)	فقرة
palavra (f)	kelma (f)	كلمة
grupo (m) de palavras	magmūʻa men el kelamāt (pl)	مجموعة من الكلمات
expressão (f)	moṣṭalaḥ (m)	مصطلح
sinônimo (m)	morādef (m)	مرادف
antônimo (m)	motaḍād loɣawy (m)	متضاد لغوي
regra (f)	qaʻeda (f)	قاعدة
exceção (f)	estesnāʼ (m)	إستثناء
correto (adj)	ṣaḥīḥ	صحيح
conjugação (f)	ṣarf (m)	صرف
declinação (f)	taṣrīf el asmāʼ (m)	تصريف الأسماء
caso (m)	ḥāla esmiya (f)	حالة أسمية
pergunta (f)	soʼāl (m)	سؤال
sublinhar (vt)	ḥaṭṭ χaṭṭ taḥt	حطّ خطّ تحت
linha (f) pontilhada	χaṭṭ menaʼʼaṭ (m)	خطّ منقّط

146. Línguas estrangeiras

língua (f)	loɣa (f)	لغة
estrangeiro (adj)	agnaby	أجنبيّ
língua (f) estrangeira	loɣa agnabiya (f)	لغة أجنبية
estudar (vt)	daras	درس
aprender (vt)	taʻallam	تعلّم
ler (vt)	ʼara	قرأ
falar (vi)	kallem	كلّم
entender (vt)	fehem	فهم
escrever (vt)	katab	كتب
rapidamente	bosorʻa	بسرعة
devagar, lentamente	bo boṭʼ	ببطء

fluentemente	beṭalāqa	بطلاقة
regras (f pl)	qawā'ed (pl)	قواعد
gramática (f)	el naḥw wel ṣarf (m)	النحو والصرف
vocabulário (m)	mofradāt el loɣa (pl)	مفردات اللغة
fonética (f)	ṣawtīāt (pl)	صوتيات
livro (m) didático	ketāb ta'līm (m)	كتاب تعليم
dicionário (m)	qamūs (m)	قاموس
manual (m) autodidático	ketāb ta'līm zāty (m)	كتاب تعليم ذاتي
guia (m) de conversação	ketāb lel 'ebarāt el ʃā'e'a (m)	كتاب للعبارت الشائعة
fita (f) cassete	kasett (m)	كاسيت
videoteipe (m)	ʃerīṭ video (m)	شريط فيديو
CD (m)	sidī (m)	سي دي
DVD (m)	dividī (m)	دي في دي
alfabeto (m)	abgadiya (f)	أبجدية
soletrar (vt)	tahagga	تهجّى
pronúncia (f)	noṭ' (m)	نطق
sotaque (m)	lahga (f)	لهجة
com sotaque	be lahga	بـ لهجة
sem sotaque	men ɣeyr lahga	من غير لهجة
palavra (f)	kelma (f)	كلمة
sentido (m)	ma'na (m)	معنى
curso (m)	dawra (f)	دورة
inscrever-se (vr)	saggel esmo	سجّل إسمه
professor (m)	modarres (m)	مدرّس
tradução (processo)	targama (f)	ترجمة
tradução (texto)	targama (f)	ترجمة
tradutor (m)	motargem (m)	مترجم
intérprete (m)	motargem fawwry (m)	مترجم فوّري
poliglota (m)	'alīm be'eddet loɣāt (m)	عليم بعدّة لغات
memória (f)	zākera (f)	ذاكرة

147. Personagens de contos de fadas

Papai Noel (m)	baba neweyl (m)	بابا نويل
Cinderela (f)	sindrīla	سيندريلا
sereia (f)	'arūset el baḥr (f)	عروسة البحر
Netuno (m)	nibtūn (m)	نبتون
bruxo, feiticeiro (m)	sāḥer (m)	ساحر
fada (f)	genniya (f)	جنّيّة
mágico (adj)	seḥry	سحري
varinha (f) mágica	el 'aṣāya el seḥriya (f)	العصاية السحرية
conto (m) de fadas	ḥekāya xayaliya (f)	حكاية خيالية
milagre (m)	mo'geza (f)	معجزة
anão (m)	qazam (m)	قزم

transformar-se em ...	taḥawwal ela ...	تحوّل إلى...
fantasma (m)	ʃabaḥ (m)	شبح
fantasma (m)	ʃabaḥ (m)	شبح
monstro (m)	waḥʃ (m)	وحش
dragão (m)	tennīn (m)	تنّين
gigante (m)	ʿemlāq (m)	عملاق

148. Signos do Zodíaco

Áries (f)	borg el ḥaml (m)	برج الحمل
Touro (m)	borg el sore (m)	برج الثور
Gêmeos (m pl)	borg el gawzāʾ (m)	برج الجوزاء
Câncer (m)	borg el saraṭān (m)	برج السرطان
Leão (m)	borg el asad (m)	برج الأسد
Virgem (f)	borg el ʿazrāʾ (m)	برج العذراء
Libra (f)	borg el mezān (m)	برج الميزان
Escorpião (m)	borg el ʿaʾrab (m)	برج العقرب
Sagitário (m)	borg el qose (m)	برج القوس
Capricórnio (m)	borg el gady (m)	برج الجدي
Aquário (m)	borg el dalw (m)	برج الدلو
Peixes (pl)	borg el ḥūt (m)	برج الحوت
caráter (m)	ʃaχṣiya (f)	شخصية
traços (m pl) do caráter	el ṣefāt el ʃaχṣiya (pl)	الصفات الشخصية
comportamento (m)	solūk (m)	سلوك
prever a sorte	ʾara el ṭāleʿ	قرأ الطالع
adivinha (f)	ʿarrāfa (f)	عرّافة
horóscopo (m)	tawaqqoʿāt el abrāg (pl)	توقّعات الأبراج

Artes

149. Teatro

teatro (m)	masraḥ (m)	مسرح
ópera (f)	obra (f)	أوبرا
opereta (f)	obrette (f)	أوبريت
balé (m)	baleyh (m)	باليه
cartaz (m)	molṣaq (m)	ملصق
companhia (f) de teatro	fer'a (f)	فرقة
turnê (f)	gawlet fananīn (f)	جولة فنّانين
estar em turnê	tagawwal	تجوّل
ensaiar (vt)	'amal brova	عمل بروفة
ensaio (m)	brova (f)	بروفة
repertório (m)	barnāmeg el masraḥ (m)	برنامج المسرح
apresentação (f)	adā' (m)	أداء
espetáculo (m)	'arḍ masraḥy (m)	عرض مسرحي
peça (f)	masraḥiya (f)	مسرحيّة
entrada (m)	tazkara (f)	تذكرة
bilheteira (f)	ʃebbāk el tazāker (m)	شبّاك التذاكر
hall (m)	ṣāla (f)	صالة
vestiário (m)	ɣorfet īdā' el ma'āṭef (f)	غرفة إيداع المعاطف
senha (f) numerada	beṭā'et edā' el ma'aṭef (f)	بطاقة إيداع المعاطف
binóculo (m)	naḍḍāra mo'azzema lel obera (f)	نظارة معظمة للأوبرا
lanterninha (m)	ḥāgeb el sinema (m)	حاجب السينما
plateia (f)	karāsy el orkestra (pl)	كراسي الأوركسترا
balcão (m)	balakona (f)	بلكونة
primeiro balcão (m)	ʃorfa (f)	شرفة
camarote (m)	log (m)	لوج
fila (f)	ṣaff (m)	صفّ
assento (m)	meq'ad (m)	مقعد
público (m)	gomhūr (m)	جمهور
espectador (m)	moʃāhed (m)	مشاهد
aplaudir (vt)	ṣaffa'	صفّق
aplauso (m)	taṣfī' (m)	تصفيق
ovação (f)	taṣfī' ḥār (m)	تصفيق حار
palco (m)	xaʃabet el masraḥ (f)	خشبة المسرح
cortina (f)	setāra (f)	ستارة
cenário (m)	dekor (m)	ديكور
bastidores (m pl)	kawalīs (pl)	كواليس
cena (f)	maʃ-had (m)	مشهد
ato (m)	faṣl (m)	فصل
intervalo (m)	estrāḥa (f)	استراحة

150. Cinema

ator (m)	momassel (m)	ممثّل
atriz (f)	momassela (f)	ممثّلة
cinema (m)	el aflām (m)	الأفلام
filme (m)	film (m)	فيلم
episódio (m)	goz' (m)	جزء
filme (m) policial	film bolīsy (m)	فيلم بوليسي
filme (m) de ação	film akʃen (m)	فيلم أكشن
filme (m) de aventuras	film moɣamarāt (m)	فيلم مغامرات
filme (m) de ficção científica	film χayāl ʻelmy (m)	فيلم خيال علمي
filme (m) de horror	film roʻb (m)	فيلم رعب
comédia (f)	film komedia (f)	فيلم كوميديا
melodrama (m)	melodrama (m)	ميلودراما
drama (m)	drama (f)	دراما
filme (m) de ficção	film χayāly (m)	فيلم خيالي
documentário (m)	film wasā'eqy (m)	فيلم وثائقي
desenho (m) animado	kartōn (m)	كرتون
cinema (m) mudo	sinema ṣāmeta (f)	سينما صامتة
papel (m)	dore (m)	دور
papel (m) principal	dore ra'īsy (m)	دور رئيسي
representar (vt)	massel	مثّل
estrela (f) de cinema	negm senamā'y (m)	نجم سينمائي
conhecido (adj)	maʻrūf	معروف
famoso (adj)	maʃ-hūr	مشهور
popular (adj)	maḥbūb	محبوب
roteiro (m)	senario (m)	سيناريو
roteirista (m)	kāteb senario (m)	كاتب سيناريو
diretor (m) de cinema	moχreg (m)	مخرج
produtor (m)	monteg (m)	منتج
assistente (m)	mosāʻed (m)	مساعد
diretor (m) de fotografia	moṣawwer (m)	مصوّر
dublê (m)	mo'addy maʃāhed χaṭīra (m)	مؤدي مشاهد خطيرة
dublê (m) de corpo	momassel badīl (m)	ممثّل بديل
filmar (vt)	ṣawwar film	صوّر فيلم
audição (f)	tagreba adā' (f)	تجربة أداء
filmagem (f)	taṣwīr (m)	تصوير
equipe (f) de filmagem	ṭāqem el film (m)	طاقم الفيلم
set (m) de filmagem	mante'et taṣwīr (f)	منطقة التصوير
câmera (f)	kamera (f)	كاميرا
cinema (m)	sinema (f)	سينما
tela (f)	ʃāʃa (f)	شاشة
exibir um filme	ʻaraḍ film	عرض فيلم
trilha (f) sonora	mosīqa taṣweriya (f)	موسيقى تصويرية
efeitos (m pl) especiais	mo'asserāt χāṣa (pl)	مؤثّرات خاصّة

legendas (f pl)	targamet el ḥewār (f)	ترجمة الحوار
crédito (m)	ʃāret el nehāya (f)	شارة النهاية
tradução (f)	targama (f)	ترجمة

151. Pintura

arte (f)	fann (m)	فنّ
belas-artes (f pl)	fonūn gamīla (pl)	فنون جميلة
galeria (f) de arte	maʿraḍ fonūn (m)	معرض فنون
exibição (f) de arte	maʿraḍ fanny (m)	معرض فنّي
pintura (f)	lawḥa (f)	لوحة
arte (f) gráfica	fann taṣwīry (m)	فن تصويري
arte (f) abstrata	fann tagrīdy (m)	فنّ تجريدي
impressionismo (m)	el enṭebāʿiya (f)	الإنطباعيّة
pintura (f), quadro (m)	lawḥa (f)	لوحة
desenho (m)	rasm (m)	رسم
cartaz, pôster (m)	boster (m)	بوستر
ilustração (f)	rasm tawḍīḥy (m)	رسم توضيحي
miniatura (f)	ṣūra moṣagɣara (f)	صورة مصغّرة
cópia (f)	nosχa (f)	نسخة
reprodução (f)	nosχa ṭebʾ el aṣl (f)	نسخة طبق الأصل
mosaico (m)	fosayfesāʾ (f)	فسيفساء
vitral (m)	ʃebbāk ʾezāz mlawwen (m)	شبّاك قزاز ملوّن
afresco (m)	taṣwīr gaṣṣy (m)	تصوير جصي
gravura (f)	naʾʃ (m)	نقش
busto (m)	temsāl neṣfy (m)	تمثال نصفي
escultura (f)	naḥt (m)	نحت
estátua (f)	temsāl (m)	تمثال
gesso (m)	gibss (m)	جيبس
em gesso (adj)	men el gebs	من الجيبس
retrato (m)	bortreyh (m)	بورتريه
autorretrato (m)	bortreyh ʃaχṣy (m)	بورتريه شخصي
paisagem (f)	lawḥet manzar ṭabeeʿy (f)	لوحة منظر طبيعي
natureza (f) morta	ṭabeeʿa ṣāmeta (f)	طبيعة صامتة
caricatura (f)	ṣūra karikatoriya (f)	صورة كاريكاتورية
esboço (m)	rasm tamhīdy (m)	رسم تمهيدي
tinta (f)	lone (m)	لون
aquarela (f)	alwān maya (m)	ألوان ميّة
tinta (f) a óleo	zeyt (m)	زيت
lápis (m)	ʾalam roṣāṣ (m)	قلم رصاص
tinta (f) nanquim	ḥebr hendy (m)	حبر هندي
carvão (m)	faḥm (m)	فحم
desenhar (vt)	rasam	رسم
pintar (vt)	rasam	رسم
posar (vi)	ʾaʿad	قعد
modelo (m)	modeyl ḥayī amām el rassām (m)	موديل حيّ أمام الرسّام

modelo (f)	modeyl ḥayī amām el rassām (m)	موديل حيّ أمام الرسّام
pintor (m)	rassām (m)	رسّام
obra (f)	ʿamal fanny (m)	عمل فنّي
obra-prima (f)	toḥfa faniya (f)	تحفة فنية
estúdio (m)	warʃa (f)	ورشة
tela (f)	kanava (f)	كانفا
cavalete (m)	masnad el loḥe (m)	مسند اللوح
paleta (f)	lawḥet el alwān (f)	لوحة الألوان
moldura (f)	eṭār (m)	إطار
restauração (f)	tarmīm (m)	ترميم
restaurar (vt)	rammem	رمّم

152. Literatura & Poesia

literatura (f)	adab (m)	أدب
autor (m)	mo'allef (m)	مؤلّف
pseudônimo (m)	esm mostaʿār (m)	اسم مستعار
livro (m)	ketāb (m)	كتاب
volume (m)	mogallad (m)	مجلّد
índice (m)	gadwal el moḥtawayāt (m)	جدوّل المحتويات
página (f)	ṣafḥa (f)	صفحة
protagonista (m)	el ʃaχṣiya el ra'esiya (f)	الشخصية الرئيسية
autógrafo (m)	tawqeeʿ el mo'allef (m)	توقيع المؤلّف
conto (m)	qeṣṣa 'aṣīra (f)	قصّة قصيرة
novela (f)	'oṣṣa (f)	قصّة
romance (m)	rewāya (f)	رواية
obra (f)	mo'allef (m)	مؤلّف
fábula (m)	ḥekāya (f)	حكاية
romance (m) policial	rewāya bolesiya (f)	رواية بوليسية
verso (m)	'aṣīda (f)	قصيدة
poesia (f)	ʃeʿr (m)	شعر
poema (m)	'aṣīda (f)	قصيدة
poeta (m)	ʃāʿer (m)	شاعر
ficção (f)	χayāl (m)	خيال
ficção (f) científica	χayāl ʿelmy (m)	خيال علمي
aventuras (f pl)	adab el moγamrāt (m)	أدب المغامرات
literatura (f) didática	adab tarbawy (m)	أدب تربوي
literatura (f) infantil	adab el aṭfāl (m)	أدب الأطفال

153. Circo

circo (m)	serk (m)	سيرك
circo (m) ambulante	serk motana''el (m)	سيرك متنقّل
programa (m)	barnāmeg (m)	برنامج
apresentação (f)	adā' (m)	أداء

número (m)	ʻarḍ (m)	عرض
picadeiro (f)	ḥalabet el serk (f)	حلبة السيرك
pantomima (f)	momassel īmā'y (m)	ممثّل إيمائي
palhaço (m)	aragoze (m)	أراجوز
acrobata (m)	bahlawān (m)	بهلوان
acrobacia (f)	alʻab bahlawaniya (f)	ألعاب بهلوانية
ginasta (m)	lāʻeb gombāz (m)	لاعب جمباز
ginástica (f)	gombāz (m)	جمباز
salto (m) mortal	ḥarakāt ʃa'laba (pl)	حركات شقلبة
homem (m) forte	el ragl el qawy (m)	الرجل القوي
domador (m)	morawweḍ (m)	مروّض
cavaleiro (m) equilibrista	fāres (m)	فارس
assistente (m)	mosāʻed (m)	مساعد
truque (m)	ḥeyla (f)	حيلة
truque (m) de mágica	χedʻa seḥriya (f)	خدعة سحرية
ilusionista (m)	sāḥer (m)	ساحر
malabarista (m)	bahlawān (m)	بهلوان
fazer malabarismos	leʻeb be korāt ʻadīda	لعب بكرات عديدة
adestrador (m)	modarreb ḥayawanāt (m)	مدرّب حيوانات
adestramento (m)	tadrīb el ḥayawanāt (m)	تدريب الحيوانات
adestrar (vt)	darrab	درّب

154. Música. Música popular

música (f)	mosīqa (f)	موسيقى
músico (m)	ʻāzef (m)	عازف
instrumento (m) musical	'āla moseqiya (f)	آلة موسيقيّة
tocar ...	ʻazaf ...	عزف...
guitarra (f)	guitar (m)	جيتار
violino (m)	kamān (m)	كمان
violoncelo (m)	el tʃello (m)	التشيلو
contrabaixo (m)	kamān kebīr (m)	كمان كبير
harpa (f)	qesār (m)	قيثار
piano (m)	biano (m)	بيانو
piano (m) de cauda	biano kebīr (m)	بيانو كبير
órgão (m)	arɣan (m)	أرغن
instrumentos (m pl) de sopro	'ālāt el nafχ (pl)	آلات النفخ
oboé (m)	mezmār (m)	مزمار
saxofone (m)	saksofon (m)	ساكسوفون
clarinete (m)	klarinet (m)	كلارنيت
flauta (f)	flute (m)	فلوت
trompete (m)	bū' (m)	بوق
acordeão (m)	okordiōn (m)	أكورديون
tambor (m)	ṭabla (f)	طبلة
dueto (m)	sonā'y (m)	ثنائي

trio (m)	solāsy (m)	ثلاثي
quarteto (m)	robā'y (m)	رباعي
coro (m)	korale (m)	كورال
orquestra (f)	orkestra (f)	أوركسترا
música (f) pop	mosīqa el bob (f)	موسيقى البوب
música (f) rock	mosīqa el rok (f)	موسيقى الروك
grupo (m) de rock	fer'et el rokk (f)	فرقة الروك
jazz (m)	ʒāzz (m)	جاز
ídolo (m)	ma'būd (m)	معبود
fã, admirador (m)	mo'gab (m)	معجب
concerto (m)	ḥafla mūsiqiya (f)	حفلة موسيقيّة
sinfonia (f)	semfoniya (f)	سمفونيّة
composição (f)	'eṭ'a mosiqiya (f)	قطعة موسيقيّة
compor (vt)	allaf	ألّف
canto (m)	ɣenā' (m)	غناء
canção (f)	oɣniya (f)	أغنيّة
melodia (f)	laḥn (m)	لحن
ritmo (m)	eqā' (m)	إيقاع
blues (m)	mosīqa el blues (f)	موسيقى البلوز
notas (f pl)	notāt (pl)	نوتات
batuta (f)	'aṣa el maystro (m)	عصا المايسترو
arco (m)	qose (m)	قوس
corda (f)	watar (m)	وتر
estojo (m)	ʃanṭa (f)	شنطة

Descanso. Entretenimento. Viagens

155. Viagens

turismo (m)	seyāḥa (f)	سياحة
turista (m)	sā'eḥ (m)	سائح
viagem (f)	reḥla (f)	رحلة
aventura (f)	moɣamra (f)	مغامرة
percurso (curta viagem)	reḥla (f)	رحلة
férias (f pl)	agāza (f)	أجازة
estar de férias	kān fi agāza	كان في أجازة
descanso (m)	estrāḥa (f)	إستراحة
trem (m)	qeṭār, 'aṭṭr (m)	قطار
de trem (chegar ~)	bel qeṭār - bel aṭṭr	بالقطار
avião (m)	ṭayāra (f)	طيّارة
de avião	bel ṭayāra	بالطيّارة
de carro	bel sayāra	بالسيّارة
de navio	bel safīna	بالسفينة
bagagem (f)	el ʃonaṭ (pl)	الشنط
mala (f)	ʃanṭa (f)	شنطة
carrinho (m)	'arabet ʃonaṭ (f)	عربة شنط
passaporte (m)	basbore (m)	باسبور
visto (m)	ta'ʃīra (f)	تأشيرة
passagem (f)	tazkara (f)	تذكرة
passagem (f) aérea	tazkara ṭayarān (f)	تذكرة طيران
guia (m) de viagem	dalīl (m)	دليل
mapa (m)	χarīṭa (f)	خريطة
área (f)	mante'a (f)	منطقة
lugar (m)	makān (m)	مكان
exotismo (m)	ɣarāba (f)	غرابة
exótico (adj)	ɣarīb	غريب
surpreendente (adj)	mod-heʃ	مدهش
grupo (m)	magmū'a (f)	مجموعة
excursão (f)	gawla (f)	جولة
guia (m)	morʃed (m)	مرشد

156. Hotel

hotel (m)	fondo' (m)	فندق
motel (m)	motel (m)	موتيل
três estrelas	talat nogūm	ثلاث نجوم

cinco estrelas	xamas nogūm	خمس نجوم
ficar (vi, vt)	nezel	نزل
quarto (m)	oḍa (f)	أوضة
quarto (m) individual	owḍa le ʃaxṣ wāḥed (f)	أوضة لشخص واحد
quarto (m) duplo	oḍa le ʃaxṣeyn (f)	أوضة لشخصين
reservar um quarto	ḥagaz owḍa	حجز أوضة
meia pensão (f)	wagbeteyn fel yome (du)	وجبتين في اليوم
pensão (f) completa	talat wagabāt fel yome	ثلاث وجبات في اليوم
com banheira	bel banyo	بـ البانيو
com chuveiro	bel doʃ	بالدوش
televisão (m) por satélite	televizion be qanawāt faḍā'iya (m)	تليفزيون بقنوات فضائية
ar (m) condicionado	takyīf (m)	تكييف
toalha (f)	fūṭa (f)	فوطة
chave (f)	meftāḥ (m)	مفتاح
administrador (m)	modīr (m)	مدير
camareira (f)	ʻāmela tandīf ɣoraf (f)	عاملة تنظيف غرف
bagageiro (m)	ʃayāl (m)	شيّال
porteiro (m)	bawwāb (m)	بوّاب
restaurante (m)	maṭʻam (m)	مطعم
bar (m)	bār (m)	بار
café (m) da manhã	foṭūr (m)	فطور
jantar (m)	ʻaʃā' (m)	عشاء
bufê (m)	bofeyh (m)	بوفيه
saguão (m)	rad-ha (f)	ردهة
elevador (m)	asanseyr (m)	اسانسير
NÃO PERTURBE	nargu ʻadam el ezʻāg	نرجو عدم الإزعاج
PROIBIDO FUMAR!	mamnūʻ el tadxīn	ممنوع التدخين

157. Livros. Leitura

livro (m)	ketāb (m)	كتاب
autor (m)	mo'allef (m)	مؤلّف
escritor (m)	kāteb (m)	كاتب
escrever (~ um livro)	allaf	ألّف
leitor (m)	qāre' (m)	قارئ
ler (vt)	'ara	قرأ
leitura (f)	qerā'a (f)	قراءة
para si	beṣamt	بصمت
em voz alta	beṣote ʻāly	بصوت عالي
publicar (vt)	naʃar	نشر
publicação (f)	naʃr (m)	نشر
editor (m)	nāʃer (m)	ناشر
editora (f)	dar el ṭebāʻa wel naʃr (f)	دار الطباعة والنشر

sair (vi)	ṣadar	صدر
lançamento (m)	ṣodūr (m)	صدور
tiragem (f)	ʿadad el nosaχ (m)	عدد النسخ

livraria (f)	maḥal kotob (m)	محل كتب
biblioteca (f)	maktaba (f)	مكتبة

novela (f)	ʾoṣṣa (f)	قصّة
conto (m)	qeṣṣa ʾaṣīra (f)	قصّة قصيرة
romance (m)	rewāya (f)	رواية
romance (m) policial	rewāya bolesiya (f)	رواية بوليسية

memórias (f pl)	mozakkerāt (pl)	مذكّرات
lenda (f)	osṭūra (f)	أسطورة
mito (m)	χorāfa (f)	خرافة

poesia (f)	ʃeʿr (m)	شعر
autobiografia (f)	sīret ḥayah (f)	سيرة حياة
obras (f pl) escolhidas	muχtarāt (pl)	مختارات
ficção (f) científica	χayāl ʿelmy (m)	خيال علمي

título (m)	ʿenwān (m)	عنوان
introdução (f)	moqaddema (f)	مقدّمة
folha (f) de rosto	ṣafḥet ʿenwān (f)	صفحة العنوان

capítulo (m)	faṣl (m)	فصل
excerto (m)	χolāṣa (f)	خلاصة
episódio (m)	maʃ-had (m)	مشهد

enredo (m)	ḥabka (f)	حبّكة
conteúdo (m)	moḥtawayāt (pl)	محتويات
índice (m)	gadwal el moḥtawayāt (m)	جدوّل المحتويات
protagonista (m)	el ʃaχṣiya el raʾesiya (f)	الشخصية الرئيسية

volume (m)	mogallad (m)	مجلّد
capa (f)	ɣelāf (m)	غلاف
encadernação (f)	taglīd (m)	تجليد
marcador (m) de página	ʃerīʾṭ (m)	شريط

página (f)	ṣafḥa (f)	صفحة
folhear (vt)	ʾalleb el ṣafaḥāt	قلّب الصفحات
margem (f)	hāmeʃ (m)	هامش
anotação (f)	molaḥza (f)	ملاحظة
nota (f) de rodapé	molaḥza (f)	ملاحظة

texto (m)	noṣṣ (m)	نصّ
fonte (f)	nūʿ el χaṭṭ (m)	نوع الخطّ
falha (f) de impressão	χaṭaʾ maṭbaʿy (m)	خطأ مطبعيّ

tradução (f)	targama (f)	ترجمة
traduzir (vt)	targem	ترجم
original (m)	aṣliya (f)	أصلية

famoso (adj)	maʃ-hūr	مشهور
desconhecido (adj)	meʃ maʿrūf	مش معروف
interessante (adj)	moʃawweq	مشوّق

best-seller (m)	aktar mabee'an (m)	أكثر مبيعاً
dicionário (m)	qamūs (m)	قاموس
livro (m) didático	ketāb ta'līm (m)	كتاب تعليم
enciclopédia (f)	ensayklopedia (f)	إنسيكلوبيديا

158. Caça. Pesca

caça (f)	ṣeyd (m)	صيد
caçar (vi)	eṣṭād	إصطاد
caçador (m)	ṣayād (m)	صيّاد
disparar, atirar (vi)	ḍarab bel nār	ضرب بالنار
rifle (m)	bondoqiya (f)	بندقيّة
cartucho (m)	roṣāṣa (f)	رصاصة
chumbo (m) de caça	'eyār (m)	عيار
armadilha (f)	maṣyada (f)	مصيدة
armadilha (com corda)	fakχ (m)	فخّ
cair na armadilha	we'e' fe fakχ	وقع في فخّ
pôr a armadilha	naṣb fakχ	نصب فخّ
caçador (m) furtivo	sāre' el ṣeyd (m)	سارق الصيد
caça (animais)	ṣeyd (m)	صيد
cão (m) de caça	kalb ṣeyd (m)	كلب صيد
safári (m)	safāry (m)	سفاري
animal (m) empalhado	ḥayawān moḥannaṭ (m)	حيوان محنّط
pescador (m)	ṣayād el samak (m)	صيّاد السمك
pesca (f)	ṣeyd el samak (m)	صيد السمك
pescar (vt)	eṣṭād samak	إصطاد سمك
vara (f) de pesca	ṣennāra (f)	صنّارة
linha (f) de pesca	χeyṭ (m)	خيط
anzol (m)	ʃaṣ el garīma (m)	شص الصيد
boia (f), flutuador (m)	'awwāma (f)	عوّامة
isca (f)	ṭa'm (m)	طعم
lançar a linha	ṭaraḥ el ṣennāra	طرح الصنّارة
morder (peixe)	'aḍḍ	عضّ
pesca (f)	el samak el moṣṭād (m)	السمك المصطاد
buraco (m) no gelo	fat-ḥa fel galīd (f)	فتحة في الجليد
rede (f)	ʃabaket el ṣeyd (f)	شبكة الصيد
barco (m)	markeb (m)	مركب
pescar com rede	eṣṭād bel ʃabaka	إصطاد بالشبكة
lançar a rede	rama ʃabaka	رمى شبكة
puxar a rede	aχrag ʃabaka	أخرج شبكة
cair na rede	we'e' fe ʃabaka	وقع في شبكة
baleeiro (m)	ṣayād el ḥūt (m)	صيّاد الحوت
baleeira (f)	safīna ṣeyd ḥitān (f)	سفينة صيد الحيتان
arpão (m)	ḥerba (f)	حربة

159. Jogos. Bilhar

bilhar (m)	bilyardo (m)	بلياردو
sala (f) de bilhar	qā'a bilyardo (m)	قاعة بلياردو
bola (f) de bilhar	kora (f)	كرة
embolsar uma bola	dakχal kora	دخّل كرة
taco (m)	'aṣāyet bilyardo (f)	عصاية بلياردو
caçapa (f)	geyb bilyardo (m)	جيب بلياردو

160. Jogos. Jogar cartas

ouros (m pl)	el dinary (m)	الديناري
espadas (f pl)	el bastūny (m)	البستوني
copas (f pl)	el koba (f)	الكوبة
paus (m pl)	el sebāty (m)	السباتي
ás (m)	'āss (m)	آس
rei (m)	malek (m)	ملك
dama (f), rainha (f)	maleka (f)	ملكة
valete (m)	walad (m)	ولد
carta (f) de jogar	wara'a (f)	ورقة
cartas (f pl)	wara' (m)	ورق
trunfo (m)	wara'a rābeḥa (f)	ورقة رابحة
baralho (m)	desta wara' 'enab (f)	دستة ورق اللعب
ponto (m)	nu'ṭa (f)	نقطة
dar, distribuir (vt)	farra'	فرّق
embaralhar (vt)	χalaṭ	خلط
vez, jogada (f)	dore (m)	دور
trapaceiro (m)	moḥtāl fel 'omār (m)	محتال في القمار

161. Casino. Roleta

cassino (m)	kazino (m)	كازينو
roleta (f)	rulett (m)	روليت
aposta (f)	rahān (m)	رهان
apostar (vt)	qāmar	قامر
vermelho (m)	aḥmar (m)	أحمر
preto (m)	aswad (m)	أسود
apostar no vermelho	rāhen 'ala el aḥmar	راهن على الأحمر
apostar no preto	rāhen 'ala el aswad	راهن على الأسود
croupier (m, f)	mowazzaf nādy el 'omār (m)	موظّف نادى القمار
girar da roleta	dawwar el 'agala	دوّر العجلة
regras (f pl) do jogo	qawā'ed (pl)	قواعد
ficha (f)	fīʃa (f)	فيشة
ganhar (vi, vt)	keseb	كسب
ganho (m)	rebḥ (m)	ربح

perder (dinheiro)	χeser	خسر
perda (f)	χesāra (f)	خسارة
jogador (m)	lā'eb (m)	لاعب
blackjack, vinte-e-um (m)	blɛkdʒɛk (m)	بلاك جاك
jogo (m) de dados	le'bet el nard (f)	لعبة النرد
dados (m pl)	zahr el nard (m)	زهر النرد
caça-níqueis (m)	'ālet qomār (f)	آلة قمار

162. Descanso. Jogos. Diversos

passear (vi)	tamasʃa	تمشّي
passeio (m)	tamʃeya (f)	تمشية
viagem (f) de carro	gawla bel sayāra (f)	جولة بالسيّارة
aventura (f)	moɣamra (f)	مغامرة
piquenique (m)	nozha (f)	نزهة
jogo (m)	le'ba (f)	لعبة
jogador (m)	lā'eb (m)	لاعب
partida (f)	dore (m)	دور
colecionador (m)	gāme' (m)	جامع
colecionar (vt)	gamma'	جمّع
coleção (f)	magmū'a (f)	مجموعة
palavras (f pl) cruzadas	kalemāt motaqaṭ'a (pl)	كلمات متقاطعة
hipódromo (m)	ḥalabet el sebā' (f)	حلبة السباق
discoteca (f)	disko (m)	ديسكو
sauna (f)	sauna (f)	ساونا
loteria (f)	yanaṣīb (m)	يانصيب
campismo (m)	reḥlet taχyīm (f)	رحلة تخييم
acampamento (m)	moχayam (m)	مخيّم
barraca (f)	χeyma (f)	خيمة
bússola (f)	boṣla (f)	بوصلة
campista (m)	moχayam (m)	مخيّم
ver (vt), assistir à ...	ʃāhed	شاهد
telespectador (m)	moʃāhed (m)	مشاهد
programa (m) de TV	barnāmeg televiziony (m)	برنامج تليفزيوني

163. Fotografia

máquina (f) fotográfica	kamera (f)	كاميرا
foto, fotografia (f)	ṣūra (f)	صورة
fotógrafo (m)	moṣawwer (m)	مصوّر
estúdio (m) fotográfico	estudio taṣwīr (m)	إستوديو تصوير
álbum (m) de fotografias	albūm el ṣewar (m)	ألبوم الصور
lente (f) fotográfica	'adaset kamera (f)	عدسة الكاميرا
lente (f) teleobjetiva	'adasa teleskopiya (f)	عدسة تلسكوبيّة

filtro (m)	filter (m)	فلتر
lente (f)	ʻadasa (f)	عدسة
ótica (f)	baṣrīāt (pl)	بصريات
abertura (f)	saddāda (f)	سدّادة
exposição (f)	moddet el taʻarroḍ (f)	مدّة التعرض
visor (m)	el ʻeyn el faḥeṣa (f)	العين الفاحصة
câmera (f) digital	kamera diʒital (f)	كاميرا ديجيتال
tripé (m)	tribod (m)	ترايبود
flash (m)	flāʃ (m)	فلاش
fotografar (vt)	ṣawwar	صوّر
tirar fotos	ṣawwar	صوّر
fotografar-se (vr)	etṣawwar	إتصوّر
foco (m)	tarkīz (m)	تركيز
focar (vt)	rakkez	ركّز
nítido (adj)	ḥādda	حادّة
nitidez (f)	ḥedda (m)	حدّة
contraste (m)	tabāyon (m)	تباين
contrastante (adj)	motabāyen	متباين
retrato (m)	ṣūra (f)	صورة
negativo (m)	el nosχa el salba (f)	النسخة السالبة
filme (m)	film (m)	فيلم
fotograma (m)	eṭār (m)	إطار
imprimir (vt)	ṭabaʻ	طبع

164. Praia. Natação

praia (f)	ʃāṭeʼ (m)	شاطئ
areia (f)	raml (m)	رمل
deserto (adj)	mahgūr	مهجور
bronzeado (m)	esmerār el baʃra (m)	إسمرار البشرة
bronzear-se (vr)	etʃammes	إتشمّس
bronzeado (adj)	asmar	أسمر
protetor (m) solar	krīm wāqy men el ʃams (m)	كريم واقي من الشمس
biquíni (m)	bikini (m)	بكيني
maiô (m)	mayo (m)	مايّوه
calção (m) de banho	mayo regāly (m)	مايّوه رجالي
piscina (f)	ḥammām sebāḥa (m)	حمّام سباحة
nadar (vi)	ʻām, sabaḥ	عام، سبح
chuveiro (m), ducha (f)	doʃ (m)	دوش
mudar, trocar (vt)	ɣayar lebso	غيّر لبسه
toalha (f)	fūṭa (f)	فوطة
barco (m)	markeb (m)	مركب
lancha (f)	lunʃ (m)	لنش
esqui (m) aquático	tazallog ʻalal māʼ (m)	تزلّج على الماء

barco (m) de pedais	el baddāl (m)	البدّال
surf, surfe (m)	surfing (m)	سيرفينج
surfista (m)	rākeb el amwāg (m)	راكب الأمواج
equipamento (m) de mergulho	gehāz el tanaffos (m)	جهاز التنفّس
pé (m pl) de pato	za'ānef el sebāḥa (pl)	زعانف السباحة
máscara (f)	kamāma (f)	كمامة
mergulhador (m)	ɣawwāṣ (m)	غوّاص
mergulhar (vi)	ɣāṣ	غاص
debaixo d'água	taḥt el maya	تحت المايّة
guarda-sol (m)	ʃamsiya (f)	شمسيّة
espreguiçadeira (f)	korsy blāʒ (m)	كرسي بلاج
óculos (m pl) de sol	naḍḍāret ʃams (f)	نضّارة شمس
colchão (m) de ar	martaba hawa'iya (f)	مرتبة هوائية
brincar (vi)	le'eb	لعب
ir nadar	sebeḥ	سبح
bola (f) de praia	koret ʃaṭṭ (f)	كرة شطّ
encher (vt)	nafaχ	نفخ
inflável (adj)	qābel lel nafχ	قابل للنفخ
onda (f)	mouga (f)	موجة
boia (f)	ʃamandūra (f)	شمندورة
afogar-se (vr)	ɣere'	غرق
salvar (vt)	anqaz	أنقذ
colete (m) salva-vidas	sotret nagah (f)	سترة نجاة
observar (vt)	rāqab	راقب
salva-vidas (pessoa)	ḥāres ʃāṭe' (m)	حارس شاطئ

EQUIPAMENTO TÉCNICO. TRANSPORTES

Equipamento técnico. Transportes

165. Computador

computador (m)	kombuter (m)	كمبيوتر
computador (m) portátil	lab tob (m)	لابتوب
ligar (vt)	fataḥ, ʃagɣal	فتح, شغّل
desligar (vt)	ṭaffa	طفّى
teclado (m)	lawḥet el mafatīḥ (f)	لوحة المفاتيح
tecla (f)	meftāḥ (m)	مفتاح
mouse (m)	maws (m)	ماوس
tapete (m) para mouse	maws bād (m)	ماوس باد
botão (m)	zerr (m)	زرّ
cursor (m)	mo'asʃer (m)	مؤشّر
monitor (m)	ʃāʃa (f)	شاشة
tela (f)	ʃāʃa (f)	شاشة
disco (m) rígido	hard disk (m)	هارد ديسك
capacidade (f) do disco rígido	se'et el hard disk (f)	سعة الهارد ديسك
memória (f)	zākera (f)	ذاكرة
memória RAM (f)	zākerat el woṣūl el 'aʃwā'y (f)	ذاكرة الوصول العشوائي
arquivo (m)	malaff (m)	ملفّ
pasta (f)	ḥāfeza (m)	حافظة
abrir (vt)	fataḥ	فتح
fechar (vt)	'afal	قفل
salvar (vt)	ḥafaẓ	حفظ
deletar (vt)	masaḥ	مسح
copiar (vt)	nasaχ	نسخ
ordenar (vt)	ṣannaf	صنّف
copiar (vt)	na'al	نقل
programa (m)	barnāmeg (m)	برنامج
software (m)	barmagīāt (pl)	برمجيات
programador (m)	mobarmeg (m)	مبرمج
programar (vt)	barmag	برمج
hacker (m)	haker (m)	هاكر
senha (f)	kelmet el serr (f)	كلمة السرّ
vírus (m)	virūs (m)	فيروس
detectar (vt)	la'a	لقى
byte (m)	byte (m)	بايت

megabyte (m)	megabayt (m)	ميجا بايت
dados (m pl)	bayanāt (pl)	بيانات
base (f) de dados	qaʿedet bayanāt (f)	قاعدة بيانات
cabo (m)	kabl (m)	كابل
desconectar (vt)	faṣal	فصل
conectar (vt)	waṣṣal	وصّل

166. Internet. E-mail

internet (f)	internet (m)	إنترنت
browser (m)	motaṣaffeḥ (m)	متصفّح
motor (m) de busca	moḥarrek baḥs (m)	محرك بحث
provedor (m)	ʃerket el internet (f)	شركة الإنترنت
webmaster (m)	modīr el mawqeʿ (m)	مدير الموقع
website (m)	mawqeʿ elektrony (m)	موقع الكتروني
web page (f)	ṣafḥet web (f)	صفحة ويب
endereço (m)	ʿenwān (m)	عنوان
livro (m) de endereços	daftar el ʿanawīn (m)	دفتر العناوين
caixa (f) de correio	ṣandūʾ el barīd (m)	صندوق البريد
correio (m)	barīd (m)	بريد
cheia (caixa de correio)	mumtaliʾ	ممتلىء
mensagem (f)	resāla (f)	رسالة
mensagens (f pl) recebidas	rasaʾel wārda (pl)	رسائل واردة
mensagens (f pl) enviadas	rasaʾel ṣādra (pl)	رسائل صادرة
remetente (m)	morsel (m)	مرسل
enviar (vt)	arsal	أرسل
envio (m)	ersāl (m)	إرسال
destinatário (m)	morsel elayh (m)	مرسل إليه
receber (vt)	estalam	إستلم
correspondência (f)	morasla (f)	مراسلة
corresponder-se (vr)	tarāsal	تراسل
arquivo (m)	malaff (m)	ملفّ
fazer download, baixar (vt)	ḥammel	حمّل
criar (vt)	ʿamal	عمل
deletar (vt)	masaḥ	مسح
deletado (adj)	mamsūḥ	ممسوح
conexão (f)	etteṣāl (m)	إتّصال
velocidade (f)	sorʿa (f)	سرعة
modem (m)	modem (m)	مودم
acesso (m)	woṣūl (m)	وصول
porta (f)	maχrag (m)	مخرج
conexão (f)	etteṣāl (m)	إتّصال
conectar (vi)	yuwṣel	يوصل
escolher (vt)	eχtār	إختار
buscar (vt)	baḥs	بحث

167. Eletricidade

eletricidade (f)	kahraba' (m)	كهرباء
elétrico (adj)	kahrabā'y	كهربائي
planta (f) elétrica	maḥaṭṭa kahraba'iya (f)	محطة كهربائيّة
energia (f)	ṭāqa (f)	طاقة
energia (f) elétrica	ṭāqa kahraba'iya (f)	طاقة كهربائيّة
lâmpada (f)	lammba (f)	لمّبة
lanterna (f)	kasʃāf el nūr (m)	كشّاف النور
poste (m) de iluminação	'amūd el nūr (m)	عمود النور
luz (f)	nūr (m)	نور
ligar (vt)	fataḥ, ʃagɣal	فتح, شغّل
desligar (vt)	ṭaffa	طفّى
apagar a luz	ṭaffa el nūr	طفّى النور
queimar (vi)	etṭafa	إتّطفى
curto-circuito (m)	dayra kahraba'iya 'aṣīra (f)	دائرة كهربائية قصيرة
ruptura (f)	selk ma'ṭū' (m)	سلك مقطوع
contato (m)	talāmos (m)	تلامس
interruptor (m)	meftāḥ el nūr (m)	مفتاح النور
tomada (de parede)	bareza el kaharaba' (f)	بريزة الكهرباء
plugue (m)	fīʃet el kahraba' (f)	فيشة الكهرباء
extensão (f)	selk tawṣīl (m)	سلك توصيل
fusível (m)	fetīl (m)	فتيل
fio, cabo (m)	selk (m)	سلك
instalação (f) elétrica	aslāk (pl)	أسلاك
ampère (m)	ambere (m)	أمبير
amperagem (f)	ʃeddet el tayār (f)	شدّة التيّار
volt (m)	volt (m)	فولت
voltagem (f)	el gohd el kaharab'y (m)	الجهد الكهربائي
aparelho (m) elétrico	gehāz kahrabā'y (m)	جهاز كهربائي
indicador (m)	mo'asʃer (m)	مؤشّر
eletricista (m)	kahrabā'y (m)	كهربائي
soldar (vt)	laḥam	لحم
soldador (m)	adat laḥm (f)	إداة لحم
corrente (f) elétrica	tayār kahrabā'y (m)	تيّاركهربائي

168. Ferramentas

ferramenta (f)	adah (f)	أداة
ferramentas (f pl)	adawāt (pl)	أدوات
equipamento (m)	mo'eddāt (pl)	معدّات
martelo (m)	ʃakūʃ (m)	شاكوش
chave (f) de fenda	mefakk (m)	مفكّ
machado (m)	fa's (m)	فأس

serra (f)	monʃār (m)	منشار
serrar (vt)	naʃar	نشر
plaina (f)	mesḥāg (m)	مسحاج
aplainar (vt)	saḥag	سحج
soldador (m)	adat laḥm (f)	إداة لحم
soldar (vt)	laḥam	لحم
lima (f)	mabrad (m)	مبرد
tenaz (f)	kamʃa (f)	كمشة
alicate (m)	zardiya (f)	زرديّة
formão (m)	ezmīl (m)	إزميل
broca (f)	mesqāb (m)	مثقاب
furadeira (f) elétrica	drill kahrabā'y (m)	دريل كهربائي
furar (vt)	ḥafar	حفر
faca (f)	sekkīna (f)	سكّينة
canivete (m)	sekkīnet gīb (m)	سكّينة جيب
lâmina (f)	ʃafra (f)	شفرة
afiado (adj)	ḥād	حاد
cego (adj)	telma	تلمة
embotar-se (vr)	kānet telma	كانت تلمة
afiar, amolar (vt)	sann	سنّ
parafuso (m)	mesmār 'alawoze (m)	مسمار قلاووظ
porca (f)	ṣamūla (f)	صامولة
rosca (f)	χaʃχana (f)	خشخنة
parafuso (para madeira)	'alawūz (m)	قلاووظ
prego (m)	mesmār (m)	مسمار
cabeça (f) do prego	rās el mesmār (m)	رأس المسمار
régua (f)	masṭara (f)	مسطرة
fita (f) métrica	ʃerī'ṭ el 'eyās (m)	شريط القياس
nível (m)	mizān el maya (m)	ميزان الميّة
lupa (f)	'adasa mokabbera (f)	عدسة مكبّرة
medidor (m)	gehāz 'eyās (m)	جهاز قياس
medir (vt)	'ās	قاس
escala (f)	me'yās (m)	مقياس
indicação (f), registro (m)	qerā'a (f)	قراءة
compressor (m)	kombressor (m)	كومبرسور
microscópio (m)	mikroskob (m)	ميكروسكوب
bomba (f)	ṭolommba (f)	طلمّبة
robô (m)	robot (m)	روبوت
laser (m)	laser (m)	ليزر
chave (f) de boca	meftāḥ rabṭ (m)	مفتاح ربط
fita (f) adesiva	laz' (m)	لزق
cola (f)	ṣamɣ (m)	صمغ
lixa (f)	wara' ṣanfara (m)	ورق صنفرة
mola (f)	sosta (f)	سوستة

ímã (m)	meɣnaṭīs (m)	مغنطيس
luva (f)	gwanty (m)	جوانتي
corda (f)	ḥabl (m)	حبل
cabo (~ de nylon, etc.)	selk (m)	سلك
fio (m)	selk (m)	سلك
cabo (~ elétrico)	kabl (m)	كابل
marreta (f)	marzaba (f)	مرزبة
pé de cabra (m)	ʿatala (f)	عتلة
escada (f) de mão	sellem (m)	سلّم
escada (m)	sellem naʾāl (m)	سلّم نقال
enroscar (vt)	aḥkam el ʃadd	أحكم الشدّ
desenroscar (vt)	fataḥ	فتح
apertar (vt)	kamaʃ	كمش
colar (vt)	alṣaq	ألصق
cortar (vt)	ʾaṭaʿ	قطع
falha (f)	ʿoṭl (m)	عطل
conserto (m)	taṣlīḥ (m)	تصليح
consertar, reparar (vt)	ṣallaḥ	صلّح
regular, ajustar (vt)	ḍabaṭ	ضبط
verificar (vt)	eχtabar	إختبر
verificação (f)	faḥṣ (m)	فحص
indicação (f), registro (m)	qerāʾa (f)	قراءة
seguro (adj)	matīn	متين
complicado (adj)	morakkab	مركّب
enferrujar (vi)	ṣadaʾ	صدئ
enferrujado (adj)	meṣaddy	مصدّي
ferrugem (f)	ṣadaʾ (m)	صدأ

Transportes

169. Avião

avião (m)	ṭayāra (f)	طيّارة
passagem (f) aérea	tazkara ṭayarān (f)	تذكرة طيران
companhia (f) aérea	ʃerket ṭayarān (f)	شركة طيران
aeroporto (m)	maṭār (m)	مطار
supersônico (adj)	χāreq lel ṣote	خارق للصوت
comandante (m) do avião	kabten (m)	كابتن
tripulação (f)	ṭa'm (m)	طقم
piloto (m)	ṭayār (m)	طيّار
aeromoça (f)	moḍīfet ṭayarān (f)	مضيفة طيران
copiloto (m)	mallāḥ (m)	ملّاح
asas (f pl)	agneḥa (pl)	أجنحة
cauda (f)	deyl (m)	ذيل
cabine (f)	kabīna (f)	كابينة
motor (m)	motore (m)	موتور
trem (m) de pouso	'agalāt el hobūṭ (pl)	عجلات الهبوط
turbina (f)	torbīna (f)	توربينة
hélice (f)	marwaḥa (f)	مروّحة
caixa-preta (f)	mosaggel el ṭayarān (m)	مسجّل الطيران
coluna (f) de controle	moqawwed el ṭayāra (m)	مقوّد الطيّارة
combustível (m)	woqūd (m)	وقود
instruções (f pl) de segurança	beṭā'et el salāma (f)	بطاقة السلامة
máscara (f) de oxigênio	mask el oksyʒīn (m)	ماسك الاوكسيجين
uniforme (m)	zayī muwaḥḥad (m)	زيّ موحّد
colete (m) salva-vidas	sotret nagah (f)	سترة نجاة
paraquedas (m)	baraʃot (m)	باراشوت
decolagem (f)	eqlā' (m)	إقلاع
descolar (vi)	aqla'et	أقلعت
pista (f) de decolagem	modarrag el ṭa'erāṭ (m)	مدرّج الطائرات
visibilidade (f)	ro'ya (f)	رؤية
voo (m)	ṭayarān (m)	طيران
altura (f)	ertefā' (m)	إرتفاع
poço (m) de ar	geyb hawā'y (m)	جيب هوائي
assento (m)	meq'ad (m)	مقعد
fone (m) de ouvido	samma'āt ra'siya (pl)	سمّاعات رأسية
mesa (f) retrátil	ṣeniya qabela lel ṭayī (f)	صينية قابلة للطيّ
janela (f)	ʃebbāk el ṭayāra (m)	شبّاك الطيّارة
corredor (m)	mamarr (m)	ممرّ

170. Comboio

trem (m)	qeṭār, 'aṭṭr (m)	قطار
trem (m) elétrico	qeṭār rokkāb (m)	قطار ركّاب
trem (m)	qeṭār saree' (m)	قطار سريع
locomotiva (f) diesel	qāṭeret dīzel (f)	قاطرة ديزل
locomotiva (f) a vapor	qāṭera boxariya (f)	قاطرة بخاريّة
vagão (f) de passageiros	'araba (f)	عربة
vagão-restaurante (m)	'arabet el ṭa'ām (f)	عربة الطعام
carris (m pl)	qoḍbān (pl)	قضبان
estrada (f) de ferro	sekka ḥadīdiya (f)	سكّة حديديّة
travessa (f)	'āreḍa sekket ḥadīd (f)	عارضة سكّة الحديد
plataforma (f)	raṣīf (m)	رصيف
linha (f)	xaṭṭ (m)	خطّ
semáforo (m)	semafore (m)	سيمافور
estação (f)	maḥaṭṭa (f)	محطّة
maquinista (m)	sawwā' (m)	سوّاق
bagageiro (m)	ʃayāl (m)	شيّال
hospedeiro, -a (m, f)	mas'ūl 'arabet el qeṭār (m)	مسؤول عربة القطار
passageiro (m)	rākeb (m)	راكب
revisor (m)	kamsary (m)	كمسري
corredor (m)	mamarr (m)	ممرّ
freio (m) de emergência	farāmel el ṭawāre' (pl)	فرامل الطوارئ
compartimento (m)	ɣorfa (f)	غرفة
cama (f)	serīr (m)	سرير
cama (f) de cima	serīr 'olwy (m)	سرير علوّي
cama (f) de baixo	serīr sofly (m)	سرير سفلي
roupa (f) de cama	aɣṭeyet el serīr (pl)	أغطيّة السرير
passagem (f)	tazkara (f)	تذكرة
horário (m)	gadwal (m)	جدوّل
painel (m) de informação	lawḥet ma'lomāt (f)	لوحة معلومات
partir (vt)	ɣādar	غادر
partida (f)	moɣadra (f)	مغادرة
chegar (vi)	weṣel	وصل
chegada (f)	woṣūl (m)	وصول
chegar de trem	weṣel bel qeṭār	وصل بالقطار
pegar o trem	rekeb el qeṭār	ركب القطار
descer de trem	nezel men el qeṭār	نزل من القطار
acidente (m) ferroviário	ḥeṭām qeṭār (m)	حطام قطار
descarrilar (vi)	xarag 'an xaṭṭ sīru	خرج عن خطّ سيره
locomotiva (f) a vapor	qāṭera boxariya (f)	قاطرة بخاريّة
foguista (m)	'atʃagy (m)	عطشجي
fornalha (f)	forn el moḥarrek (m)	فرن المحرّك
carvão (m)	faḥm (m)	فحم

171. Barco

navio (m)	safīna (f)	سفينة
embarcação (f)	safīna (f)	سفينة
barco (m) a vapor	baχera (f)	باخرة
barco (m) fluvial	baχera nahriya (f)	باخرة نهرية
transatlântico (m)	safīna seyaḥiya (f)	سفينة سياحيّة
cruzeiro (m)	ṭarrād safīna baḥariya (m)	طرّاد سفينة بحريّة
iate (m)	yaχt (m)	يخت
rebocador (m)	qāṭera baḥariya (f)	قاطرة بحريّة
barcaça (f)	ṣandal (m)	صندل
ferry (m)	ʿabbāra (f)	عبّارة
veleiro (m)	safīna ʃeraʿiya (m)	سفينة شراعيّة
bergantim (m)	markeb ʃerāʿy (m)	مركب شراعي
quebra-gelo (m)	moḥaṭṭemet galīd (f)	محطّمة جليد
submarino (m)	ɣawwāṣa (f)	غوّاصة
bote, barco (m)	markeb (m)	مركب
baleeira (bote salva-vidas)	zawraʾ (m)	زورق
bote (m) salva-vidas	qāreb nagah (m)	قارب نجاة
lancha (f)	lunʃ (m)	لنش
capitão (m)	ʾobṭān (m)	قبطان
marinheiro (m)	baḥḥār (m)	بحّار
marujo (m)	baḥḥār (m)	بحّار
tripulação (f)	ṭāqem (m)	طاقم
contramestre (m)	rabbān (m)	ربّان
grumete (m)	ṣaby el safīna (m)	صبي السفينة
cozinheiro (m) de bordo	ṭabbāχ (m)	طبّاخ
médico (m) de bordo	ṭabīb el safīna (m)	طبيب السفينة
convés (m)	saṭ-ḥ el safīna (m)	سطح السفينة
mastro (m)	sāreya (f)	سارية
vela (f)	ʃerāʿ (m)	شراع
porão (m)	ʿanbar (m)	عنبر
proa (f)	moʾaddema (m)	مقدّمة
popa (f)	moʾaχeret el safīna (f)	مؤخّرة السفينة
remo (m)	megdāf (m)	مجذاف
hélice (f)	marwaḥa (f)	مروّحة
cabine (m)	kabīna (f)	كابينة
sala (f) dos oficiais	ɣorfet el ṭaʿām wel rāḥa (f)	غرفة الطعام والراحة
sala (f) das máquinas	qesm el ʾālāt (m)	قسم الآلات
ponte (m) de comando	borg el qeyāda (m)	برج القيادة
sala (f) de comunicações	ɣorfet el lāselky (f)	غرفة اللاسلكي
onda (f)	mouga (f)	موجة
diário (m) de bordo	segel el safīna (m)	سجل السفينة
luneta (f)	monzār (m)	منظار
sino (m)	garas (m)	جرس

bandeira (f)	ʿalam (m)	علم
cabo (m)	ḥabl (m)	حبل
nó (m)	ʿoʾda (f)	عقدة
corrimão (m)	drabzīn saṭ-ḥ el safīna (m)	درابزين سطح السفينة
prancha (f) de embarque	sellem (m)	سلّم
âncora (f)	marsāh (f)	مرساة
recolher a âncora	rafaʿ morsah	رفع مرساة
jogar a âncora	rasa	رسا
amarra (corrente de âncora)	selselet morsah (f)	سلسلة مرساة
porto (m)	mināʾ (m)	ميناء
cais, amarradouro (m)	marsa (m)	مرسى
atracar (vi)	rasa	رسا
desatracar (vi)	aqlaʿ	أقلع
viagem (f)	reḥla (f)	رحلة
cruzeiro (m)	reḥla baḥariya (f)	رحلة بحريّة
rumo (m)	masār (m)	مسار
itinerário (m)	ṭarīʾ (m)	طريق
canal (m) de navegação	magra melāḥy (m)	مجرى ملاحيّ
banco (m) de areia	meyāh ḍaḥla (f)	مياه ضحلة
encalhar (vt)	ganaḥ	جنح
tempestade (f)	ʿāṣefa (f)	عاصفة
sinal (m)	eʃara (f)	إشارة
afundar-se (vr)	ɣereʾ	غرق
Homem ao mar!	saʾaṭ rāgil min el sefīna!	سقط راجل من السفينة!
SOS	nedāʾ eɣāsa (m)	نداء إغاثة
boia (f) salva-vidas	ṭoʾe nagah (m)	طوق نجاة

172. Aeroporto

aeroporto (m)	maṭār (m)	مطار
avião (m)	ṭayāra (f)	طيّارة
companhia (f) aérea	ʃerket ṭayarān (f)	شركة طيران
controlador (m) de tráfego aéreo	marākeb el ḥaraka el gawiya (m)	مراكب الحركة الجويّة
partida (f)	moɣadra (f)	مغادرة
chegada (f)	woṣūl (m)	وصول
chegar (vi)	weṣel	وصل
hora (f) de partida	waʾt el moɣadra (m)	وقت المغادرة
hora (f) de chegada	waʾt el woṣūl (m)	وقت الوصول
estar atrasado	taʾakχar	تأخّر
atraso (m) de voo	taʾaχor el reḥla (m)	تأخّر الرحلة
painel (m) de informação	lawḥet el maʿlomāt (f)	لوحة المعلومات
informação (f)	esteʿlamāt (pl)	إستعلامات
anunciar (vt)	aʿlan	أعلن

voo (m)	reḥlet ṭayarān (f)	رحلة طيران
alfândega (f)	gamārek (pl)	جمارك
funcionário (m) da alfândega	mowazzaf el gamārek (m)	موظّف الجمارك
declaração (f) alfandegária	taṣrīḥ gomroky (m)	تصريح جمركي
preencher (vt)	mala	ملا
preencher a declaração	mala el taṣrīḥ	ملأ التصريح
controle (m) de passaporte	taftīʃ el gawazāt (m)	تفتيش الجوازات
bagagem (f)	el ʃonaṭ (pl)	الشنط
bagagem (f) de mão	ʃonaṭ el yad (pl)	شنط اليد
carrinho (m)	ʿarabet ʃonaṭ (f)	عربة شنط
pouso (m)	hobūṭ (m)	هبوط
pista (f) de pouso	mamarr el hobūṭ (m)	ممرّ الهبوط
aterrissar (vi)	habaṭ	هبط
escada (f) de avião	sellem el ṭayāra (m)	سلّم الطيّارة
check-in (m)	tasgīl (m)	تسجيل
balcão (m) do check-in	makān tasgīl (m)	مكان تسجيل
fazer o check-in	saggel	سجّل
cartão (m) de embarque	beṭāqet el rokūb (f)	بطاقة الركوب
portão (m) de embarque	bawwābet el moɣadra (f)	بوّابة المغادرة
trânsito (m)	tranzīt (m)	ترانزيت
esperar (vi, vt)	estanna	إستنّى
sala (f) de espera	ṣālet el moɣadra (f)	صالة المغادرة
despedir-se (acompanhar)	waddaʿ	ودّع
despedir-se (dizer adeus)	waddaʿ	ودّع

173. Bicicleta. Motocicleta

bicicleta (f)	beskeletta (f)	بيسكلتّة
lambreta (f)	fezba (f)	فزبة
moto (f)	motosekl (m)	موتوسيكل
ir de bicicleta	rāḥ bel beskeletta	راح بالبسكلتّة
guidão (m)	moqawwed (m)	مقوّد
pedal (m)	dawwāsa (f)	دوّاسة
freios (m pl)	farāmel (pl)	فرامل
banco, selim (m)	korsy (m)	كرسي
bomba (f)	ṭolommba (f)	طلمّبة
bagageiro (m) de teto	raff el amteʿa (m)	رفّ الأمتعة
lanterna (f)	el meṣbāḥ el amāmy (m)	المصباح الأمامي
capacete (m)	ɣawza (f)	خوذة
roda (f)	ʿagala (f)	عجلة
para-choque (m)	refrāf (m)	رفراف
aro (m)	eṭār (m)	إطار
raio (m)	mekbaḥ el ʿagala (m)	مكبح العجلة

Carros

174. Tipos de carros

carro, automóvel (m)	sayāra (f)	سيّارة
carro (m) esportivo	sayāra reyāḍiya (f)	سيّارة رياضيّة
limusine (f)	limozīn (m)	ليموزين
todo o terreno (m)	sayāret ṭoro' wa'ra (f)	سيّارة طرق وعرة
conversível (m)	kabryoleyh (m)	كابريوليه
minibus (m)	mikrobāṣ (m)	ميكروباص
ambulância (f)	es'āf (m)	إسعاف
limpa-neve (m)	garrāfet talg (f)	جرّافة ثلج
caminhão (m)	ʃāḥena (f)	شاحنة
caminhão-tanque (m)	nāqelet betrūl (f)	ناقلة بترول
perua, van (f)	'arabiyet na'l (f)	عربيّة نقل
caminhão-trator (m)	garrār (m)	جرّار
reboque (m)	ma'ṭūra (f)	مقطورة
confortável (adj)	morīḥ	مريح
usado (adj)	mosta'mal	مستعمل

175. Carros. Carroçaria

capô (m)	kabbūt (m)	كبّوت
para-choque (m)	refrāf (m)	رفراف
teto (m)	sa'f (m)	سقف
para-brisa (m)	ezāz amāmy (f)	إزاز أمامي
retrovisor (m)	merāya daχeliya (f)	مراية داخليّة
esguicho (m)	monazzef el ezāz el amāmy (m)	منظّف الإزاز الأمامي
limpadores (m) de para-brisas	massāḥāt (pl)	مسّاحات
vidro (m) lateral	ʃebbāk gāneby (m)	شبّاك جانبي
elevador (m) do vidro	ezāz kahrabā'y (m)	إزاز كهربائي
antena (f)	hawā'y (m)	هوائي
teto (m) solar	fat-ḥet el sa'f (f)	فتحة السقف
para-choque (m)	ekṣedām (m)	اكصدام
porta-malas (f)	ʃanṭet el 'arabiya (f)	شنطة العربيّة
bagageira (f)	raff sa'f el 'arabiya (m)	رفّ سقف العربيّة
porta (f)	bāb (m)	باب
maçaneta (f)	okret el bāb (f)	اوكرة الباب
fechadura (f)	'efl el bāb (m)	قفل الباب
placa (f)	lawḥet raqam el sayāra (f)	لوحة رقم السيارة

silenciador (m)	kātem lel ṣote (m)	كاتم للصوت
tanque (m) de gasolina	χazzān el banzīn (m)	خزّان البنزين
tubo (m) de exaustão	anbūb el ʿādem (m)	أنبوب العادم
acelerador (m)	ɣāz (m)	غاز
pedal (m)	dawwāsa (f)	دوّاسة
pedal (m) do acelerador	dawwāset el banzīn (f)	دوّاسة البنزين
freio (m)	farāmel (pl)	فرامل
pedal (m) do freio	dawwāset el farāmel (m)	دوّاسة الفرامل
frear (vt)	farmel	فرمل
freio (m) de mão	farāmel el enteẓār (pl)	فرامل الإنتظار
embreagem (f)	klatʃ (m)	كلتش
pedal (m) da embreagem	dawwāset el klatʃ (f)	دوّاسة الكلتش
disco (m) de embreagem	ʾorṣ el klatʃ (m)	قرص الكلتش
amortecedor (m)	momtaṣṣ lel ṣadamāt (m)	ممتصّ للصدمات
roda (f)	ʿagala (f)	عجلة
pneu (m) estepe	ʿagala eḥteyāṭy (f)	عجلة إحتياطية
pneu (m)	eṭār (m)	إطار
calota (f)	ṭīs (m)	طيس
rodas (f pl) motrizes	ʿagalāt el qeyāda (pl)	عجلات القيادة
de tração dianteira	dafʿ amāmy (m)	دفع أمامي
de tração traseira	dafʿ χalfy (m)	دفع خلفي
de tração às 4 rodas	dafʿ kāmel (m)	دفع كامل
caixa (f) de mudanças	gearboks (m)	جير بوكس
automático (adj)	otomatīky	أوتوماتيكي
mecânico (adj)	mikanīky	ميكانيكي
alavanca (f) de câmbio	meqbaḍ nāqel lel ḥaraka (m)	مقبض ناقل الحركة
farol (m)	el meṣbāḥ el amāmy (m)	المصباح الأمامي
faróis (m pl)	el maṣabīḥ el amamiya (pl)	المصابيح الأمامية
farol (m) baixo	nūr moʾaʃer monχafeḍ (pl)	نور مؤشر منخفض
farol (m) alto	nūr moʾasʃer ʿāly (m)	نور مؤشر عالي
luzes (f pl) de parada	nūr el farāmel (m)	نور الفرامل
luzes (f pl) de posição	lambet el enteẓār (f)	لمبة الإنتظار
luzes (f pl) de emergência	eʃārāt el taḥzīr (pl)	إشارات التحذير
faróis (m pl) de neblina	kasʃāf el ḍabāb (m)	كشّاف الضباب
pisca-pisca (m)	eʃāret el enʿeṭāf (f)	إشارة الإنعطاف
luz (f) de marcha ré	ḍūʾ el rogūʿ lel χalf (m)	ضوء الرجوع للخلف

176. Carros. Habitáculo

interior (do carro)	ṣalone el sayāra (m)	صالون السيارة
de couro	men el geld	من الجلد
de veludo	men el moχmal	من المخمل
estofamento (m)	tangīd (m)	تنجيد
indicador (m)	gehāz (m)	جهاز
painel (m)	lawḥet ag-heza (f)	لوحة أجهزة

velocímetro (m)	me'yās sor'a (m)	مقياس سرعة
ponteiro (m)	mo'asʃer (m)	مؤشّر
hodômetro, odômetro (m)	'addād el mesafāt (m)	عدّاد المسافات
indicador (m)	'addād (m)	عدّاد
nível (m)	mostawa (m)	مستوى
luz (f) de aviso	lammbet enzār (f)	لمبة إنذار
volante (m)	moqawwed (m)	مقوّد
buzina (f)	kalaks (m)	كلاكس
botão (m)	zerr (m)	زرّ
interruptor (m)	nāqel, meftāḥ (m)	ناقل, مفتاح
assento (m)	korsy (m)	كرسي
costas (f pl) do assento	masnad el ḍahr (m)	مسند الظهر
cabeceira (f)	masnad el ra's (m)	مسند الرأس
cinto (m) de segurança	ḥezām el amān (m)	حزام الأمان
apertar o cinto	rabaṭ el ḥezām	ربط الحزام
ajuste (m)	ḍabṭ (m)	ضبط
airbag (m)	wesāda hawa'iya (f)	وسادة هوائية
ar (m) condicionado	takyīf (m)	تكييف
rádio (m)	radio (m)	راديو
leitor (m) de CD	moʃagɣel sidi (m)	مشغّل سي دي
ligar (vt)	fataḥ, ʃagɣal	فتح, شغّل
antena (f)	hawā'y (m)	هوائي
porta-luvas (m)	dorg (m)	درج
cinzeiro (m)	ṭa'ṭū'a (f)	طقطوقة

177. Carros. Motor

motor (m)	moḥarrek (m)	محرّك
motor (m)	motore (m)	موتور
a diesel	'alal diesel	على الديزل
a gasolina	'alal banzīn	على البنزين
cilindrada (f)	ḥagm el moḥarrek (m)	حجم المحرّك
potência (f)	'owwa (f)	قوّة
cavalo (m) de potência	ḥoṣān (m)	حصان
pistão (m)	mekbas (m)	مكبس
cilindro (m)	esṭewāna (f)	أسطوانة
válvula (f)	ṣamām (m)	صمام
injetor (m)	baχāχa (f)	بخّاخة
gerador (m)	mowalled (m)	مولّد
carburador (m)	karburetor (m)	كاربراتير
óleo (m) de motor	zeyt el moḥarrek (m)	زيت المحرّك
radiador (m)	radiator (m)	رادياتير
líquido (m) de arrefecimento	mobarred (m)	مبرّد
ventilador (m)	marwaḥa (f)	مروحة
bateria (f)	baṭṭariya (f)	بطّاريّة
dispositivo (m) de arranque	meftāḥ el taʃɣīl (m)	مفتاح التشغيل

ignição (f)	nezām taʃɣīl (m)	نظام تشغيل
vela (f) de ignição	ʃam'et el eḥterāq (f)	شمعة الإحتراق
terminal (m)	ṭaraf tawṣīl (m)	طرف توصيل
terminal (m) positivo	ṭaraf muwgeb (m)	طرف موجب
terminal (m) negativo	ṭaraf sāleb (m)	طرف سالب
fusível (m)	fetīl (m)	فتيل
filtro (m) de ar	ṣaffāyet el hawā' (f)	صفّاية الهواء
filtro (m) de óleo	ṣaffāyet el zeyt (f)	صفّاية الزيت
filtro (m) de combustível	ṣaffāyet el banzīn (f)	صفّاية البنزين

178. Carros. Batidas. Reparação

acidente (m) de carro	ḥadset sayāra (f)	حادثة سيارة
acidente (m) rodoviário	ḥādes morūry (m)	حادث مروري
bater (~ num muro)	χabaṭ	خبط
sofrer um acidente	daʃdaʃ	دشدش
dano (m)	χesāra (f)	خسارة
intato	salīm	سليم
avariar (vi)	ta'aṭṭal	تعطّل
cabo (m) de reboque	ḥabl el saḥb	حبل السحب
furo (m)	soqb (m)	ثقب
estar furado	fasʃ	فشّ
encher (vt)	nafaχ	نفخ
pressão (f)	ḍaɣṭ (m)	ضغط
verificar (vt)	eχtabar	إختبر
reparo (m)	taṣlīḥ (m)	تصليح
oficina (f) automotiva	warʃet taṣlīḥ 'arabīāt (f)	ورشة تصليح عربيات
peça (f) de reposição	'eṭ'et ɣeyār (f)	قطعة غيار
peça (f)	'eṭ'a (f)	قطعة
parafuso (com porca)	mesmār 'alawoze (m)	مسمار قلاووظ
parafuso (m)	mesmār (m)	مسمار
porca (f)	ṣamūla (f)	صامولة
arruela (f)	warda (f)	وردة
rolamento (m)	maḥmal (m)	محمل
tubo (m)	anbūba (f)	أنبوبة
junta, gaxeta (f)	'az'a (f)	عزقة
fio, cabo (m)	selk (m)	سلك
macaco (m)	'afrīṭa (f)	عفريطة
chave (f) de boca	meftāḥ rabṭ (m)	مفتاح ربط
martelo (m)	ʃakūʃ (m)	شاكوش
bomba (f)	ṭolommba (f)	طلمّبة
chave (f) de fenda	mefakk (m)	مفكّ
extintor (m)	ṭaffayet ḥarī' (f)	طفّاية حريق
triângulo (m) de emergência	eʃāret taḥzīr (f)	إشارة تحذير
morrer (motor)	et'aṭṭal	إتعطّل

paragem, "morte" (f)	tawaqqof (m)	توقّف
estar quebrado	kān maksūr	كان مكسور
superaquecer-se (vr)	soχn aktar men el lāzem	سخن أكثر من اللازم
entupir-se (vr)	kān masdūd	كان مسدود
congelar-se (vr)	etgammed	إتجمّد
rebentar (vi)	enqaṭaʿ - ettʾaṭṭaʿ	إنقطع
pressão (f)	ḍaɣṭ (m)	ضغط
nível (m)	mostawa (m)	مستوى
frouxo (adj)	ḍaʿīf	ضعيف
batida (f)	ṭaʿga (f)	طعجة
ruído (m)	daʾʾ (m)	دقّ
fissura (f)	ʃaʾʾ (m)	شقّ
arranhão (m)	χadʃ (m)	خدش

179. Carros. Estrada

estrada (f)	ṭarīʾ (m)	طريق
autoestrada (f)	ṭarīʾ sareeʿ (m)	طريق سريع
rodovia (f)	otostrad (m)	اوتوستراد
direção (f)	ettegāh (m)	إتّجاه
distância (f)	masāfa (f)	مسافة
ponte (f)	kobry (m)	كبري
parque (m) de estacionamento	mawʾef el ʿarabeyāt (m)	موقف العربيات
praça (f)	medān (m)	ميدان
nó (m) rodoviário	taqāṭoʿ ṭoroʾ (m)	تقاطع طرق
túnel (m)	nafaʾ (m)	نفق
posto (m) de gasolina	maḥaṭṭet banzīn (f)	محطّة بنزين
parque (m) de estacionamento	mawʾef el ʿarabeyāt (m)	موقف العربيات
bomba (f) de gasolina	maḍaχet banzīn (f)	مضخّة بنزين
oficina (f) automotiva	warʃet taṣlīḥ ʿarabīāt (f)	ورشة تصليح عربيات
abastecer (vt)	mala banzīn	ملى بنزين
combustível (m)	woqūd (m)	وقود
galão (m) de gasolina	ʒerken (m)	جركن
asfalto (m)	asfalt (m)	اسفلت
marcação (f) de estradas	ʿalamāt el ṭarīʾ (pl)	علامات الطريق
meio-fio (m)	bardora (f)	بردورة
guard-rail (m)	sūr (m)	سور
valeta (f)	terʿa (f)	ترعة
acostamento (m)	ḥaffet el ṭarīʾ (f)	حافّة الطريق
poste (m) de luz	ʿamūd nūr (m)	عمود نور
dirigir (vt)	sāʾ	ساق
virar (~ para a direita)	ḥād	حاد
dar retorno	laff fe u-turn	لفّ في يو تيرن
ré (f)	ḥaraka ela al warāʾ (f)	حركة إلى الوراء
buzinar (vi)	zammar	زمّر
buzina (f)	kalaks (m)	كلاكس

atolar-se (vr)	ɣaraz	غرز
patinar (na lama)	dawwar	دوّر
desligar (vt)	awqaf	أوقف
velocidade (f)	sorʿa (f)	سرعة
exceder a velocidade	ʿadda el sorʿa	عدّى السرعة
multar (vt)	farad ɣarāma	فرض غرامة
semáforo (m)	eʃārāt el morūr (pl)	إشارات المرور
carteira (f) de motorista	roχṣet el qeyāda (f)	رخصة قيادة
passagem (f) de nível	maʿbar (m)	معبر
cruzamento (m)	taqāṭoʿ (m)	تقاطع
faixa (f)	maʿbar (m)	معبر
curva (f)	monʿaṭaf (m)	منعطف
zona (f) de pedestres	manteʾa lel moʃāh (f)	منطقة للمشاة

180. Sinais de trânsito

código (m) de trânsito	qawāʿed el ṭarīʾ (pl)	قواعد الطريق
sinal (m) de trânsito	ʿalāma (f)	علامة
ultrapassagem (f)	tagāwuz (m)	تجاوز
curva (f)	monʿaṭaf (m)	منعطف
retorno (m)	malaff (m)	ملفّ
rotatória (f)	dawarān morūry (m)	دوّران مروري
sentido proibido	mamnūʿ el doχūl	ممنوع الدخول
trânsito proibido	mamnūʿ morūr el sayārāt	ممنوع مرور السيارات
proibido de ultrapassar	mamnūʿ el morūr	ممنوع المرور
estacionamento proibido	mamnūʿ el woʾūf	ممنوع الوقوف
paragem proibida	mamnūʿ el woʾūf	ممنوع الوقوف
curva (f) perigosa	monʿaṭaf χaṭar (m)	منعطف خطر
descida (f) perigosa	monḥadar ʃedīd (m)	منحدر شديد
trânsito de sentido único	ṭarīʾ etegāh wāḥed	طريق إتجاه واحد
faixa (f)	maʿbar (m)	معبر
pavimento (m) escorregadio	ṭarīʾ zaleq (m)	طريق زلق
conceder passagem	eʃāret el awlawiya	إشارة الأولوية

PESSOAS. EVENTOS

Eventos

181. Férias. Evento

festa (f)	ʿīd (m)	عيد
feriado (m) nacional	ʿīd waṭany (m)	عيد وطني
feriado (m)	agāza rasmiya (f)	أجازة رسميّة
festejar (vt)	eḥtafal be zekra	إحتفل بذكرى
evento (festa, etc.)	ḥadass (m)	حدث
evento (banquete, etc.)	monasba (f)	مناسبة
banquete (m)	walīma (f)	وليمة
recepção (f)	ḥaflet esteʾbāl (f)	حفلة إستقبال
festim (m)	walīma (f)	وليمة
aniversário (m)	zekra sanawiya (f)	ذكرى سنوية
jubileu (m)	yobeyl (m)	يوبيل
celebrar (vt)	eḥtafal	إحتفل
Ano (m) Novo	raʾs el sanna (m)	رأس السنة
Feliz Ano Novo!	koll sana wenta ṭayeb!	كلّ سنة وأنت طيّب!
Papai Noel (m)	baba neweyl (m)	بابا نويل
Natal (m)	ʿīd el melād (m)	عيد الميلاد
Feliz Natal!	ʿīd melād saʿīd!	عيد ميلاد سعيد!
árvore (f) de Natal	ʃagaret el kresmas (f)	شجرة الكريسمس
fogos (m pl) de artifício	alʿāb nāriya (pl)	ألعاب ناريّة
casamento (m)	faraḥ (m)	فرح
noivo (m)	ʿarīs (m)	عريس
noiva (f)	ʿarūsa (f)	عروسة
convidar (vt)	ʿazam	عزم
convite (m)	beṭāʾet daʿwa (f)	بطاقة دعوة
convidado (m)	ḍeyf (m)	ضيف
visitar (vt)	zār	زار
receber os convidados	estaʾbal ḍoyūf	إستقبل ضيوف
presente (m)	hediya (f)	هديّة
oferecer, dar (vt)	edda	إدّى
receber presentes	estalam hadāya	إستلم هدايا
buquê (m) de flores	bokeyh (f)	بوكيه
felicitações (f pl)	tahneʾa (f)	تهنئة
felicitar (vt)	hanna	هنّأ
cartão (m) de parabéns	beṭāʾet tahneʾa (f)	بطاقة تهنئة

enviar um cartão postal	ba'at beṭā'et tahne'a	بعت بطاقة تهنئة
receber um cartão postal	estalam beṭā'a tahne'a	استلم بطاقة تهنئة
brinde (m)	naχab (m)	نخب
oferecer (vt)	ḍayaf	ضيّف
champanhe (m)	ʃambania (f)	شمبانيا
divertir-se (vr)	estamta'	إستمتع
diversão (f)	bahga (f)	بهجة
alegria (f)	sa'āda (f)	سعادة
dança (f)	ra'ṣa (f)	رقصة
dançar (vi)	ra'aṣ	رقص
valsa (f)	valles (m)	فالس
tango (m)	tango (m)	تانجو

182. Funerais. Enterro

cemitério (m)	maqbara (f)	مقبرة
sepultura (f), túmulo (m)	'abr (m)	قبر
cruz (f)	ṣalīb (m)	صليب
lápide (f)	ḥagar el ma''bara (m)	حجر المقبرة
cerca (f)	sūr (m)	سور
capela (f)	kenīsa saɣīra (f)	كنيسة صغيرة
morte (f)	mote (m)	موت
morrer (vi)	māt	مات
defunto (m)	el motawaffy (m)	المتوفّي
luto (m)	ḥedād (m)	حداد
enterrar, sepultar (vt)	dafan	دفن
funerária (f)	maktab mota'ahhed el dafn (m)	مكتب متعهّد الدفن
funeral (m)	ganāza (f)	جنازة
coroa (f) de flores	eklīl (m)	إكليل
caixão (m)	tabūt (m)	تابوت
carro (m) funerário	na'ʃ (m)	نعش
mortalha (f)	kafan (m)	كفن
procissão (f) funerária	ganāza (f)	جنازة
urna (f) funerária	garra gana'eziya (f)	جرّة جنائزية
crematório (m)	maḥra'et gosas el mawta (f)	محرقة جثث الموتى
obituário (m), necrologia (f)	segel el wafīāt (m)	سجل الوفيات
chorar (vi)	baka	بكى
soluçar (vi)	nawwaḥ	نوّح

183. Guerra. Soldados

pelotão (m)	faṣīla (f)	فصيلة
companhia (f)	serriya (f)	سريّة

regimento (m)	foge (m)	فوج
exército (m)	geyʃ (m)	جيش
divisão (f)	ferʾa (f)	فرقة
esquadrão (m)	weḥda (f)	وحدة
hoste (f)	geyʃ (m)	جيش
soldado (m)	gondy (m)	جنّدي
oficial (m)	ḍābeṭ (m)	ضابط
soldado (m) raso	gondy (m)	جنّدي
sargento (m)	raqīb tāny (m)	رقيب تاني
tenente (m)	molāzem tāny (m)	ملازم تاني
capitão (m)	naqīb (m)	نقيب
major (m)	rāʾed (m)	رائد
coronel (m)	ʿaqīd (m)	عقيد
general (m)	ʒenerāl (m)	جنرال
marujo (m)	baḥḥār (m)	بحّار
capitão (m)	ʾobṭān (m)	قبطان
contramestre (m)	rabbān (m)	ربّان
artilheiro (m)	gondy fe selāḥ el madfaʿiya (m)	جنّدي في سلاح المدفعيّة
soldado (m) paraquedista	selāḥ el maẓallāt (m)	سلاح المظلّلات
piloto (m)	ṭayār (m)	طيّار
navegador (m)	mallāḥ (m)	ملّاح
mecânico (m)	mikanīky (m)	ميكانيكي
sapador-mineiro (m)	mohandes ʿaskary (m)	مهندس عسكري
paraquedista (m)	gondy el baraʃot (m)	جنّدي الباراشوت
explorador (m)	kaʃāfet el esteṭlāʿ (f)	كشّافة الإستطلاع
atirador (m) de tocaia	qannāṣ (m)	قنّاص
patrulha (f)	dawriya (f)	دوّريّة
patrulhar (vt)	ʾām be dawriya	قام بدوريّة
sentinela (f)	ḥāres (m)	حارس
guerreiro (m)	muḥāreb (m)	محارب
patriota (m)	waṭany (m)	وطني
herói (m)	baṭal (m)	بطل
heroína (f)	baṭala (f)	بطلة
traidor (m)	χāyen (m)	خاين
trair (vt)	χān	خان
desertor (m)	hāreb men el gondiya (m)	هارب من الجنديّة
desertar (vt)	farr men el geyʃ	فرّ من الجيش
mercenário (m)	maʾgūr (m)	مأجور
recruta (m)	gondy gedīd (m)	جنّدي جديد
voluntário (m)	motaṭawweʿ (m)	متطوّع
morto (m)	ʾatīl (m)	قتيل
ferido (m)	garīḥ (m)	جريح
prisioneiro (m) de guerra	asīr ḥarb (m)	أسير حرب

184. Guerra. Ações militares. Parte 1

guerra (f)	ḥarb (f)	حرب
guerrear (vt)	ḥārab	حارب
guerra (f) civil	ḥarb ahliya (f)	حرب أهليّة
perfidamente	ɣadran	غدراً
declaração (f) de guerra	eʿlān ḥarb (m)	إعلان حرب
declarar guerra	aʿlan	أعلن
agressão (f)	ʿedwān (m)	عدوان
atacar (vt)	hagam	هجم
invadir (vt)	eḥtall	إحتلّ
invasor (m)	moḥtell (m)	محتلّ
conquistador (m)	fāteḥ (m)	فاتح
defesa (f)	defāʿ (m)	دفاع
defender (vt)	dāfaʿ	دافع
defender-se (vr)	dāfaʿ ʿan ...	دافع عن ...
inimigo (m)	ʿadeww (m)	عدوّ
adversário (m)	χeṣm (m)	خصم
inimigo (adj)	ʿadeww	عدوّ
estratégia (f)	estrateʒiya (f)	إستراتيجيّة
tática (f)	taktīk (m)	تكتيك
ordem (f)	amr (m)	أمر
comando (m)	amr (m)	أمر
ordenar (vt)	amar	أمر
missão (f)	mohemma (f)	مهمّة
secreto (adj)	serry	سرّي
batalha (f)	maʿraka (f)	معركة
combate (m)	ʾetāl (m)	قتال
ataque (m)	hogūm (m)	هجوم
assalto (m)	enqeḍāḍ (m)	إنقضاض
assaltar (vt)	enqaḍḍ	إنقضّ
assédio, sítio (m)	ḥeṣār (m)	حصار
ofensiva (f)	hogūm (m)	هجوم
tomar à ofensiva	hagam	هجم
retirada (f)	ensehāb (m)	إنسحاب
retirar-se (vr)	ensaḥab	إنسحب
cerco (m)	eḥāṭa (f)	إحاطة
cercar (vt)	aḥāṭ	أحاط
bombardeio (m)	ʾaṣf (m)	قصف
lançar uma bomba	asqaṭ qonbola	أسقط قنبلة
bombardear (vt)	ʾaṣaf	قصف
explosão (f)	enfegār (m)	إنفجار
tiro (m)	ṭalʾa (f)	طلقة

dar um tiro	aṭlaq el nār	أطلق النار
tiroteio (m)	eṭlāq nār (m)	إطلاق نار
apontar para ...	ṣawwab ʿala ...	صوّب على ...
apontar (vt)	ṣawwab	صوّب
acertar (vt)	aṣāb el hadaf	أصاب الهدف
afundar (~ um navio, etc.)	aɣraʾ	أغرق
brecha (f)	soqb (m)	ثقب
afundar-se (vr)	ɣereʾ	غرق
frente (m)	gabha (f)	جبهة
evacuação (f)	eχlāʾ (m)	إخلاء
evacuar (vt)	aχla	أخلى
trincheira (f)	χondoq (m)	خندق
arame (m) enfarpado	aslāk ʃāʾeka (pl)	أسلاك شائكة
barreira (f) anti-tanque	ḥāgez (m)	حاجز
torre (f) de vigia	borg moraʾba (m)	برج مراقبة
hospital (m) militar	mostaʃfa ʿaskary (m)	مستشفى عسكري
ferir (vt)	garaḥ	جرح
ferida (f)	garḥ (m)	جرح
ferido (m)	garīḥ (m)	جريح
ficar ferido	oṣīb bel garḥ	أصيب بالجرح
grave (ferida ~)	χaṭīr	خطير

185. Guerra. Ações militares. Parte 2

cativeiro (m)	asr (m)	أسر
capturar (vt)	asar	أسر
estar em cativeiro	etʾasar	أتأسر
ser aprisionado	weʾeʿ fel asr	وقع في الأسر
campo (m) de concentração	moʿaskar eʿteqāl (m)	معسكر إعتقال
prisioneiro (m) de guerra	asīr ḥarb (m)	أسير حرب
escapar (vi)	hereb	هرب
trair (vt)	χān	خان
traidor (m)	χāyen (m)	خاين
traição (f)	χeyāna (f)	خيانة
fuzilar, executar (vt)	aʿdam ramyan bel roṣāṣ	أعدم رمياً بالرصاص
fuzilamento (m)	eʿdām ramyan bel roṣāṣ (m)	إعدام رمياً بالرصاص
equipamento (m)	el ʿetād el ʿaskary (m)	العتاد العسكري
insígnia (f) de ombro	kattāfa (f)	كتافة
máscara (f) de gás	qenāʿ el ɣāz (m)	قناع الغاز
rádio (m)	gehāz lāselky (m)	جهاز لاسلكي
cifra (f), código (m)	ʃafra (f)	شفرة
conspiração (f)	serriya (f)	سريّة
senha (f)	kelmet el morūr (f)	كلمة مرور
mina (f)	loɣz arāḍy (m)	لغم أرضي

minar (vt)	lagɣam	لغّم
campo (m) minado	ḥaql alɣām (m)	حقل ألغام
alarme (m) aéreo	enzār gawwy (m)	إنذار جوّي
alarme (m)	enzār (m)	إنذار
sinal (m)	eʃara (f)	إشارة
sinalizador (m)	eʃāra moḍīʾa (f)	إشارة مضيئة
quartel-general (m)	maqarr (m)	مقرّ
reconhecimento (m)	kaʃāfet el esteṭlāʿ (f)	كشّافة الإستطلاع
situação (f)	ḥāla (f), waḍʿ (m)	حالة, وضع
relatório (m)	taʾrīr (m)	تقرير
emboscada (f)	kamīn (m)	كمين
reforço (m)	emdadāt ʿaskariya (pl)	إمدادات عسكريّة
alvo (m)	hadaf (m)	هدف
campo (m) de tiro	arḍ eχtebār (m)	أرض إختبار
manobras (f pl)	monawrāt ʿaskariya (pl)	مناورات عسكريّة
pânico (m)	zoʿr (m)	ذعر
devastação (f)	damār (m)	دمار
ruínas (f pl)	ḥeṭām (pl)	حطام
destruir (vt)	dammar	دمّر
sobreviver (vi)	negy	نجي
desarmar (vt)	garrad men el selāḥ	جرّد من السلاح
manusear (vt)	estaʿmel	إستعمل
Sentido!	entebāh!	إنتباه!
Descansar!	estareḥ!	إسترح!
façanha (f)	maʾsara (f)	مأثرة
juramento (m)	qasam (m)	قسم
jurar (vi)	aqsam	أقسم
condecoração (f)	wesām (m)	وسام
condecorar (vt)	manaḥ	منح
medalha (f)	medalya (f)	ميدالية
ordem (f)	wesām ʿaskary (m)	وسام عسكري
vitória (f)	enteṣār - foze (m)	إنتصار, فوز
derrota (f)	hazīma (f)	هزيمة
armistício (m)	hodna (f)	هدنة
bandeira (f)	rāyet el maʿraka (f)	راية المعركة
glória (f)	magd (m)	مجد
parada (f)	mawkeb (m)	موكب
marchar (vi)	sār	سار

186. Armas

arma (f)	asleḥa (pl)	أسلحة
arma (f) de fogo	asleḥa nāriya (pl)	أسلحة ناريّة
arma (f) branca	asleḥa bayḍāʾ (pl)	أسلحة بيضاء

arma (f) química	asleḥa kemawiya (pl)	أسلحة كيماويّة
nuclear (adj)	nawawy	نوويّ
arma (f) nuclear	asleḥa nawawiya (pl)	أسلحة نوويّة
bomba (f)	qonbela (f)	قنبلة
bomba (f) atômica	qonbela nawawiya (f)	قنبلة نوويّة
pistola (f)	mosaddas (m)	مسدّس
rifle (m)	bondoqiya (f)	بندقيّة
semi-automática (f)	mosaddas rasʃāʃ (m)	مسدّس رشّاش
metralhadora (f)	rasʃāʃ (m)	رشّاش
boca (f)	fawha (f)	فوهة
cano (m)	anbūba (f)	أنبوبة
calibre (m)	ʿeyār (m)	عيار
gatilho (m)	zanād (m)	زناد
mira (f)	moṣawweb (m)	مصوّب
carregador (m)	maχzan (m)	مخزن
coronha (f)	ʿaqab el bondoʾiya (m)	عقب البندقيّة
granada (f) de mão	qonbela yadawiya (f)	قنبلة يدويّة
explosivo (m)	mawād motafaggera (pl)	موّاد متفجّرة
bala (f)	roṣāṣa (f)	رصاصة
cartucho (m)	χarṭūʃa (f)	خرطوشة
carga (f)	ḥaʃwa (f)	حشوة
munições (f pl)	zaχīra (f)	ذخيرة
bombardeiro (m)	qazefet qanābel (f)	قاذفة قنابل
avião (m) de caça	ṭayāra muqātela (f)	طيّارة مقاتلة
helicóptero (m)	heliokobter (m)	هليكوبتر
canhão (m) antiaéreo	madfaʿ moḍād lel ṭaʾerāṭ (m)	مدفع مضاد للطائرات
tanque (m)	dabbāba (f)	دبّابة
canhão (de um tanque)	madfaʿ el dabbāba (m)	مدفع الدبّابة
artilharia (f)	madfaʿiya (f)	مدفعيّة
canhão (m)	madfaʿ (m)	مدفع
fazer a pontaria	ṣawwab	صوّب
projétil (m)	qazīfa (f)	قذيفة
granada (f) de morteiro	qonbela hawn (f)	قنبلة هاون
morteiro (m)	hawn (m)	هاون
estilhaço (m)	ʃazya (f)	شظية
submarino (m)	ɣawwāṣa (f)	غوّاصة
torpedo (m)	ṭorbīd (m)	طوربيد
míssil (m)	ṣarūχ (m)	صاروخ
carregar (uma arma)	ʿammar	عمّر
disparar, atirar (vi)	ḍarab bel nār	ضرب بالنار
apontar para …	ṣawwab ʿala …	صوّب على …
baioneta (f)	ḥerba (f)	حربة
espada (f)	seyf zu ḥaddeyn (m)	سيف ذو حدّين
sabre (m)	seyf monḥany (m)	سيف منحني

lança (f)	remḥ (m)	رمح
arco (m)	qose (m)	قوس
flecha (f)	sahm (m)	سهم
mosquete (m)	musket (m)	مسكيت
besta (f)	qose mosta'raḍ (m)	قوس مستعرض

187. Povos da antiguidade

primitivo (adj)	bedā'y	بدائي
pré-histórico (adj)	ma qabl el tarīχ	ما قبل التاريخ
antigo (adj)	'adīm	قديم
Idade (f) da Pedra	el 'aṣr el ḥagary (m)	العصر الحجري
Idade (f) do Bronze	el 'aṣr el bronzy (m)	العصر البرونزي
Era (f) do Gelo	el 'aṣr el galīdy (m)	العصر الجليدي
tribo (f)	qabīla (f)	قبيلة
canibal (m)	'ākel loḥūm el baʃar (m)	آكل لحوم البشر
caçador (m)	ṣayād (m)	صيّاد
caçar (vi)	eṣṭād	إصطاد
mamute (m)	mamūθ (m)	ماموث
caverna (f)	kahf (m)	كهف
fogo (m)	nār (f)	نار
fogueira (f)	nār moχayem (m)	نار مخيّم
pintura (f) rupestre	rasm fel kahf (m)	رسم في الكهف
ferramenta (f)	adah (f)	أداة
lança (f)	remḥ (m)	رمح
machado (m) de pedra	fa's ḥagary (m)	فأس حجري
guerrear (vt)	ḥārab	حارب
domesticar (vt)	esta'nas	استئنس
ídolo (m)	ṣanam (m)	صنم
adorar, venerar (vt)	'abad	عبد
superstição (f)	χorāfa (f)	خرافة
ritual (m)	mansak (m)	منسك
evolução (f)	taṭṭawwor (m)	تطوّر
desenvolvimento (m)	nomoww (m)	نموّ
extinção (f)	enqerāḍ (m)	إنقراض
adaptar-se (vr)	takayaf (ma')	تكيّف (مع)
arqueologia (f)	'elm el 'āsār (m)	علم الآثار
arqueólogo (m)	'ālem āsār (m)	عالم آثار
arqueológico (adj)	asary	أثري
escavação (sítio)	mawqe' ḥafr (m)	موقع حفر
escavações (f pl)	tanqīb (m)	تنقيب
achado (m)	ekteʃāf (m)	إكتشاف
fragmento (m)	'eṭ'a (f)	قطعة

188. Idade média

povo (m)	ʃaʿb (m)	شعب
povos (m pl)	ʃoʿūb (pl)	شعوب
tribo (f)	qabīla (f)	قبيلة
tribos (f pl)	qabāʾel (pl)	قبائل
bárbaros (pl)	el barabra (pl)	البرابرة
galeses (pl)	el ɣaliyūn (pl)	الغاليّون
godos (pl)	el qūṭiyūn (pl)	القوطيون
eslavos (pl)	el selāf (pl)	السلاف
viquingues (pl)	el viking (pl)	الفايكينج
romanos (pl)	el romān (pl)	الرومان
romano (adj)	romāny	روماني
bizantinos (pl)	bizanṭiyūn (pl)	بيزنطيون
Bizâncio	bīzanṭa (f)	بيزنطة
bizantino (adj)	bīzanṭy	بيزنطي
imperador (m)	embraṭore (m)	إمبراطور
líder (m)	zaʿīm (m)	زعيم
poderoso (adj)	gabbār	جبّار
rei (m)	malek (m)	ملك
governante (m)	ḥākem (m)	حاكم
cavaleiro (m)	fāres (m)	فارس
senhor feudal (m)	eqṭāʿy (m)	إقطاعي
feudal (adj)	eqṭāʿy	إقطاعي
vassalo (m)	ḥākem tābeʿ (m)	حاكم تابع
duque (m)	dūʾ (m)	دوق
conde (m)	earl (m)	ايرل
barão (m)	barūn (m)	بارون
bispo (m)	asqof (m)	أسقف
armadura (f)	derʿ (m)	درع
escudo (m)	derʿ (m)	درع
espada (f)	seyf (m)	سيف
viseira (f)	ḥaffa amamiya lel χoza (f)	حافة أماميّة للخوذة
cota (f) de malha	derʿ el zard (m)	درع الزرد
cruzada (f)	ḥamla ṣalībiya (f)	حملة صليبيّة
cruzado (m)	ṣalīby (m)	صليبي
território (m)	arḍ (f)	أرض
atacar (vt)	hagam	هجم
conquistar (vt)	fataḥ	فتح
ocupar, invadir (vt)	eḥtall	إحتلّ
assédio, sítio (m)	ḥeṣār (m)	حصار
sitiado (adj)	moḥāṣar	محاصر
assediar, sitiar (vt)	ḥāṣar	حاصر
inquisição (f)	maḥākem el taftīʃ (pl)	محاكم التفتيش
inquisidor (m)	mofatteʃ (m)	مفتّش

tortura (f)	taʿzīb (m)	تعذيب
cruel (adj)	waḥʃy	وحشي
herege (m)	moharṭeq (m)	مهرطق
heresia (f)	harṭa'a (f)	هرطقة
navegação (f) marítima	el safar bel baḥr (m)	السفر بالبحر
pirata (m)	'orṣān (m)	قرصان
pirataria (f)	'arṣana (f)	قرصنة
abordagem (f)	mohagmet safīna (f)	مهاجمة سفينة
presa (f), butim (m)	ɣanīma (f)	غنيمة
tesouros (m pl)	konūz (pl)	كنوز
descobrimento (m)	ekteʃāf (m)	إكتشاف
descobrir (novas terras)	ektaʃaf	إكتشف
expedição (f)	beʿsa (f)	بعثة
mosqueteiro (m)	fāres (m)	فارس
cardeal (m)	kardinal (m)	كاردينال
heráldica (f)	ʃeʿārāt el nabāla (pl)	شعارات النبالة
heráldico (adj)	χāṣṣ be ʃeʿarāt el nebāla	خاصّ بشعارات النبالة

189. Líder. Chefe. Autoridades

rei (m)	malek (m)	ملك
rainha (f)	maleka (f)	ملكة
real (adj)	malaky	ملكي
reino (m)	mamlaka (f)	مملكة
príncipe (m)	amīr (m)	أمير
princesa (f)	amīra (f)	أميرة
presidente (m)	ra'īs (m)	رئيس
vice-presidente (m)	nā'eb el ra'īs (m)	نائب الرئيس
senador (m)	ʿoḍw magles el ʃoyūχ (m)	عضو مجلس الشيوخ
monarca (m)	ʿāhel (m)	عاهل
governante (m)	ḥākem (m)	حاكم
ditador (m)	dektatore (m)	ديكتاتور
tirano (m)	ṭāɣeya (f)	طاغية
magnata (m)	ra'smāly kebīr (m)	رأسمالي كبير
diretor (m)	modīr (m)	مدير
chefe (m)	ra'īs (m)	رئيس
gerente (m)	modīr (m)	مدير
patrão (m)	ra'īs (m)	رئيس
dono (m)	ṣāḥeb (m)	صاحب
líder (m)	za'īm (m)	زعيم
chefe (m)	ra'īs (m)	رئيس
autoridades (f pl)	solṭāt (pl)	سلطات
superiores (m pl)	ro'asā' (pl)	رؤساء
governador (m)	muḥāfeẓ (m)	محافظ
cônsul (m)	qonṣol (m)	قنصل

diplomata (m)	deblomāsy (m)	دبلوماسي
Presidente (m) da Câmara	ra'īs el baladiya (m)	رئيس البلديّة
xerife (m)	ʃerīf (m)	شريف
imperador (m)	embraṭore (m)	إمبراطور
czar (m)	qayṣar (m)	قيصر
faraó (m)	fer'one (m)	فرعون
cã, khan (m)	χān (m)	خان

190. Estrada. Caminho. Direções

estrada (f)	ṭarī' (m)	طريق
via (f)	ṭarī' (m)	طريق
rodovia (f)	otostrad (m)	اوتوستراد
autoestrada (f)	ṭarī' saree' (m)	طريق سريع
estrada (f) nacional	ṭarī' waṭany (m)	طريق وطني
estrada (f) principal	ṭarī' ra'īsy (m)	طريق رئيسي
estrada (f) de terra	ṭarī' torāby (m)	طريق ترابي
trilha (f)	mamarr (m)	ممرّ
pequena trilha (f)	mamarr (m)	ممرّ
Onde?	feyn?	فين؟
Para onde?	feyn?	فين؟
De onde?	meneyn?	منين؟
direção (f)	ettegāh (m)	إتّجاه
indicar (~ o caminho)	ʃāwer	شاور
para a esquerda	lel ʃemāl	للشمال
para a direita	lel yemīn	لليمين
em frente	'ala ṭūl	على طول
para trás	wara'	وراء
curva (f)	mon'aṭaf (m)	منعطف
virar (~ para a direita)	ḥād	حاد
dar retorno	laff fe u-turn	لفّ في يو تيرن
estar visível	ẓahar	ظهر
aparecer (vi)	ẓahar	ظهر
paragem (pausa)	estrāḥa ṭawīla (f)	إستراحة طويلة
descansar (vi)	rayaḥ	ريّح
descanso, repouso (m)	rāḥa (f)	راحة
perder-se (vr)	tāh	تاه
conduzir a … (caminho)	adda ela …	أدّى إلى...
chegar a …	weṣel ela …	وصل إلى...
trecho (m)	emtedād (m)	إمتداد
asfalto (m)	asfalt (m)	اسفلت
meio-fio (m)	bardora (f)	بردورة

valeta (f)	ter'a (f)	ترعة
tampa (f) de esgoto	fat-ḥa (f)	فتحة
acostamento (m)	ḥaffet el ṭarī' (f)	حافّة الطريق
buraco (m)	ḥofra (f)	حفرة
ir (a pé)	meʃy	مشي
ultrapassar (vt)	egtāz	إجتاز
passo (m)	xaṭwa (f)	خطوة
a pé	maʃyī	مشي
bloquear (vt)	sadd	سدّ
cancela (f)	ḥāgez ṭarī' (m)	حاجز طريق
beco (m) sem saída	ṭarī' masdūd (m)	طريق مسدود

191. Violação da lei. Criminosos. Parte 1

bandido (m)	qāṭe' ṭarī' (m)	قاطع طريق
crime (m)	garīma (f)	جريمة
criminoso (m)	mogrem (m)	مجرم
ladrão (m)	sāre' (m)	سارق
roubar (vt)	sara'	سرق
furto, roubo (m)	ser'a (f)	سرقة
raptar, sequestrar (vt)	xaṭaf	خطف
sequestro (m)	xaṭf (m)	خطف
sequestrador (m)	xāṭef (m)	خاطف
resgate (m)	fedya (f)	فدية
pedir resgate	ṭalab fedya	طلب فدية
roubar (vt)	nahab	نهب
assalto, roubo (m)	nahb (m)	نهب
assaltante (m)	nahhāb (m)	نهّاب
extorquir (vt)	balṭag	بلطج
extorsionário (m)	balṭagy (m)	بلطجي
extorsão (f)	balṭaga (f)	بلطجة
matar, assassinar (vt)	'atal	قتل
homicídio (m)	'atl (m)	قتل
homicida, assassino (m)	qātel (m)	قاتل
tiro (m)	ṭal'et nār (f)	طلقة نار
dar um tiro	aṭlaq el nār	أطلق النار
matar a tiro	'atal bel roṣāṣ	قتل بالرصاص
disparar, atirar (vi)	ḍarab bel nār	ضرب بالنار
tiroteio (m)	ḍarb nār (m)	ضرب نار
incidente (m)	ḥādes (m)	حادث
briga (~ de rua)	xenā'a (f)	خناقة
Socorro!	sā'idni	ساعدني!
vítima (f)	ḍaḥiya (f)	ضحيّة

danificar (vt)	χarrab	خرّب
dano (m)	χesāra (f)	خسارة
cadáver (m)	gossa (f)	جثّة
grave (adj)	χaṭīra	خطيرة
atacar (vt)	hagam	هجم
bater (espancar)	ḍarab	ضرب
espancar (vt)	ḍarab	ضرب
tirar, roubar (dinheiro)	salab	سلب
esfaquear (vt)	ṭa'an ḥatta el mote	طعن حتّى الموت
mutilar (vt)	ʃawwah	شوّه
ferir (vt)	garaḥ	جرح
chantagem (f)	ebtezāz (m)	إبتزاز
chantagear (vt)	ebtazz	إبتزّ
chantagista (m)	mobtazz (m)	مبتزّ
extorsão (f)	balṭaga (f)	بلطجة
extorsionário (m)	mobtazz (m)	مبتزّ
gângster (m)	ragol 'eṣāba (m)	رجل عصابة
máfia (f)	mafia (f)	مافيا
punguista (m)	nasʃāl (m)	نشّال
assaltante, ladrão (m)	leṣṣ beyūt (m)	لص بيوت
contrabando (m)	tahrīb (m)	تهريب
contrabandista (m)	moharreb (m)	مهرّب
falsificação (f)	tazwīr (m)	تزوير
falsificar (vt)	zawwar	زوّر
falsificado (adj)	mozawwara	مزوّرة

192. Violação da lei. Criminosos. Parte 2

estupro (m)	eγteṣāb (m)	إغتصاب
estuprar (vt)	eγtaṣab	إغتصب
estuprador (m)	moγtaṣeb (m)	مغتصب
maníaco (m)	mahwūs (m)	مهووس
prostituta (f)	mommos (f)	مومّس
prostituição (f)	da'āra (f)	دعارة
cafetão (m)	qawwād (m)	قوّاد
drogado (m)	modmen moχaddarāt (m)	مدمن مخدّرات
traficante (m)	tāger moχaddarāt (m)	تاجر مخدّرات
explodir (vt)	faggar	فجّر
explosão (f)	enfegār (m)	إنفجار
incendiar (vt)	aʃ'al el nār	أشعل النار
incendiário (m)	moʃ'el ḥarīq 'an 'amd (m)	مشعل حريق عن عمد
terrorismo (m)	erhāb (m)	إرهاب
terrorista (m)	erhāby (m)	إرهابي
refém (m)	rahīna (m)	رهينة
enganar (vt)	eḥtāl	إحتال

engano (m)	eḥteyāl (m)	إحتيال
vigarista (m)	moḥtāl (m)	محتال
subornar (vt)	raʃa	رشا
suborno (atividade)	erteʃā' (m)	إرتشاء
suborno (dinheiro)	raʃwa (f)	رشوة
veneno (m)	semm (m)	سمّ
envenenar (vt)	sammem	سمّم
envenenar-se (vr)	sammem nafsoh	سمّم نفسه
suicídio (m)	enteḥār (m)	إنتحار
suicida (m)	montaḥer (m)	منتحر
ameaçar (vt)	hadded	هدّد
ameaça (f)	tahdīd (m)	تهديد
atentar contra a vida de ...	ḥāwel eɣteyāl	حاول إغتيال
atentado (m)	moḥawlet eɣteyāl (f)	محاولة إغتيال
roubar (um carro)	sara'	سرق
sequestrar (um avião)	eχtaṭaf	إختطف
vingança (f)	enteqām (m)	إنتقام
vingar (vt)	entaqam	إنتقم
torturar (vt)	ʿazzeb	عذّب
tortura (f)	taʿzīb (m)	تعذيب
atormentar (vt)	ʿazzeb	عذّب
pirata (m)	'orṣān (m)	قرصان
desordeiro (m)	wabaʃ (m)	وبش
armado (adj)	mosallaḥ	مسلّح
violência (f)	ʿonf (m)	عنف
ilegal (adj)	meʃ qanūniy	مش قانونيّ
espionagem (f)	tagassas (m)	تجسّس
espionar (vi)	tagassas	تجسّس

193. Polícia. Lei. Parte 1

justiça (sistema de ~)	qaḍā' (m)	قضاء
tribunal (m)	maḥkama (f)	محكمة
juiz (m)	qāḍy (m)	قاضي
jurados (m pl)	moḥallafīn (pl)	محلّفين
tribunal (m) do júri	qaḍā' el muḥallafīn (m)	قضاء المحلّفين
julgar (vt)	ḥakam	حكم
advogado (m)	muḥāmy (m)	محامي
réu (m)	moddaʿy ʿaleyh (m)	مدّعي عليه
banco (m) dos réus	'afaṣ el ettehām (m)	قفص الإتّهام
acusação (f)	ettehām (m)	إتّهام
acusado (m)	mottaham (m)	متّهم

sentença (f)	ḥokm (m)	حكم
sentenciar (vt)	ḥakam	حكم
culpado (m)	gāny (m)	جاني
punir (vt)	ʿāqab	عاقب
punição (f)	ʿeqāb (m)	عقاب
multa (f)	ɣarāma (f)	غرامة
prisão (f) perpétua	segn mada el ḥayah (m)	سجن مدى الحياة
pena (f) de morte	ʿoqūbet ʾeʿdām (f)	عقوبة إعدام
cadeira (f) elétrica	el korsy el kaharabāʾy (m)	الكرسي الكهربائي
forca (f)	maʃnaʾa (f)	مشنقة
executar (vt)	aʿdam	أعدم
execução (f)	eʿdām (m)	إعدام
prisão (f)	segn (m)	سجن
cela (f) de prisão	zenzāna (f)	زنزانة
escolta (f)	ḥerāsa (f)	حراسة
guarda (m) prisional	ḥāres segn (m)	حارس سجن
preso, prisioneiro (m)	sagīn (m)	سجين
algemas (f pl)	kalabʃāt (pl)	كلابشات
algemar (vt)	kalbeʃ	كلبش
fuga, evasão (f)	horūb men el segn (m)	هروب من السجن
fugir (vi)	hereb	هرب
desaparecer (vi)	eχtafa	إختفى
soltar, libertar (vt)	aχla sabīl	أخلى سبيل
anistia (f)	ʿafw ʿām (m)	عفو عام
polícia (instituição)	ʃorṭa (f)	شرطة
polícia (m)	ʃorṭy (m)	شرطي
delegacia (f) de polícia	qesm ʃorṭa (m)	قسم شرطة
cassetete (m)	ʿaṣāya maṭṭāṭiya (f)	عصاية مطّاطية
megafone (m)	būʾ (m)	بوق
carro (m) de patrulha	ʿarabiyet dawrīāt (f)	عربيّة دوريات
sirene (f)	sarīna (f)	سرينة
ligar a sirene	wallaʿ el sarīna	ولّع السرينة
toque (m) da sirene	ṣote sarīna (m)	صوت سرينة
cena (f) do crime	masraḥ el garīma (m)	مسرح الجريمة
testemunha (f)	ʃāhed (m)	شاهد
liberdade (f)	ḥorriya (f)	حرّيّة
cúmplice (m)	ʃerīk fel garīma (m)	شريك في الجريمة
escapar (vi)	hereb	هرب
traço (não deixar ~s)	asar (m)	أثر

194. Polícia. Lei. Parte 2

procura (f)	baḥs (m)	بحث
procurar (vt)	dawwar ʿala	دوّر على

suspeita (f)	ʃobha (f)	شبهة
suspeito (adj)	maʃbūh	مشبوه
parar (veículo, etc.)	awqaf	أوقف
deter (fazer parar)	eʿtaqal	إعتقل

caso (~ criminal)	ʾaḍiya (f)	قضيّة
investigação (f)	taḥʾīʾ (m)	تحقيق
detetive (m)	moḥaqqeq (m)	محقّق
investigador (m)	mofatteʃ (m)	مفتّش
versão (f)	rewāya (f)	رواية

motivo (m)	dāfeʿ (m)	دافع
interrogatório (m)	estegwāb (m)	إستجواب
interrogar (vt)	estagweb	إستجوب
questionar (vt)	estanṭaʾ	إستنطق
verificação (f)	faḥṣ (m)	فحص

batida (f) policial	gamʿ (m)	جمع
busca (f)	taftīʃ (m)	تفتيش
perseguição (f)	moṭarda (f)	مطاردة
perseguir (vt)	ṭārad	طارد
seguir, rastrear (vt)	tatabbaʿ	تتبّع

prisão (f)	eʿteqāl (m)	إعتقال
prender (vt)	eʿtaqal	اعتقل
pegar, capturar (vt)	ʾabaḍ ʿala	قبض على
captura (f)	ʾabḍ (m)	قبض

documento (m)	wasīqa (f)	وثيقة
prova (f)	dalīl (m)	دليل
provar (vt)	asbat	أثبت
pegada (f)	baṣma (f)	بصمة
impressões (f pl) digitais	baṣamāt el aṣābeʿ (pl)	بصمات الأصابع
prova (f)	ʾeṭʿa men el adella (f)	قطعة من الأدلّة

álibi (m)	ḥegget ɣeyāb (f)	حجّة غياب
inocente (adj)	barīʾ	بريء
injustiça (f)	ẓolm (m)	ظلم
injusto (adj)	meʃ ʿādel	مش عادل

criminal (adj)	mogrem	مجرم
confiscar (vt)	ṣādar	صادر
droga (f)	moχaddarāt (pl)	مخدّرات
arma (f)	selāḥ (m)	سلاح
desarmar (vt)	garrad men el selāḥ	جرّد من السلاح
ordenar (vt)	amar	أمر
desaparecer (vi)	eχtafa	إختفى

lei (f)	qanūn (m)	قانون
legal (adj)	qanūny	قانوني
ilegal (adj)	meʃ qanūny	مش قانوني

responsabilidade (f)	masʾoliya (f)	مسؤوليّة
responsável (adj)	masʾūl (m)	مسؤول

NATUREZA

A Terra. Parte 1

195. Espaço sideral

espaço, cosmo (m)	faḍā' (m)	فضاء
espacial, cósmico (adj)	faḍā'y	فضائي
espaço (m) cósmico	el faḍā' el χāregy (m)	الفضاء الخارجي
mundo (m)	ʿālam (m)	عالم
universo (m)	el kōn (m)	الكون
galáxia (f)	el magarra (f)	المجرّة
estrela (f)	negm (m)	نجم
constelação (f)	borg (m)	برج
planeta (m)	kawwkab (m)	كوكب
satélite (m)	'amar ṣenāʿy (m)	قمر صناعي
meteorito (m)	nayzek (m)	نيزك
cometa (m)	mozannab (m)	مذنّب
asteroide (m)	kowaykeb (m)	كويكب
órbita (f)	madār (m)	مدار
girar (vi)	dār	دار
atmosfera (f)	el ɣelāf el gawwy (m)	الغلاف الجوّي
Sol (m)	el ʃams (f)	الشمس
Sistema (m) Solar	el magmūʿa el ʃamsiya (f)	المجموعة الشمسيّة
eclipse (m) solar	kosūf el ʃams (m)	كسوف الشمس
Terra (f)	el arḍ (f)	الأرض
Lua (f)	el 'amar (m)	القمر
Marte (m)	el marrīχ (m)	المرّيخ
Vênus (f)	el zahra (f)	الزهرة
Júpiter (m)	el moʃtary (m)	المشتري
Saturno (m)	zoḥḥol (m)	زحل
Mercúrio (m)	ʿaṭāred (m)	عطارد
Urano (m)	uranus (m)	اورانوس
Netuno (m)	nibtūn (m)	نبتون
Plutão (m)	bluto (m)	بلوتو
Via Láctea (f)	darb el tebbāna (m)	درب التبّانة
Ursa Maior (f)	el dobb el akbar (m)	الدب الأكبر
Estrela Polar (f)	negm el 'oṭb (m)	نجم القطب
marciano (m)	sāken el marrīχ (m)	ساكن المرّيخ
extraterrestre (m)	faḍā'y (m)	فضائي

alienígena (m)	kā'en faḍā'y (m)	كائن فضائي
disco (m) voador	ṭaba' ṭā'er (m)	طبق طائر
espaçonave (f)	markaba faḍa'iya (f)	مركبة فضائية
estação (f) orbital	maḥaṭṭet faḍā' (f)	محطّة فضاء
lançamento (m)	enṭelāq (m)	إنطلاق
motor (m)	motore (m)	موتور
bocal (m)	manfaθ (m)	منفث
combustível (m)	woqūd (m)	وقود
cabine (f)	kabīna (f)	كابينة
antena (f)	hawā'y (m)	هوائي
vigia (f)	kowwa mostadīra (f)	كوّة مستديرة
bateria (f) solar	lawḥa ʃamsiya (f)	لوحة شمسيّة
traje (m) espacial	badlet el faḍā' (f)	بدّلة الفضاء
imponderabilidade (f)	en'edām wazn (m)	إنعدام الوزن
oxigênio (m)	oksiʒīn (m)	أوكسجين
acoplagem (f)	rasw (m)	رسو
fazer uma acoplagem	rasa	رسى
observatório (m)	marṣad (m)	مرصد
telescópio (m)	teleskop (m)	تلسكوب
observar (vt)	rāqab	راقب
explorar (vt)	estakʃef	إستكشف

196. A Terra

Terra (f)	el arḍ (f)	الأرض
globo terrestre (Terra)	el kora el arḍiya (f)	الكرة الأرضيّة
planeta (m)	kawwkab (m)	كوّكب
atmosfera (f)	el ɣelāf el gawwy (m)	الغلاف الجوّي
geografia (f)	goɣrafia (f)	جغرافيا
natureza (f)	ṭabee'a (f)	طبيعة
globo (mapa esférico)	namūzag lel kora el arḍiya (m)	نموذج للكرة الأرضيّة
mapa (m)	χarīṭa (f)	خريطة
atlas (m)	aṭlas (m)	أطلس
Europa (f)	orobba (f)	أوروبّا
Ásia (f)	asya (f)	آسيا
África (f)	afreqia (f)	أفريقيا
Austrália (f)	ostorālya (f)	أستراليا
América (f)	amrīka (f)	أمريكا
América (f) do Norte	amrīka el ʃamaliya (f)	أمريكا الشماليّة
América (f) do Sul	amrīka el ganūbiya (f)	أمريكا الجنوبيّة
Antártida (f)	el qoṭb el ganūby (m)	القطب الجنوبي
Ártico (m)	el qoṭb el ʃamāly (m)	القطب الشمالي

197. Pontos cardeais

norte (m)	ʃemāl (m)	شمال
para norte	lel ʃamāl	للشمال
no norte	fel ʃamāl	في الشمال
do norte (adj)	ʃamāly	شمالي
sul (m)	ganūb (m)	جنوب
para sul	lel ganūb	للجنوب
no sul	fel ganūb	في الجنوب
do sul (adj)	ganūby	جنوبي
oeste, ocidente (m)	ɣarb (m)	غرب
para oeste	lel ɣarb	للغرب
no oeste	fel ɣarb	في الغرب
ocidental (adj)	ɣarby	غربي
leste, oriente (m)	ʃar' (m)	شرق
para leste	lel ʃar'	للشرق
no leste	fel ʃar'	في الشرق
oriental (adj)	ʃar'y	شرقي

198. Mar. Oceano

mar (m)	baḥr (m)	بحر
oceano (m)	moḥīṭ (m)	محيط
golfo (m)	χalīg (m)	خليج
estreito (m)	maḍīq (m)	مضيق
terra (f) firme	barr (m)	برّ
continente (m)	qārra (f)	قارّة
ilha (f)	gezīra (f)	جزيرة
península (f)	ʃebh gezeyra (f)	شبه جزيرة
arquipélago (m)	magmū'et gozor (f)	مجموعة جزر
baía (f)	χalīg (m)	خليج
porto (m)	minā' (m)	ميناء
lagoa (f)	lagūn (m)	لاجون
cabo (m)	ra's (m)	رأس
atol (m)	gezīra morganiya estwa'iya (f)	جزيزة مرجانيّة إستوائيّة
recife (m)	ʃo'āb (pl)	شعاب
coral (m)	morgān (m)	مرجان
recife (m) de coral	ʃo'āb morganiya (pl)	شعاب مرجانية
profundo (adj)	'amīq	عميق
profundidade (f)	'omq (m)	عمق
abismo (m)	el 'omq el saḥīq (m)	العمق السحيق
fossa (f) oceânica	χondoq (m)	خندق
corrente (f)	tayār (m)	تيّار
banhar (vt)	ḥāṭ	حاط
litoral (m)	sāḥel (m)	ساحل

costa (f)	sāḥel (m)	ساحل
maré (f) alta	tayār (m)	تيّار
refluxo (m)	gozor (m)	جزر
restinga (f)	meyāh ḍaḥla (f)	مياه ضحلة
fundo (m)	qā' (m)	قاع
onda (f)	mouga (f)	موجة
crista (f) da onda	qemma (f)	قمّة
espuma (f)	zabad el baḥr (m)	زبد البحر
tempestade (f)	'āṣefa (f)	عاصفة
furacão (m)	e'ṣār (m)	إعصار
tsunami (m)	tsunāmy (m)	تسونامي
calmaria (f)	hodū' (m)	هدوء
calmo (adj)	hady	هادئ
polo (m)	'oṭb (m)	قطب
polar (adj)	'oṭby	قطبي
latitude (f)	'arḍ (m)	عرض
longitude (f)	χaṭṭ ṭūl (m)	خطّ طول
paralela (f)	motawāz (m)	متواز
equador (m)	χaṭṭ el estewā' (m)	خطّ الإستواء
céu (m)	samā' (f)	سماء
horizonte (m)	ofoq (m)	أفق
ar (m)	hawā' (m)	هواء
farol (m)	manāra (f)	منارة
mergulhar (vi)	ɣāṣ	غاص
afundar-se (vr)	ɣere'	غرق
tesouros (m pl)	konūz (pl)	كنوز

199. Nomes de Mares e Oceanos

Oceano (m) Atlântico	el moḥeyṭ el aṭlanṭy (m)	المحيط الأطلنطي
Oceano (m) Índico	el moḥeyṭ el hendy (m)	المحيط الهندي
Oceano (m) Pacífico	el moḥeyṭ el hādy (m)	المحيط الهادي
Oceano (m) Ártico	el moḥeyṭ el motagammed el ʃamāly (m)	المحيط المتجمّد الشمالي
Mar (m) Negro	el baḥr el aswad (m)	البحر الأسود
Mar (m) Vermelho	el baḥr el aḥmar (m)	البحر الأحمر
Mar (m) Amarelo	el baḥr el aṣfar (m)	البحر الأصفر
Mar (m) Branco	el baḥr el abyaḍ (m)	البحر الأبيض
Mar (m) Cáspio	baḥr qazwīn (m)	بحر قزوين
Mar (m) Morto	el baḥr el mayet (m)	البحر الميّت
Mar (m) Mediterrâneo	el baḥr el abyaḍ el motawasseṭ (m)	البحر الأبيض المتوسّط
Mar (m) Egeu	baḥr eygah (m)	بحر إيجة
Mar (m) Adriático	el baḥr el adreyatīky (m)	البحر الأدرياتيكي
Mar (m) Arábico	baḥr el 'arab (m)	بحر العرب

Mar (m) do Japão	baḥr el yabān (m)	بحر اليابان
Mar (m) de Bering	baḥr bering (m)	بحر بيرينغ
Mar (m) da China Meridional	baḥr el ṣeyn el ganūby (m)	بحر الصين الجنوبي
Mar (m) de Coral	baḥr el morgān (m)	بحر المرجان
Mar (m) de Tasman	baḥr tazman (m)	بحر تسمان
Mar (m) do Caribe	el baḥr el karību (m)	البحر الكاريبي
Mar (m) de Barents	baḥr barents (m)	بحر بارنتس
Mar (m) de Kara	baḥr kara (m)	بحر كارا
Mar (m) do Norte	baḥr el ʃamāl (m)	بحر الشمال
Mar (m) Báltico	baḥr el balṭīq (m)	بحر البلطيق
Mar (m) da Noruega	baḥr el nerwīg (m)	بحر النرويج

200. Montanhas

montanha (f)	gabal (m)	جبل
cordilheira (f)	selselet gebāl (f)	سلسلة جبال
serra (f)	notū' el gabal (m)	نتوء الجبل
cume (m)	qemma (f)	قمّة
pico (m)	qemma (f)	قمّة
pé (m)	asfal (m)	أسفل
declive (m)	monḥadar (m)	منحدر
vulcão (m)	borkān (m)	بركان
vulcão (m) ativo	borkān naʃeṭ (m)	بركان نشط
vulcão (m) extinto	borkān χāmed (m)	بركان خامد
erupção (f)	sawarān (m)	ثوّران
cratera (f)	fawhet el borkān (f)	فوهة البركان
magma (m)	magma (f)	ماجما
lava (f)	ḥomam borkāniya (pl)	حمم بركانية
fundido (lava ~a)	monṣahera	منصهرة
cânion, desfiladeiro (m)	wādy ḍaye' (m)	وادي ضيّق
garganta (f)	mamarr ḍaye' (m)	ممرّ ضيّق
fenda (f)	ʃa'' (m)	شقّ
precipício (m)	hāwya (f)	هاوية
passo, colo (m)	mamarr gabaly (m)	ممرّ جبلي
planalto (m)	haḍaba (f)	هضبة
falésia (f)	garf (m)	جرف
colina (f)	tall (m)	تلّ
geleira (f)	nahr galīdy (m)	نهر جليدي
cachoeira (f)	ʃallāl (m)	شلّال
gêiser (m)	nab' maya ḥāra (m)	نبع ميّة حارة
lago (m)	boḥeyra (f)	بحيرة
planície (f)	sahl (m)	سهل
paisagem (f)	manzar ṭabee'y (m)	منظر طبيعي
eco (m)	ṣada (m)	صدى

alpinista (m)	motasalleq el gebāl (m)	متسلّق الجبال
escalador (m)	motasalleq ṣoχūr (m)	متسلّق صخور
conquistar (vt)	taɣallab ʿala	تغلّب على
subida, escalada (f)	tasalloq (m)	تسلّق

201. Nomes de montanhas

Alpes (m pl)	gebāl el alb (pl)	جبال الألب
Monte Branco (m)	mōn blōn (m)	مون بلون
Pirineus (m pl)	gebāl el barānes (pl)	جبال البرانس
Cárpatos (m pl)	gebāl el karbāt (pl)	جبال الكاربات
Urais (m pl)	gebāl el urāl (pl)	جبال الأورال
Cáucaso (m)	gebāl el qoqāz (pl)	جبال القوقاز
Elbrus (m)	gabal elbrus (m)	جبل إلبروس
Altai (m)	gebāl altāy (pl)	جبال ألتاي
Tian Shan (m)	gebāl tian ʃan (pl)	جبال تيان شان
Pamir (m)	gebāl bamir (pl)	جبال بامير
Himalaia (m)	himalāya (pl)	هيمالايا
monte Everest (m)	gabal everest (m)	جبل افرست
Cordilheira (f) dos Andes	gebāl el andīz (pl)	جبال الأنديز
Kilimanjaro (m)	gabal kilimanʒaro (m)	جبل كليمنجارو

202. Rios

rio (m)	nahr (m)	نهر
fonte, nascente (f)	ʿeyn (m)	عين
leito (m) de rio	magra el nahr (m)	مجرى النهر
bacia (f)	ḥoḍe (m)	حوض
desaguar no ...	ṣabb fe ...	صبّ في...
afluente (m)	rāfed (m)	رافد
margem (do rio)	ḍaffa (f)	ضفّة
corrente (f)	tayār (m)	تيّار
rio abaixo	maʿ ettigāh magra el nahr	مع إتّجاه مجرى النهر
rio acima	ḍed el tayār	ضد التيار
inundação (f)	ɣamr (m)	غمر
cheia (f)	fayaḍān (m)	فيضان
transbordar (vi)	fāḍ	فاض
inundar (vt)	ɣamar	غمر
banco (m) de areia	meyāh ḍaḥla (f)	مياه ضحلة
corredeira (f)	monḥadar el nahr (m)	منحدر النهر
barragem (f)	sadd (m)	سدّ
canal (m)	qanah (f)	قناة
reservatório (m) de água	χazzān māʾy (m)	خزّان مائي
eclusa (f)	bawwāba qanṭara (f)	بوّابة قنطرة

corpo (m) de água	berka (f)	بركة
pântano (m)	mostanqa' (m)	مستنقع
lamaçal (m)	mostanqa' (m)	مستنقع
redemoinho (m)	dawwāma (f)	دوّامة
riacho (m)	gadwal (m)	جدوّل
potável (adj)	el ʃorb	الشرب
doce (água)	'azb	عذب
gelo (m)	galīd (m)	جليد
congelar-se (vr)	etgammed	إتجمّد

203. Nomes de rios

rio Sena (m)	el seyn (m)	السين
rio Loire (m)	el lua:r (m)	اللوار
rio Tâmisa (m)	el teymz (m)	التيمز
rio Reno (m)	el rayn (m)	الراين
rio Danúbio (m)	el danūb (m)	الدانوب
rio Volga (m)	el volga (m)	الفولغا
rio Don (m)	el done (m)	الدون
rio Lena (m)	lena (m)	لينا
rio Amarelo (m)	el nahr el aṣfar (m)	النهر الأصفر
rio Yangtzé (m)	el yangesty (m)	اليانغستي
rio Mekong (m)	el mekong (m)	الميكونغ
rio Ganges (m)	el ɣang (m)	الغانج
rio Nilo (m)	el nīl (m)	النيل
rio Congo (m)	el kongo (m)	الكونغو
rio Cubango (m)	okavango (m)	أوكافانجو
rio Zambeze (m)	el zambizi (m)	الزمبيزي
rio Limpopo (m)	limbobo (m)	ليمبوبو
rio Mississippi (m)	el mississibbi (m)	الميسيسيبي

204. Floresta

floresta (f), bosque (m)	ɣāba (f)	غابة
florestal (adj)	ɣāba	غابة
mata (f) fechada	ɣāba kasīfa (f)	غابة كثيفة
arvoredo (m)	bostān (m)	بستان
clareira (f)	ezālet el ɣābāt (f)	إزالة الغابات
matagal (m)	agama (f)	أجمة
mato (m), caatinga (f)	arāḍy el ʃogayrāt (pl)	أراضي الشجيرات
pequena trilha (f)	mamarr (m)	ممرّ
ravina (f)	wādy ḍaye' (m)	وادي ضيّق
árvore (f)	ʃagara (f)	شجرة

folha (f)	wara'a (f)	ورقة
folhagem (f)	wara' (m)	ورق
queda (f) das folhas	tasā'oṭ el awrā' (m)	تساقط الأوراق
cair (vi)	saqaṭ	سقط
topo (m)	ra's (m)	رأس
ramo (m)	ɣoṣn (m)	غصن
galho (m)	ɣoṣn ra'īsy (m)	غصن رئيسي
botão (m)	bor'om (m)	برعم
agulha (f)	ʃawka (f)	شوكة
pinha (f)	kūz el ṣnowbar (m)	كوز الصنوبر
buraco (m) de árvore	gofe (m)	جوف
ninho (m)	'eʃ (m)	عشّ
toca (f)	goḥr (m)	جحر
tronco (m)	gez' (m)	جذع
raiz (f)	gezr (m)	جذر
casca (f) de árvore	leḥā' (m)	لحاء
musgo (m)	ṭaḥlab (m)	طحلب
arrancar pela raiz	eqtala'	إقتلع
cortar (vt)	'aṭṭa'	قطّع
desflorestar (vt)	azāl el ɣabāt	أزال الغابات
toco, cepo (m)	gez' el ʃagara (m)	جذع الشجرة
fogueira (f)	nār moχayem (m)	نار مخيّم
incêndio (m) florestal	ḥarī' ɣāba (m)	حريق غابة
apagar (vt)	ṭaffa	طفّى
guarda-parque (m)	ḥāres el ɣāba (m)	حارس الغابة
proteção (f)	ḥemāya (f)	حماية
proteger (a natureza)	ḥama	حمى
caçador (m) furtivo	sāre' el ṣeyd (m)	سارق الصيد
armadilha (f)	maṣyada (f)	مصيدة
colher (cogumelos, bagas)	gamma'	جمّع
perder-se (vr)	tāh	تاه

205. Recursos naturais

recursos (m pl) naturais	sarawāt ṭabi'iya (pl)	ثروات طبيعيّة
minerais (m pl)	ma'āden (pl)	معادن
depósitos (m pl)	rawāseb (pl)	رواسب
jazida (f)	ḥaql (m)	حقل
extrair (vt)	estaχrag	إستخرج
extração (f)	esteχrāg (m)	إستخراج
minério (m)	χām (m)	خام
mina (f)	mangam (m)	منجم
poço (m) de mina	mangam (m)	منجم
mineiro (m)	'āmel mangam (m)	عامل منجم
gás (m)	ɣāz (m)	غاز

gasoduto (m)	χaṭṭ anabīb ɣāz (m)	خطّ أنابيب غاز
petróleo (m)	nafṭ (m)	نفط
oleoduto (m)	anabīb el nafṭ (pl)	أنابيب النفط
poço (m) de petróleo	bīr el nafṭ (m)	بير النفط
torre (f) petrolífera	ḥaffāra (f)	حفّارة
petroleiro (m)	nāqelet betrūl (f)	ناقلة بترول
areia (f)	raml (m)	رمل
calcário (m)	ḥagar el kals (m)	حجر الكلس
cascalho (m)	ḥaṣa (m)	حصى
turfa (f)	χaθ faḥm nabāty (m)	خث فحم نباتي
argila (f)	ṭīn (m)	طين
carvão (m)	faḥm (m)	فحم
ferro (m)	ḥadīd (m)	حديد
ouro (m)	dahab (m)	ذهب
prata (f)	faḍḍa (f)	فضّة
níquel (m)	nikel (m)	نيكل
cobre (m)	neḥās (m)	نحاس
zinco (m)	zink (m)	زنك
manganês (m)	manganīz (m)	منجنيز
mercúrio (m)	ze'baq (m)	زئبق
chumbo (m)	roṣāṣ (m)	رصاص
mineral (m)	maʿdan (m)	معدن
cristal (m)	kristāl (m)	كريستال
mármore (m)	roχām (m)	رخام
urânio (m)	yuranuim (m)	يورانيوم

A Terra. Parte 2

206. Tempo

tempo (m)	ṭa's (m)	طقس
previsão (f) do tempo	naʃra gawiya (f)	نشرة جويّة
temperatura (f)	ḥarāra (f)	حرارة
termômetro (m)	termometr (m)	ترمومتر
barômetro (m)	barometr (m)	بارومتر
úmido (adj)	roṭob	رطب
umidade (f)	roṭūba (f)	رطوبة
calor (m)	ḥarāra (f)	حرارة
tórrido (adj)	ḥarr	حارّ
está muito calor	el gaww ḥarr	الجوّ حرّ
está calor	el gaww dafa	الجوّ دفا
quente (morno)	dāfe'	دافئ
está frio	el gaww bāred	الجوّ بارد
frio (adj)	bāred	بارد
sol (m)	ʃams (f)	شمس
brilhar (vi)	nawwar	نوّر
de sol, ensolarado	moʃmes	مشمس
nascer (vi)	ʃara'	شرق
pôr-se (vr)	ɣarab	غرب
nuvem (f)	saḥāba (f)	سحابة
nublado (adj)	meɣayem	مغيّم
nuvem (f) preta	saḥābet maṭar (f)	سحابة مطر
escuro, cinzento (adj)	meɣayem	مغيّم
chuva (f)	maṭar (m)	مطر
está a chover	el donia betmaṭṭar	الدنيا بتمطّر
chuvoso (adj)	momṭer	ممطر
chuviscar (vi)	maṭṭaret razāz	مطّرت رذاذ
chuva (f) torrencial	maṭar monhamer (f)	مطر منهمر
aguaceiro (m)	maṭar ɣazīr (m)	مطر غزير
forte (chuva, etc.)	ʃedīd	شديد
poça (f)	berka (f)	بركة
molhar-se (vr)	ettbal	إتّبل
nevoeiro (m)	ʃabbūra (f)	شبّورة
de nevoeiro	fih ʃabbūra	فيه شبّورة
neve (f)	talg (m)	ثلج
está nevando	fih talg	فيه ثلج

207. Tempo extremo. Catástrofes naturais

trovoada (f)	'āṣefa ra'diya (f)	عاصفة رعدية
relâmpago (m)	bar' (m)	برق
relampejar (vi)	baraq	برق
trovão (m)	ra'd (m)	رعد
trovejar (vi)	dawa	دوّى
está trovejando	el samā' dawat ra'd (f)	السماء دوّت رعد
granizo (m)	maṭar bard (m)	مطر برد
está caindo granizo	maṭṭaret bard	مطّرت برد
inundar (vt)	ɣamar	غمر
inundação (f)	fayaḍān (m)	فيضان
terremoto (m)	zelzāl (m)	زلزال
abalo, tremor (m)	hazza arḍiya (f)	هزّة أرضية
epicentro (m)	markaz el zelzāl (m)	مركز الزلزال
erupção (f)	sawarān (m)	ثوّران
lava (f)	ḥomam borkāniya (pl)	حمم بركانية
tornado (m)	e'ṣār (m)	إعصار
tufão (m)	tyfūn (m)	طوفان
furacão (m)	e'ṣār (m)	إعصار
tempestade (f)	'āṣefa (f)	عاصفة
tsunami (m)	tsunāmy (m)	تسونامي
ciclone (m)	e'ṣār (m)	إعصار
mau tempo (m)	ṭa's saye' (m)	طقس سيء
incêndio (m)	ḥarī' (m)	حريق
catástrofe (f)	karsa (f)	كارثة
meteorito (m)	nayzek (m)	نيّزك
avalanche (f)	enheyār talgy (m)	إنهيار ثلجي
deslizamento (m) de neve	enheyār talgy (m)	إنهيار ثلجي
nevasca (f)	'āṣefa talgiya (f)	عاصفة ثلجيّة
tempestade (f) de neve	'āṣefa talgiya (f)	عاصفة ثلجيّة

208. Ruídos. Sons

silêncio (m)	ṣamt (m)	صمت
som (m)	ṣote (m)	صوت
ruído, barulho (m)	dawʃa (f)	دوشة
fazer barulho	'amal dawʃa	عمل دوشة
ruidoso, barulhento (adj)	moz'eg	مزعج
alto	beṣote 'āly	بصوت عالي
alto (ex. voz ~a)	'āly	عالي
constante (ruído, etc.)	mostamerr	مستمرّ
grito (m)	ṣarҳa (f)	صرخة

gritar (vi)	ṣarraχ	صرّخ
sussurro (m)	hamsa (f)	همسة
sussurrar (vi, vt)	hamas	همس
latido (m)	nebāḥ (m)	نباح
latir (vi)	nabaḥ	نبح
gemido (m)	anīn (m)	أنين
gemer (vi)	ann	أنّ
tosse (f)	koḥḥa (f)	كحّة
tossir (vi)	kaḥḥ	كحّ
assobio (m)	taṣfīr (m)	تصفير
assobiar (vi)	ṣaffar	صفّر
batida (f)	ṭar', da'' (m)	طرق, دقّ
bater (à porta)	da''	دقّ
estalar (vi)	far'a'	فرقع
estalido (m)	far'a'a (f)	فرقعة
sirene (f)	sarīna (f)	سرينة
apito (m)	ṣafīr (m)	صفير
apitar (vi)	ṣaffar	صفّر
buzina (f)	tazmīr (m)	تزمير
buzinar (vi)	zammar	زمّر

209. Inverno

inverno (m)	ʃetā' (m)	شتاء
de inverno	ʃetwy	شتوّي
no inverno	fel ʃetā'	في الشتاء
neve (f)	talg (m)	ثلج
está nevando	fih talg	فيه ثلج
queda (f) de neve	tasā'oṭ el tolūg (m)	تساقط الثلوج
amontoado (m) de neve	rokma talgiya (f)	ركمة ثلجية
floco (m) de neve	nadfet talg (f)	ندفة ثلج
bola (f) de neve	koret talg (f)	كرة ثلج
boneco (m) de neve	rāgel men el talg (m)	راجل من الثلج
sincelo (m)	'eṭ'et galīd (f)	قطعة جليد
dezembro (m)	desember (m)	ديسمبر
janeiro (m)	yanāyer (m)	يناير
fevereiro (m)	febrāyer (m)	فبراير
gelo (m)	ṣaqee' (m)	صقيع
gelado (tempo ~)	ṣā'e'	صاقع
abaixo de zero	taḥt el ṣefr	تحت الصفر
primeira geada (f)	ṣaqee' (m)	صقيع
geada (f) branca	ṣaqee' motagammed (m)	صقيع متجمّد
frio (m)	bard (m)	برد
está frio	el gaww bāred	الجوّ بارد

casaco (m) de pele	balṭo farww (m)	بالطو فروّ
mitenes (f pl)	gwanty men ɣeyr aṣābe' (m)	جوانتي من غير أصابع
adoecer (vi)	mereḍ	مرض
resfriado (m)	zokām (m)	زكام
ficar resfriado	gālo bard	جاله برد
gelo (m)	galīd (m)	جليد
gelo (m) na estrada	ɣaṭā' galīdy 'lal arḍ (m)	غطاء جليدي على الأرض
congelar-se (vr)	etgammed	إتجمّد
bloco (m) de gelo	roqāqet galīd (f)	رقاقة جليد
esqui (m)	zallagāt (pl)	زلّاجات
esquiador (m)	motazaḥleq 'alal galīd (m)	متزحلق على الجليد
esquiar (vi)	tazallag	تزلّج
patinar (vi)	tazallag	تزلّج

Fauna

210. Mamíferos. Predadores

predador (m)	moftares (m)	مفترس
tigre (m)	nemr (m)	نمر
leão (m)	asad (m)	أسد
lobo (m)	ze'b (m)	ذئب
raposa (f)	ta'lab (m)	ثعلب
jaguar (m)	nemr amrīky (m)	نمر أمريكي
leopardo (m)	fahd (m)	فهد
chita (f)	fahd ṣayād (m)	فهد صيّاد
pantera (f)	nemr aswad (m)	نمر أسوّد
puma (m)	asad el gebāl (m)	أسد الجبال
leopardo-das-neves (m)	nemr el tolūg (m)	نمر الثلوج
lince (m)	waʃaq (m)	وشق
coiote (m)	qayūṭ (m)	قيوط
chacal (m)	ebn 'āwy (m)	ابن آوى
hiena (f)	ḍeb' (m)	ضبع

211. Animais selvagens

animal (m)	ḥayawān (m)	حيوان
besta (f)	waḥʃ (m)	وحش
esquilo (m)	sengāb (m)	سنجاب
ouriço (m)	qonfoz (m)	قنفذ
lebre (f)	arnab barry (m)	أرنب برّي
coelho (m)	arnab (m)	أرنب
texugo (m)	ɣarīr (m)	غرير
guaxinim (m)	rakūn (m)	راكون
hamster (m)	hamster (m)	هامستر
marmota (f)	marmoṭ (m)	مرموط
toupeira (f)	χold (m)	خلد
rato (m)	fār (m)	فأر
ratazana (f)	gerz (m)	جرذ
morcego (m)	χoffāʃ (m)	خفّاش
arminho (m)	qāqem (m)	قاقِم
zibelina (f)	sammūr (m)	سمّور
marta (f)	fara'īāt (m)	فرائيات
doninha (f)	ebn 'ers (m)	ابن عرس
visom (m)	mink (m)	منك

castor (m)	qondos (m)	قندس
lontra (f)	ta'lab maya (m)	ثعلب الميّة

cavalo (m)	ḥoṣān (m)	حصان
alce (m)	eyl el mūz (m)	أيّل الموظ
veado (m)	ayl (m)	أيل
camelo (m)	gamal (m)	جمل

bisão (m)	bison (m)	بيسون
auroque (m)	byson orobby (m)	بيسون أوروبي
búfalo (m)	gamūs (m)	جاموس

zebra (f)	ḥomār waḥʃy (m)	حمار وحشي
antílope (m)	ẓaby (m)	ظبي
corça (f)	yaḥmūr orobby (m)	يحمورأوروبيّ
gamo (m)	eyl asmar orobby (m)	أيّل أسمر أوروبي
camurça (f)	ʃamwah (f)	شامواه
javali (m)	χenzīr barry (m)	خنزير برّي

baleia (f)	ḥūt (m)	حوت
foca (f)	foqma (f)	فقمة
morsa (f)	el kab' (m)	الكبع
urso-marinho (m)	foqmet el farā' (f)	فقمة الفراء
golfinho (m)	dolfīn (m)	دولفين

urso (m)	dobb (m)	دبّ
urso (m) polar	dobb 'oṭṭby (m)	دبّ قطبي
panda (m)	banda (m)	باندا

macaco (m)	'erd (m)	قرد
chimpanzé (m)	ʃimbanzy (m)	شيمبانزي
orangotango (m)	orangutan (m)	أورنغوتان
gorila (m)	ɣorella (f)	غوريلا
macaco (m)	'erd el makāk (m)	قرد المكاك
gibão (m)	gibbon (m)	جيبون

elefante (m)	fīl (m)	فيل
rinoceronte (m)	χartīt (m)	خرتيت
girafa (f)	zarāfa (f)	زرافة
hipopótamo (m)	faras el nahr (m)	فرس النهر

canguru (m)	kangarū (m)	كانجّارو
coala (m)	el koala (m)	الكوالا

mangusto (m)	nems (m)	نمس
chinchila (f)	ʃenʃīla (f)	شنشيلة
cangambá (f)	ẓerbān (m)	ظربان
porco-espinho (m)	nīṣ (m)	نيص

212. Animais domésticos

gata (f)	'oṭṭa (f)	قطّة
gato (m) macho	'oṭṭ (m)	قطّ
cão (m)	kalb (m)	كلب

cavalo (m)	ḥoṣān (m)	حصان
garanhão (m)	χeyl faḥl (m)	خيل فحل
égua (f)	faras (f)	فرس
vaca (f)	ba'ara (f)	بقرة
touro (m)	sore (m)	ثور
boi (m)	sore (m)	ثور
ovelha (f)	χarūf (f)	خروف
carneiro (m)	kebʃ (m)	كبش
cabra (f)	me'za (f)	معزة
bode (m)	mā'ez zakar (m)	ماعز ذكر
burro (m)	ḥomār (m)	حمار
mula (f)	baɣl (m)	بغل
porco (m)	χenzīr (m)	خنزير
leitão (m)	χannūṣ (m)	خنّوص
coelho (m)	arnab (m)	أرنب
galinha (f)	farχa (f)	فرخة
galo (m)	dīk (m)	ديك
pata (f), pato (m)	baṭṭa (f)	بطّة
pato (m)	dakar el baṭṭ (m)	ذكر البط
ganso (m)	wezza (f)	وزّة
peru (m)	dīk rūmy (m)	ديك رومي
perua (f)	dīk rūmy (m)	ديك رومي
animais (m pl) domésticos	ḥayawānāt dawāgen (pl)	حيوانات دواجن
domesticado (adj)	alīf	أليف
domesticar (vt)	rawweḍ	روّض
criar (vt)	rabba	ربى
fazenda (f)	mazra'a (f)	مزرعة
aves (f pl) domésticas	dawāgen (pl)	دواجن
gado (m)	māʃeya (f)	ماشية
rebanho (m), manada (f)	qaṭee' (m)	قطيع
estábulo (m)	esṭabl χeyl (m)	إسطبل خيل
chiqueiro (m)	ḥazīret χanazīr (f)	حظيرة الخنازير
estábulo (m)	zerībet el ba'ar (f)	زريبة البقر
coelheira (f)	qan el arāneb (m)	قن الأرانب
galinheiro (m)	qan el ferāχ (m)	قن الفراخ

213. Cães. Raças de cães

cão (m)	kalb (m)	كلب
cão pastor (m)	kalb rā'y (m)	كلب رعي
pastor-alemão (m)	kalb rā'y almāny (m)	كلب راعي ألمانيّ
poodle (m)	būdle (m)	بودل
linguicinha (m)	daʃhund (m)	داشهند
buldogue (m)	bulldog (m)	بولدوج

boxer (m)	bokser (m)	بوكسر
mastim (m)	mastiff (m)	ماستيف
rottweiler (m)	rottfeyler (m)	روت فايلر
dóberman (m)	doberman (m)	دوبرمان
basset (m)	basset (m)	باسيت
pastor inglês (m)	bobtayl (m)	بوبتيل
dálmata (m)	delmāṭy (m)	دلماطي
cocker spaniel (m)	kokker spaniel (m)	كوكر سبانييل
terra-nova (m)	nyu faundland (m)	نيوفاوندلاند
são-bernardo (m)	sant bernard (m)	سانت بيرنارد
husky (m) siberiano	hasky (m)	هاسكي
Chow-chow (m)	tʃaw tʃaw (m)	تشاوتشاو
spitz alemão (m)	esbitz (m)	إسبتز
pug (m)	bug (m)	بج

214. Sons produzidos pelos animais

latido (m)	nebāḥ (m)	نباح
latir (vi)	nabaḥ	نبح
miar (vi)	mawmaw	موّمو
ronronar (vi)	χarχar	خرخر
mugir (vaca)	χār	خار
bramir (touro)	χār	خار
rosnar (vi)	damdam	دمدم
uivo (m)	ʿawāʾ (m)	عواء
uivar (vi)	ʿawa	عوى
ganir (vi)	ann	أنّ
balir (vi)	maʾmaʾ	مأمأ
grunhir (vi)	qabaʿ	قبع
guinchar (vi)	qabaʿ	قبع
coaxar (sapo)	naʾʾ	نقّ
zumbir (inseto)	ṭann	طنّ
ziziar (vi)	ʿarʿar	عرعر

215. Animais jovens

cria (f), filhote (m)	ḥayawān ṣaɣīr (m)	حيوان صغير
gatinho (m)	ʾoṭṭa saɣīra (f)	قطّة صغيرة
ratinho (m)	fār ṣaɣīr (m)	فار صغير
cachorro (m)	garww (m)	جروّ
filhote (m) de lebre	χarnaʾ (m)	خرنق
coelhinho (m)	arnab saɣīr (m)	أرنب صغير
lobinho (m)	garmūza (m)	جرموزا
filhote (m) de raposa	hagras (m)	هجرس

filhote (m) de urso	daysam (m)	ديّسم
filhote (m) de leão	ʃebl el asad (m)	شبل الأسد
filhote (m) de tigre	farz (m)	فرز
filhote (m) de elefante	daɣfal (m)	دغفل
leitão (m)	χannūṣ (m)	خنّوص
bezerro (m)	ʿegl (m)	عجل
cabrito (m)	gady (m)	جدي
cordeiro (m)	ḥaml (m)	حمل
filhote (m) de veado	el raʃa (m)	الرشا
cria (f) de camelo	ṣaɣīr el gamal (m)	صغير الجمل
filhote (m) de serpente	ḥerbeʃ (m)	حريش
filhote (m) de rã	ḍeffḍaʿ saɣīr (m)	ضفدع صغير
cria (f) de ave	farχ (m)	فرخ
pinto (m)	katkūt (m)	كتكوت
patinho (m)	baṭṭa ṣaɣīra (f)	بطّة صغيرة

216. Pássaros

pássaro (m), ave (f)	ṭāʾer (m)	طائر
pombo (m)	ḥamāma (f)	حمامة
pardal (m)	ʿaṣfūr dawri (m)	عصفور دوري
chapim-real (m)	qarqaf (m)	قرقف
pega-rabuda (f)	ʿaʾʿaʾ (m)	عقعق
corvo (m)	ɣorāb aswad (m)	غراب أسود
gralha-cinzenta (f)	ɣorāb (m)	غراب
gralha-de-nuca-cinzenta (f)	zāɣ zarʿy (m)	زاغ زرعي
gralha-calva (f)	ɣorāb el qeyẓ (m)	غراب القيظ
pato (m)	baṭṭa (f)	بطّة
ganso (m)	wezza (f)	وزّة
faisão (m)	tadarrog (m)	تدرج
águia (f)	ʿeqāb (m)	عقاب
açor (m)	el bāz (m)	الباز
falcão (m)	ṣaʾr (m)	صقر
abutre (m)	nesr (m)	نسر
condor (m)	kondor (m)	كندور
cisne (m)	el temm (m)	التمّ
grou (m)	karkiya (m)	كركية
cegonha (f)	loqloq (m)	لقلق
papagaio (m)	babaɣāʾ (m)	ببغاء
beija-flor (m)	ṭannān (m)	طنّان
pavão (m)	ṭawūs (m)	طاووس
avestruz (m)	naʿāma (f)	نعامة
garça (f)	belʃone (m)	بلشون
flamingo (m)	flamingo (m)	فلامينجو
pelicano (m)	bagʿa (f)	بجعة

rouxinol (m)	'andalīb (m)	عندليب
andorinha (f)	el sonūnū (m)	السنونو
tordo-zornal (m)	somnet el ḥoqūl (m)	سمنة الحقول
tordo-músico (m)	somna moɣarreda (m)	سمنة مغرّدة
melro-preto (m)	ʃaḥrūr aswad (m)	شحرور أسود
andorinhão (m)	semmāma (m)	سمّامة
cotovia (f)	qabra (f)	قبرة
codorna (f)	semmān (m)	سمّان
pica-pau (m)	na'ār el χaʃab (m)	نقار الخشب
cuco (m)	weqwāq (m)	وقواق
coruja (f)	būma (f)	بومة
bufo-real (m)	būm orāsy (m)	بوم أوراسي
tetraz-grande (m)	dīk el χalang (m)	ديك الخلنج
tetraz-lira (m)	ṭyhūg aswad (m)	طيهوج أسود
perdiz-cinzenta (f)	el ḥagal (m)	الحجل
estorninho (m)	zerzūr (m)	زرزور
canário (m)	kanāry (m)	كناري
galinha-do-mato (f)	ṭyhūg el bondo' (m)	طيهوج البندق
tentilhão (m)	ʃarʃūr (m)	شرشور
dom-fafe (m)	deɣnāʃ (m)	دغناش
gaivota (f)	nawras (m)	نورس
albatroz (m)	el qoṭros (m)	القطرس
pinguim (m)	beṭrīq (m)	بطريق

217. Pássaros. Canto e sons

cantar (vi)	ɣanna	غنّى
gritar, chamar (vi)	nāda	نادى
cantar (o galo)	ṣāḥ	صاح
cocorocó (m)	kokokūko	كوكوكوكو
cacarejar (vi)	kāky	كاكي
crocitar (vi)	na'aq	نعق
grasnar (vi)	baṭbaṭ	بطبط
piar (vi)	ṣawṣaw	صوّصو
chilrear, gorjear (vi)	za'za'	زقزق

218. Peixes. Animais marinhos

brema (f)	abramīs (m)	أبراميس
carpa (f)	ʃabbūṭ (m)	شبّوط
perca (f)	farχ (m)	فرخ
siluro (m)	'armūṭ (m)	قرموط
lúcio (m)	karāky (m)	كراكي
salmão (m)	salamon (m)	سلمون
esturjão (m)	ḥafʃ (m)	حفش

arenque (m)	renga (f)	رنجة
salmão (m) do Atlântico	salamon aṭlasy (m)	سلمون أطلسي
cavala, sarda (f)	makerel (m)	ماكريل
solha (f), linguado (m)	samak mefalṭah (f)	سمك مفلطح
lúcio perca (m)	samak sandar (m)	سمك سندر
bacalhau (m)	el qadd (m)	القد
atum (m)	tuna (f)	تونة
truta (f)	salamon mera''aṭ (m)	سلمون مرقّط
enguia (f)	ḥankalīs (m)	حنكليس
raia (f) elétrica	ra'ād (m)	رعاد
moreia (f)	moraya (f)	مورايية
piranha (f)	bīrana (f)	بيرانا
tubarão (m)	'erʃ (m)	قرش
golfinho (m)	dolfīn (m)	دولفين
baleia (f)	ḥūt (m)	حوت
caranguejo (m)	kaboria (m)	كابوريا
água-viva (f)	'andīl el baḥr (m)	قنديل البحر
polvo (m)	aχṭabūṭ (m)	أخطبوط
estrela-do-mar (f)	negmet el baḥr (f)	نجمة البحر
ouriço-do-mar (m)	qonfoz el baḥr (m)	قنفذ البحر
cavalo-marinho (m)	ḥoṣān el baḥr (m)	حصان البحر
ostra (f)	maḥār (m)	محار
camarão (m)	gammbary (m)	جمّبري
lagosta (f)	estakoza (f)	استكوزا
lagosta (f)	estakoza (m)	استاكوزا

219. Anfíbios. Répteis

cobra (f)	te'bān (m)	ثعبان
venenoso (adj)	sām	سام
víbora (f)	af'a (f)	أفعى
naja (f)	kobra (m)	كوبرا
píton (m)	te'bān byton (m)	ثعبان بايثون
jiboia (f)	bawā' el 'aṣera (f)	بواء العاصرة
cobra-de-água (f)	te'bān el 'oʃb (m)	ثعبان العشب
cascavel (f)	af'a megalgela (f)	أفعى مجلجلة
anaconda (f)	anakonda (f)	أناكوندا
lagarto (m)	seḥliya (f)	سحليّة
iguana (f)	eɣwana (f)	إغوانة
varano (m)	warl (m)	ورل
salamandra (f)	salamander (m)	سلمندر
camaleão (m)	ḥerbāya (f)	حرباية
escorpião (m)	'a'rab (m)	عقرب
tartaruga (f)	solḥefah (f)	سلحفاة
rã (f)	ḍeffḍa' (m)	ضفدع

sapo (m)	ḍeffḍaʿ el ṭeyn (m)	ضفدع الطين
crocodilo (m)	temsāḥ (m)	تمساح

220. Insetos

inseto (m)	ḥaʃara (f)	حشرة
borboleta (f)	farāʃa (f)	فراشة
formiga (f)	namla (f)	نملة
mosca (f)	debbāna (f)	دبّانة
mosquito (m)	namūsa (f)	ناموسة
escaravelho (m)	χonfesa (f)	خنفسة
vespa (f)	dabbūr (m)	دبّور
abelha (f)	naḥla (f)	نحلة
mamangaba (f)	naḥla ṭannāna (f)	نحلة طنّانة
moscardo (m)	naʿra (f)	نعرة
aranha (f)	ʿankabūt (m)	عنكبوت
teia (f) de aranha	nasīg ʿankabūt (m)	نسيج عنكبوت
libélula (f)	yaʿsūb (m)	يعسوب
gafanhoto (m)	garād (m)	جراد
traça (f)	ʿetta (f)	عثّة
barata (f)	ṣarṣūr (m)	صرصور
carrapato (m)	qarāda (f)	قرادة
pulga (f)	barɣūt (m)	برغوث
borrachudo (m)	baʿūḍa (f)	بعوضة
gafanhoto (m)	garād (m)	جراد
caracol (m)	ḥalazōn (m)	حلزون
grilo (m)	ṣarṣūr el ḥaql (m)	صرصور الحقل
pirilampo, vaga-lume (m)	yarāʿa (f)	يراعة
joaninha (f)	χonfesa menaʾṭṭa (f)	خنفسة منقّطة
besouro (m)	χonfesa motlefa lel nabāt (f)	خنفسة متّلفة للنبات
sanguessuga (f)	ʿalaqa (f)	علقة
lagarta (f)	yasrūʿ (m)	يسروع
minhoca (f)	dūda (f)	دودة
larva (f)	yaraqa (f)	يرقة

221. Animais. Partes do corpo

bico (m)	monqār (m)	منقار
asas (f pl)	agneḥa (pl)	أجنحة
pata (f)	regl (f)	رجل
plumagem (f)	rīʃ (m)	ريش
pena, pluma (f)	rīʃa (f)	ريشة
crista (f)	ʿorf el dīk (m)	عرف الديك
brânquias, guelras (f pl)	χāyaʃīm (pl)	خياشيم
ovas (f pl)	beyḍ el samak (pl)	بيض السمك

larva (f)	yaraqa (f)	يرقة
barbatana (f)	za'nafa (f)	زعنفة
escama (f)	ḥarāfeʃ (pl)	حرافش
presa (f)	nāb (m)	ناب
pata (f)	yad (f)	يد
focinho (m)	χaṭm (m)	خطم
boca (f)	bo' (m)	بوء
cauda (f), rabo (m)	deyl (m)	ذيل
bigodes (m pl)	ʃawāreb (pl)	شوارب
casco (m)	ḥāfer (m)	حافر
corno (m)	'arn (m)	قرن
carapaça (f)	der' (m)	درع
concha (f)	maḥāra (f)	محارة
casca (f) de ovo	'eʃret beyḍa (f)	قشرة بيضة
pelo (m)	ʃa'r (m)	شعر
pele (f), couro (m)	geld (m)	جلد

222. Ações dos animais

voar (vi)	ṭār	طار
dar voltas	ḥallaq	حلّق
voar (para longe)	ṭār	طار
bater as asas	rafraf	رفرف
bicar (vi)	na'ar	نقر
incubar (vt)	'a'ad 'alal beyḍ	قعد على البيض
sair do ovo	fa'as	فقس
fazer o ninho	bana 'esʃa	بنى عشّة
rastejar (vi)	zaḥaf	زحف
picar (vt)	lasa'	لسع
morder (cachorro, etc.)	'aḍḍ	عضّ
cheirar (vt)	taʃammam	تشمّم
latir (vi)	nabaḥ	نبح
silvar (vi)	has-hes	هسهس
assustar (vt)	χawwef	خوّف
atacar (vt)	hagam	هجم
roer (vt)	'araḍ	قرض
arranhar (vt)	χarbeʃ	خربش
esconder-se (vr)	estaχabba	إستخبّى
brincar (vi)	le'eb	لعب
caçar (vi)	eṣṭād	إصطاد
hibernar (vi)	kān di sobār el ʃetā'	كان في سبات الشتاء
extinguir-se (vr)	enqaraḍ	إنقرض

223. Animais. Habitats

hábitat (m)	mawṭen (m)	موّطن
migração (f)	hegra (f)	هجرة
montanha (f)	gabal (m)	جبل
recife (m)	ʃoʿāb (pl)	شعاب
falésia (f)	garf (m)	جرف
floresta (f)	ɣāba (f)	غابة
selva (f)	adɣāl (pl)	أدغال
savana (f)	savanna (f)	سافانّا
tundra (f)	tundra (f)	تندرا
estepe (f)	barāry (pl)	براري
deserto (m)	ṣaḥraʾ (f)	صحراء
oásis (m)	wāḥa (f)	واحة
mar (m)	baḥr (m)	بحر
lago (m)	boḥeyra (f)	بحيرة
oceano (m)	moḥīṭ (m)	محيط
pântano (m)	mostanqaʿ (m)	مستنقع
de água doce	maya ʿazba	ميّة عذبة
lagoa (f)	berka (f)	بركة
rio (m)	nahr (m)	نهر
toca (f) do urso	wekr (m)	وكر
ninho (m)	ʿeʃ (m)	عش
buraco (m) de árvore	gofe (m)	جوف
toca (f)	goḥr (m)	جحر
formigueiro (m)	ʿeʃ naml (m)	عش نمل

224. Cuidados com os animais

jardim (m) zoológico	ḥadīqet el ḥayawān (f)	حديقة حيوان
reserva (f) natural	maḥmiya ṭabeʿiya (f)	محمية طبيعية
viveiro (m)	morabby (m)	مربّي
jaula (f) de ar livre	ʾafaṣ fel hawāʾ el ṭalʾ (m)	قفص في الهواء الطلق
jaula, gaiola (f)	ʾafaṣ (m)	قفص
casinha (f) de cachorro	beyt el kalb (m)	بيت الكلب
pombal (m)	borg el ḥamām (m)	برج الحمام
aquário (m)	ḥoḍe samak (m)	حوض سمك
delfinário (m)	ḥoḍe dolfīn (m)	حوض دولفين
criar (vt)	rabba	ربّي
cria (f)	zorriya (f)	ذريّة
domesticar (vt)	rawweḍ	روّض
adestrar (vt)	darrab	درّب
ração (f)	ʿalaf (m)	علف
alimentar (vt)	akkel	أكّل

loja (f) de animais	maḥal ḥayawanāt (m)	محل حيوانات
focinheira (m)	kamāma (f)	كمامة
coleira (f)	ṭo'e (m)	طوق
nome (do animal)	esm (m)	اسم
pedigree (m)	selselet el nasab (f)	سلسلة النسب

225. Animais. Diversos

alcateia (f)	qaṭee' (m)	قطيع
bando (pássaros)	serb (m)	سرب
cardume (peixes)	serb (m)	سرب
manada (cavalos)	qaṭee' (m)	قطيع
macho (m)	dakar (m)	ذكر
fêmea (f)	onsa (f)	أنثى
faminto (adj)	ge'ān	جعان
selvagem (adj)	barry	برّي
perigoso (adj)	χaṭīr	خطير

226. Cavalos

cavalo (m)	ḥoṣān (m)	حصان
raça (f)	solāla (f)	سلالة
potro (m)	mahr (m)	مهر
égua (f)	faras (f)	فرس
mustangue (m)	mustān (m)	موستان
pônei (m)	ḥoṣān qazam (m)	حصان قزم
cavalo (m) de tiro	ḥoṣān el na'l (m)	حصان النقل
crina (f)	'orf (m)	عرف
rabo (m)	deyl (m)	ذيل
casco (m)	ḥāfer (m)	حافر
ferradura (f)	na'l (m)	نعل
ferrar (vt)	na''al	نعّل
ferreiro (m)	ḥaddād (m)	حدّاد
sela (f)	serg (m)	سرج
estribo (m)	rekāb (m)	ركاب
brida (f)	legām (m)	لجام
rédeas (f pl)	'anān (m)	عنان
chicote (m)	korbāg (m)	كرباج
cavaleiro (m)	fāres (m)	فارس
colocar sela	asrag	أسرج
montar no cavalo	rekeb ḥoṣān	ركب حصان
galope (m)	ramāḥa (f)	رماحة
galopar (vi)	gery bel ḥoṣān	جري بالحصان

trote (m)	harwala (f)	هروّلة
a trote	harwel	هروّل
ir a trote	harwel	هروّل
cavalo (m) de corrida	ḥoṣān sebāʾ (m)	حصان سباق
corridas (f pl)	sebāʾ el χeyl (m)	سباق الخيل
estábulo (m)	esṭabl χeyl (m)	إسطبل خيل
alimentar (vt)	akkel	أكّل
feno (m)	ʾasʃ (m)	قشّ
dar água	saʾa	سقى
limpar (vt)	naḍḍaf	نظّف
carroça (f)	ʿarabet χayl (f)	عربة خيل
pastar (vi)	ertaʿa	إرتعى
relinchar (vi)	ṣahal	صهل
dar um coice	rafas	رفس

Flora

227. Árvores

árvore (f)	ʃagara (f)	شجرة
decídua (adj)	nafḍiya	نفضيّة
conífera (adj)	ṣonoberiya	صنوبرية
perene (adj)	dā'emet el χoḍra	دائمة الخضرة
macieira (f)	ʃagaret toffāḥ (f)	شجرة تفّاح
pereira (f)	ʃagaret komettra (f)	شجرة كمثّرى
cerejeira, ginjeira (f)	ʃagaret karaz (f)	شجرة كرز
ameixeira (f)	ʃagaret bar'ū' (f)	شجرة برقوق
bétula (f)	batola (f)	بتولا
carvalho (m)	ballūṭ (f)	بلّوط
tília (f)	zayzafūn (f)	زيزفون
choupo-tremedor (m)	ḥūr rāgef	حور راجف
bordo (m)	qayqab (f)	قيقب
espruce (m)	rateng (f)	راتينج
pinheiro (m)	ṣonober (f)	صنوبر
alerce, lariço (m)	arziya (f)	أرزية
abeto (m)	tanūb (f)	تنوب
cedro (m)	el orz (f)	الأرز
choupo, álamo (m)	ḥūr (f)	حور
tramazeira (f)	ɣobayrā' (f)	غبيراء
salgueiro (m)	ṣefsāf (f)	صفصاف
amieiro (m)	gār el mā' (m)	جار الماء
faia (f)	el zān (f)	الزان
ulmeiro, olmo (m)	derdar (f)	دردار
freixo (m)	marān (f)	مران
castanheiro (m)	kastanā' (f)	كستناء
magnólia (f)	maɣnolia (f)	ماغنوليا
palmeira (f)	naχla (f)	نخلة
cipreste (m)	el soro (f)	السرو
mangue (m)	mangrūf (f)	مانجروف
embondeiro, baobá (m)	baobab (f)	باوباب
eucalipto (m)	eukalyptus (f)	أوكالبتوس
sequoia (f)	sequoia (f)	سيكويا

228. Arbustos

arbusto (m)	ʃogeyra (f)	شجيرة
arbusto (m), moita (f)	ʃogayrāt (pl)	شجيرات

videira (f)	karma (f)	كرمة
vinhedo (m)	karam (m)	كرم
framboeseira (f)	zar'et tūt el 'alī' el aḥmar (f)	زرعة توت العليق الأحمر
groselheira-vermelha (f)	keʃmeʃ aḥmar (m)	كشمش أحمر
groselheira (f) espinhosa	'enab el sa'lab (m)	عنب الثعلب
acácia (f)	aqaqia (f)	أقاقيا
bérberis (f)	berbarīs (m)	برباريس
jasmim (m)	yasmīn (m)	ياسمين
junípero (m)	'ar'ar (m)	عرعر
roseira (f)	ʃogeyret ward (f)	شجيرة ورد
roseira (f) brava	ward el seyāg (pl)	ورد السياج

229. Cogumelos

cogumelo (m)	feṭr (f)	فطر
cogumelo (m) comestível	feṭr ṣāleḥ lel akl (m)	فطر صالح للأكل
cogumelo (m) venenoso	feṭr sām (m)	فطر سام
chapéu (m)	ṭarbūʃ el feṭr (m)	طربوش الفطر
pé, caule (m)	sāq el feṭr (m)	ساق الفطر
boleto, porcino (m)	feṭr boleṭe ma'kūl (m)	فطر بوليط مأكول
boleto (m) alaranjado	feṭr aḥmar (m)	فطر أحمر
boleto (m) de bétula	feṭr boleṭe (m)	فطر بوليط
cantarelo (m)	feṭr el ʃanterel (m)	فطر الشانتريل
rússula (f)	feṭr russula (m)	فطر روسولا
morchella (f)	feṭr el ɣoʃna (m)	فطر الغوشنة
agário-das-moscas (m)	feṭr amanīt el ṭā'er (m)	فطر أمانيت الطائر
cicuta (f) verde	feṭr amanīt falusyāny el sām (m)	فطر أمانيت فالوسياني السام

230. Frutos. Bagas

fruta (f)	tamra (f)	تمرة
frutas (f pl)	tamr (m)	تمر
maçã (f)	toffāḥa (f)	تفّاحة
pera (f)	komettra (f)	كمّثرى
ameixa (f)	bar'ū' (m)	برقوق
morango (m)	farawla (f)	فراولة
ginja, cereja (f)	karaz (m)	كرز
uva (f)	'enab (m)	عنب
framboesa (f)	tūt el 'alī' el aḥmar (m)	توت العليق الأحمر
groselha (f) negra	keʃmeʃ aswad (m)	كشمش أسود
groselha (f) vermelha	keʃmeʃ aḥmar (m)	كشمش أحمر
groselha (f) espinhosa	'enab el sa'lab (m)	عنب الثعلب
oxicoco (m)	'enabiya ḥāda el χebā' (m)	عنبية حادة الخباء
laranja (f)	bortoqāl (m)	برتقال

tangerina (f)	yosfy (m)	يوسفي
abacaxi (m)	ananās (m)	أناناس
banana (f)	moze (m)	موز
tâmara (f)	tamr (m)	تمر
limão (m)	lymūn (m)	ليمون
damasco (m)	meʃmeʃ (f)	مشمش
pêssego (m)	χawχa (f)	خوخة
quiuí (m)	kiwi (m)	كيوي
toranja (f)	grabe frūt (m)	جريب فروت
baga (f)	tūt (m)	توت
bagas (f pl)	tūt (pl)	توت
arando (m) vermelho	ʿenab el sore (m)	عنب الثور
morango-silvestre (m)	farawla barriya (f)	فراولة برّيّة
mirtilo (m)	ʿenab al aḥrāg (m)	عنب الأحراج

231. Flores. Plantas

flor (f)	zahra (f)	زهرة
buquê (m) de flores	bokeyh (f)	بوكيه
rosa (f)	warda (f)	وردة
tulipa (f)	tolīb (f)	توليب
cravo (m)	ʾoronfol (m)	قرنفل
gladíolo (m)	el dalbūs (f)	الدَلَبُوث
centáurea (f)	qanṭeryūn ʿanbary (m)	قنطريون عنبري
campainha (f)	garīs mostadīr el awrāʾ (m)	جريس مستدير الأوراق
dente-de-leão (m)	handabāʾ (f)	هندباء
camomila (f)	kamomile (f)	كاموميل
aloé (m)	el alowa (m)	الألوّة
cacto (m)	ṣabbār (m)	صبّار
fícus (m)	faykas (m)	فيكس
lírio (m)	zanbaq (f)	زنبق
gerânio (m)	ɣarnūqy (f)	غرنوقي
jacinto (m)	el lavender (f)	اللافندر
mimosa (f)	mimoza (f)	ميموزا
narciso (m)	nerges (f)	نرجس
capuchinha (f)	abo χangar (f)	أبو خنجر
orquídea (f)	orkid (f)	أوركيد
peônia (f)	fawnia (f)	فاوانيا
violeta (f)	el banafseg (f)	البنفسج
amor-perfeito (m)	bansy (f)	بانسي
não-me-esqueças (m)	ʾāzān el faʾr (pl)	آذان الفأر
margarida (f)	aqwaḥān (f)	أقحوان
papoula (f)	el χoʃχāʃ (f)	الخشخاش
cânhamo (m)	qanb (m)	قنب

hortelã, menta (f)	ne'nā' (m)	نعناع
lírio-do-vale (m)	zanbaq el wādy (f)	زنبق الوادي
campânula-branca (f)	zahrat el laban (f)	زهرة اللبن
urtiga (f)	'arrāṣ (m)	قرّاص
azedinha (f)	ḥammāḍ bostāny (m)	حمّاض بستاني
nenúfar (m)	niloferiya (f)	نيلوفرية
samambaia (f)	sarχas (m)	سرخس
líquen (m)	aʃna (f)	أشنة
estufa (f)	ṣoba (f)	صوبة
gramado (m)	'oʃb aχḍar (m)	عشب أخضر
canteiro (m) de flores	geneynet zohūr (f)	جنينة زهور
planta (f)	nabāt (m)	نبات
grama (f)	'oʃb (m)	عشب
folha (f) de grama	'oʃba (f)	عشبة
folha (f)	wara'a (f)	ورقة
pétala (f)	wara'et el zahra (f)	ورقة الزهرة
talo (m)	sāq (f)	ساق
tubérculo (m)	darna (f)	درنة
broto, rebento (m)	nabta saɣīra (f)	نبتة صغيرة
espinho (m)	ʃawka (f)	شوكة
florescer (vi)	fattaḥet	فتّحت
murchar (vi)	debel	ذبل
cheiro (m)	rīḥa (f)	ريحة
cortar (flores)	'aṭa'	قطع
colher (uma flor)	'aṭaf	قطف

232. Cereais, grãos

grão (m)	ḥobūb (pl)	حبوب
cereais (plantas)	maḥaṣīl el ḥubūb (pl)	محاصيل الحبوب
espiga (f)	sonbola (f)	سنبلة
trigo (m)	'amḥ (m)	قمح
centeio (m)	ʃelm mazrū' (m)	شيلم مزروع
aveia (f)	ʃofān (m)	شوفان
painço (m)	el deχn (m)	الدُخن
cevada (f)	ʃe'īr (m)	شعير
milho (m)	dora (f)	ذرة
arroz (m)	rozz (m)	رزّ
trigo-sarraceno (m)	ḥanṭa soda' (f)	حنطة سوداء
ervilha (f)	besella (f)	بسلّة
feijão (m) roxo	faṣolya (f)	فاصوليا
soja (f)	fūl el ṣoya (m)	فول الصويا
lentilha (f)	'ads (m)	عدس
feijão (m)	fūl (m)	فول

233. Vegetais. Verduras

vegetais (m pl)	xoḍār (pl)	خضار
verdura (f)	xoḍrawāt waraqiya (pl)	خضروات ورقية
tomate (m)	ṭamāṭem (f)	طماطم
pepino (m)	xeyār (m)	خيار
cenoura (f)	gazar (m)	جزر
batata (f)	baṭāṭes (f)	بطاطس
cebola (f)	baṣal (m)	بصل
alho (m)	tūm (m)	ثوم
couve (f)	koronb (m)	كرنب
couve-flor (f)	'arnabīṭ (m)	قرنبيط
couve-de-bruxelas (f)	koronb broksel (m)	كرنب بروكسل
brócolis (m pl)	brūkuli (m)	بروكلي
beterraba (f)	bangar (m)	بنجر
berinjela (f)	bātengān (m)	باذنجان
abobrinha (f)	kōsa (f)	كوسة
abóbora (f)	qar' 'asaly (m)	قرع عسلي
nabo (m)	left (m)	لفت
salsa (f)	ba'dūnes (m)	بقدونس
endro, aneto (m)	ʃabat (m)	شبت
alface (f)	xass (m)	خس
aipo (m)	karfas (m)	كرفس
aspargo (m)	helione (m)	هليون
espinafre (m)	sabānex (m)	سبانخ
ervilha (f)	besella (f)	بسلّة
feijão (~ soja, etc.)	fūl (m)	فول
milho (m)	dora (f)	ذرة
feijão (m) roxo	faṣolya (f)	فاصوليا
pimentão (m)	felfel (m)	فلفل
rabanete (m)	fegl (m)	فجل
alcachofra (f)	xarʃūf (m)	خرشوف

GEOGRAFIA REGIONAL

Países. Nacionalidades

234. Europa Ocidental

Europa (f)	orobba (f)	أوروبّا
União (f) Europeia	el etteḥād el orobby (m)	الإتّحاد الأوروبّي
europeu (m)	orobby (m)	أوروبّي
europeu (adj)	orobby	أوروبّي
Áustria (f)	el nemsa (f)	النمسا
austríaco (m)	nemsāwy (m)	نمساوي
austríaca (f)	nemsāwiya (f)	نمساويّة
austríaco (adj)	nemsāwy	نمساوي
Grã-Bretanha (f)	briṭaniya el ʿozma (f)	بريطانيا العظمى
Inglaterra (f)	engeltera (f)	إنجلّترا
inglês (m)	briṭāny (m)	بريطاني
inglesa (f)	briṭaniya (f)	بريطانية
inglês (adj)	englīzy	إنجليزي
Bélgica (f)	balʒīka (f)	بلجيكا
belga (m)	balʒīky (m)	بلجيكي
belga (f)	balʒīkiya (f)	بلجيكيّة
belga (adj)	balʒīky	بلجيكي
Alemanha (f)	almānya (f)	ألمانيا
alemão (m)	almāny (m)	ألماني
alemã (f)	almaniya (f)	ألمانيّة
alemão (adj)	almāniya	ألمانية
Países Baixos (m pl)	holanda (f)	هولندا
Holanda (f)	holanda (f)	هولندا
holandês (m)	holandy (m)	هولندي
holandesa (f)	holandiya (f)	هولنديّة
holandês (adj)	holandy	هولندي
Grécia (f)	el yunān (f)	اليونان
grego (m)	yunāny (m)	يوناني
grega (f)	yunaniya (f)	يونانية
grego (adj)	yunāny	يوناني
Dinamarca (f)	el denmark (f)	الدنمارك
dinamarquês (m)	denmarky (m)	دنماركي
dinamarquesa (f)	denmarkiya (f)	دانماركيّة
dinamarquês (adj)	denemarky	دانماركي
Irlanda (f)	irelanda (f)	أيرلندا
irlandês (m)	irelandy (m)	أيرلندي

irlandesa (f)	irelandiya (f)	أيرلنديّة
irlandês (adj)	irelandy	أيرلندي
Islândia (f)	ʾāyslanda (f)	آيسلندا
islandês (m)	ʾāyslandy (m)	آيسلندي
islandesa (f)	ʾāyslandiya (f)	آيسلنديّة
islandês (adj)	ʾāyslandy	آيسلندي
Espanha (f)	asbānya (f)	إسبانيا
espanhol (m)	asbāny (m)	إسباني
espanhola (f)	asbaniya (f)	إسبانية
espanhol (adj)	asbāny	إسباني
Itália (f)	eṭālia (f)	إيطاليا
italiano (m)	eṭāly (m)	إيطالي
italiana (f)	eṭaliya (f)	إيطاليّة
italiano (adj)	eṭāly	إيطالي
Chipre (m)	ʾobroṣ (f)	قبرص
cipriota (m)	ʾobroṣy (m)	قبرصي
cipriota (f)	ʾobroṣiya (f)	قبرصية
cipriota (adj)	ʾobroṣy	قبرصي
Malta (f)	malṭa (f)	مالطا
maltês (m)	malṭy (m)	مالطي
maltesa (f)	malṭiya (f)	مالطيّة
maltês (adj)	malṭy	مالطي
Noruega (f)	el nerwīg (f)	النرويج
norueguês (m)	nerwīgy (m)	نرويجي
norueguesa (f)	nerwīgiya (f)	نرويجية
norueguês (adj)	nerwīgy	نرويجي
Portugal (m)	el bortoɣāl (f)	البرتغال
português (m)	bortoɣāly (m)	برتغالي
portuguesa (f)	bortoɣaliya (f)	برتغاليّة
português (adj)	bortoɣāly	برتغالي
Finlândia (f)	finlanda (f)	فنلّندا
finlandês (m)	finlandy (m)	فنلّندي
finlandesa (f)	finlandiya (f)	فنلّنديّة
finlandês (adj)	finlandy	فنلّندي
França (f)	faransa (f)	فرنسا
francês (m)	faransāwy (m)	فرنساوي
francesa (f)	faransawiya (f)	فرنساويّة
francês (adj)	faransāwy	فرنساوي
Suécia (f)	el sweyd (f)	السويد
sueco (m)	sweydy (m)	سويدي
sueca (f)	sweydiya (f)	سويديّة
sueco (adj)	sweydy	سويدي
Suíça (f)	swesra (f)	سويسرا
suíço (m)	swesry (m)	سويسري
suíça (f)	swesriya (f)	سويسريّة

suíço (adj)	swesry	سويسري
Escócia (f)	oskotlanda (f)	اسكتلندا
escocês (m)	oskotlandy (m)	اسكتلندي
escocesa (f)	oskotlandiya (f)	اسكتلندية
escocês (adj)	oskotlandy	اسكتلندي
Vaticano (m)	el vatikān (m)	الفاتيكان
Liechtenstein (m)	liʃtenʃtayn (m)	ليشتنشتاين
Luxemburgo (m)	luksemburg (f)	لوكسمبورج
Mônaco (m)	monako (f)	موناكو

235. Europa Central e de Leste

Albânia (f)	albānia (f)	ألبانيا
albanês (m)	albāny (m)	ألباني
albanesa (f)	albaniya (f)	ألبانية
albanês (adj)	albāny	ألباني
Bulgária (f)	bolɣāria (f)	بلغاريا
búlgaro (m)	bolɣāry (m)	بلغاري
búlgara (f)	bolɣariya (f)	بلغارية
búlgaro (adj)	bolɣāry	بلغاري
Hungria (f)	el magar (f)	المجر
húngaro (m)	magary (m)	مجري
húngara (f)	magariya (f)	مجرية
húngaro (adj)	magary	مجري
Letônia (f)	latvia (f)	لاتفيا
letão (m)	latvy (m)	لاتفي
letã (f)	latviya (f)	لاتفية
letão (adj)	latvy	لاتفي
Lituânia (f)	litwānia (f)	ليتوانيا
lituano (m)	litwāny (m)	لتواني
lituana (f)	litwaniya (f)	لتوانية
lituano (adj)	litwāny	لتواني
Polônia (f)	bolanda (f)	بولندا
polonês (m)	bolandy (m)	بولندي
polonesa (f)	bolandiya (f)	بولندية
polonês (adj)	bolanndy	بولندي
Romênia (f)	romānia (f)	رومانيا
romeno (m)	romāny (m)	روماني
romena (f)	romaniya (f)	رومانية
romeno (adj)	romāny	روماني
Sérvia (f)	ṣerbia (f)	صربيا
sérvio (m)	ṣerby (m)	صربي
sérvia (f)	ṣerbiya (f)	صربية
sérvio (adj)	ṣarby	صربي
Eslováquia (f)	slovākia (f)	سلوفاكيا
eslovaco (m)	slovāky (m)	سلوفاكي

eslovaca (f)	slovakiya (f)	سلوفاكيّة
eslovaco (adj)	slovāky	سلوفاكي
Croácia (f)	kroātya (f)	كرواتيا
croata (m)	kroāty (m)	كرواتي
croata (f)	kroatiya (f)	كرواتيّة
croata (adj)	kroāty	كرواتي
República (f) Checa	gomhoriya el tʃīk (f)	جمهورية التشيك
checo (m)	tʃīky (m)	تشيكي
checa (f)	tʃīkiya (f)	تشيكيّة
checo (adj)	tʃīky	تشيكي
Estônia (f)	estūnia (f)	إستونيا
estônio (m)	estūny (m)	إستوني
estônia (f)	estuniya (f)	إستونيّة
estônio (adj)	estūny	إستوني
Bósnia e Herzegovina (f)	el bosna wel harsek (f)	البوسنة والهرسك
Macedônia (f)	maqdūnia (f)	مقدونيا
Eslovênia (f)	slovenia (f)	سلوفينيا
Montenegro (m)	el gabal el aswad (m)	الجبل الأسوّد

236. Países da ex-URSS

Azerbaijão (m)	azrabiʒān (m)	أذربيجان
azeri (m)	azrabiʒāny (m)	أذربيجاني
azeri (f)	azrabiʒaniya (f)	أذربيجانيّة
azeri, azerbaijano (adj)	azrabiʒāny	أذربيجاني
Armênia (f)	armīnia (f)	أرمينيا
armênio (m)	armīny (m)	أرميني
armênia (f)	arminiya (f)	أرمينيّة
armênio (adj)	armīny	أرميني
Belarus	belarūsia (f)	بيلاروسيا
bielorrusso (m)	belarūsy (m)	بيلاروسي
bielorrussa (f)	belarūsiya (f)	بيلاروسيّة
bielorrusso (adj)	belarūsy	بيلاروسي
Geórgia (f)	ʒorʒia (f)	جورجيا
georgiano (m)	ʒorʒy (m)	جورجي
georgiana (f)	ʒorʒiya (f)	جورجيّة
georgiano (adj)	ʒorʒy	جورجي
Cazaquistão (m)	kazaχistān (f)	كازاخستّان
cazaque (m)	kazaχistāny (m)	كازاخستّاني
cazaque (f)	kazaχistaniya (f)	كازاخستّانيّة
cazaque (adj)	kazaχistāny	كازاخستّاني
Quirguistão (m)	qirɣizestān (f)	قيرغيزستان
quirguiz (m)	qirɣizestāny (m)	قيرغيزستاني
quirguiz (f)	qirɣizestaniya (f)	قيرغيزستانيّة
quirguiz (adj)	qirɣizestāny	قيرغيزستاني

Moldávia (f)	moldāvia (f)	مولدافيا
moldavo (m)	moldāvy (m)	مولدافي
moldava (f)	moldaviya (f)	مولدافية
moldavo (adj)	moldāvy	مولدافي
Rússia (f)	rūsya (f)	روسيا
russo (m)	rūsy (m)	روسي
russa (f)	rusiya (f)	روسية
russo (adj)	rūsy	روسي
Tajiquistão (m)	ṭaʒīkistan (f)	طاجيكستان
tajique (m)	ṭaʒīky (m)	طاجيكي
tajique (f)	ṭaʒikiya (f)	طاجيكية
tajique (adj)	ṭaʒīky	طاجيكي
Turquemenistão (m)	turkmānistān (f)	تركمانستان
turcomeno (m)	turkmāny (m)	تركماني
turcomena (f)	turkmaniya (f)	تركمانية
turcomeno (adj)	turkmāny	تركماني
Uzbequistão (f)	uzbakistān (f)	أوزبكستان
uzbeque (m)	uzbaky (m)	أوزبكي
uzbeque (f)	uzbakiya (f)	أوزبكية
uzbeque (adj)	uzbaky	أوزبكي
Ucrânia (f)	okrānia (f)	أوكرانيا
ucraniano (m)	okrāny (m)	أوكراني
ucraniana (f)	okraniya (f)	أوكرانية
ucraniano (adj)	okrāny	أوكراني

237. Asia

Ásia (f)	asya (f)	آسيا
asiático (adj)	'āsyawy	آسيوي
Vietnã (m)	vietnām (f)	فيتنام
vietnamita (m)	vietnāmy (m)	فيتنامي
vietnamita (f)	vietnāmiya (f)	فيتنامية
vietnamita (adj)	vietnāmy	فيتنامي
Índia (f)	el hend (f)	الهند
indiano (m)	hendy (m)	هندي
indiana (f)	hendiya (f)	هنديّة
indiano (adj)	hendy	هندي
Israel (m)	isra'īl (f)	إسرائيل
israelense (m)	isra'īly (m)	إسرائيلي
israelita (f)	isra'iliya (f)	إسرائيلية
israelense (adj)	israīly	إسرائيلي
judeu (m)	yahūdy (m)	يهودي
judia (f)	yahudiya (f)	يهوديّة
judeu (adj)	yahūdy	يهودي
China (f)	el ṣīn (f)	الصين

chinês (m)	ṣīny (m)	صيني
chinesa (f)	ṣīniya (f)	صينية
chinês (adj)	ṣīny	صيني
coreano (m)	kūry (m)	كوري
coreana (f)	kuriya (f)	كوريّة
coreano (adj)	kūry	كوري
Líbano (m)	lebnān (f)	لبنان
libanês (m)	lebnāny (m)	لبناني
libanesa (f)	lebnāniya (f)	لبنانية
libanês (adj)	lebnāny	لبناني
Mongólia (f)	manɣūlia (f)	منغوليا
mongol (m)	manɣūly (m)	منغولي
mongol (f)	manɣuliya (f)	منغوليّة
mongol (adj)	manɣūly	منغولي
Malásia (f)	malīzya (f)	ماليزيا
malaio (m)	malīzy (m)	ماليزي
malaia (f)	maliziya (f)	ماليزيّة
malaio (adj)	malīzy	ماليزي
Paquistão (m)	bakistān (f)	باكستان
paquistanês (m)	bakistāny (m)	باكستاني
paquistanesa (f)	bakistaniya (f)	باكستانيّة
paquistanês (adj)	bakistāny	باكستاني
Arábia (f) Saudita	el soʿodiya (f)	السعوديّة
árabe (m)	ʿaraby (m)	عربي
árabe (f)	ʿarabiya (f)	عربية
árabe (adj)	ʿaraby	عربي
Tailândia (f)	tayland (f)	تايلاند
tailandês (m)	taylandy (m)	تايلانّدي
tailandesa (f)	taylandiya (f)	تايلانّديّة
tailandês (adj)	taylandy	تايلانّدي
Taiwan (m)	taywān (f)	تايوان
taiwanês (m)	taywāny (m)	تايواني
taiwanesa (f)	taywaniya (f)	تايوانيّة
taiwanês (adj)	taywāny	تايواني
Turquia (f)	turkia (f)	تركيا
turco (m)	turky (m)	تركي
turca (f)	turkiya (f)	تركيّة
turco (adj)	turky	تركي
Japão (m)	el yabān (f)	اليابان
japonês (m)	yabāny (m)	ياباني
japonesa (f)	yabaniya (f)	يابانيّة
japonês (adj)	yabāny	ياباني
Afeganistão (m)	afɣanistan (f)	أفغانستان
Bangladesh (m)	bangladeʃ (f)	بنجلاديش
Indonésia (f)	indonisya (f)	إندونيسيا

Jordânia (f)	el ordon (m)	الأردن
Iraque (m)	el 'erāq (m)	العراق
Irã (m)	iran (f)	إيران
Camboja (f)	kambodya (f)	كمبوديا
Kuwait (m)	el kuweyt (f)	الكويت
Laos (m)	laos (f)	لاوس
Birmânia (f)	myanmar (f)	ميانمار
Nepal (m)	nebāl (f)	نيبال
Emirados Árabes Unidos	el emārāt el 'arabiya el mottaḥeda (pl)	الإمارات العربية المتّحدة
Síria (f)	soria (f)	سوريا
Palestina (f)	felesṭīn (f)	فلسطين
Coreia (f) do Sul	korea el ganūbiya (f)	كوريا الجنوبيّة
Coreia (f) do Norte	korea el ʃamāliya (f)	كوريا الشماليّة

238. América do Norte

Estados Unidos da América	el welayāt el mottaḥda el amrīkiya (pl)	الولايات المتّحدة الأمريكيّة
americano (m)	amrīky (m)	أمريكي
americana (f)	amrīkiya (f)	أمريكيّة
americano (adj)	amrīky	أمريكي
Canadá (m)	kanada (f)	كندا
canadense (m)	kanady (m)	كندي
canadense (f)	kanadiya (f)	كنديّة
canadense (adj)	kanady	كندي
México (m)	el maksīk (f)	المكسيك
mexicano (m)	maksīky (m)	مكسيكي
mexicana (f)	maksīkiya (f)	مكسيكيّة
mexicano (adj)	maksīky	مكسيكي

239. América Central do Sul

Argentina (f)	arʒantīn (f)	الأرجنتين
argentino (m)	arʒantīny (m)	أرجنتيني
argentina (f)	arʒantiniya (f)	أرجنتينية
argentino (adj)	arʒantīny	أرجنتيني
Brasil (m)	el barazīl (f)	البرازيل
brasileiro (m)	barazīly (m)	برازيلي
brasileira (f)	baraziliya (f)	برازيليّة
brasileiro (adj)	barazīly	برازيلي
Colômbia (f)	kolombia (f)	كولومبيا
colombiano (m)	kolomby (m)	كولومبي
colombiana (f)	kolombiya (f)	كولومبيّة
colombiano (adj)	kolomby	كولومبي
Cuba (f)	kūba (f)	كوبا

cubano (m)	kūby (m)	كوبي
cubana (f)	kūbiya (f)	كوبية
cubano (adj)	kūby	كوبي
Chile (m)	tʃīly (f)	تشيلي
chileno (m)	tʃīly (m)	تشيلي
chilena (f)	tʃīliya (f)	تشيليّة
chileno (adj)	tʃīly	تشيلي
Bolívia (f)	bolivia (f)	بوليفيا
Venezuela (f)	venzweyla (f)	فنزويلا
Paraguai (m)	baraguay (f)	باراجواي
Peru (m)	beru (f)	بيرو
Suriname (m)	surinam (f)	سورينام
Uruguai (m)	uruguay (f)	أوروجواي
Equador (m)	el equador (f)	الإكوادور
Bahamas (f pl)	gozor el bahāmas (pl)	جزر البهاماس
Haiti (m)	haīti (f)	هايتي
República Dominicana	gomhoriya el dominikan (f)	جمهوريّة الدومينيكان
Panamá (m)	banama (f)	بنما
Jamaica (f)	ʒamayka (f)	جامايكا

240. Africa

Egito (m)	maṣr (f)	مصر
egípcio (m)	maṣry (m)	مصري
egípcia (f)	maṣriya (f)	مصريّة
egípcio (adj)	maṣry	مصري
Marrocos	el maɣreb (m)	المغرب
marroquino (m)	maɣreby (m)	مغربي
marroquina (f)	maɣrebiya (f)	مغربية
marroquino (adj)	maɣreby	مغربي
Tunísia (f)	tunis (f)	تونس
tunisiano (m)	tunsy (m)	تونسي
tunisiana (f)	tunesiya (f)	تونسية
tunisiano (adj)	tunsy	تونسي
Gana (f)	ɣana (f)	غانا
Zanzibar (m)	zanʒibār (f)	زنجبار
Quênia (f)	kenya (f)	كينيا
Líbia (f)	libya (f)	ليبيا
Madagascar (m)	madaɣaʃkar (f)	مدغشقر
Namíbia (f)	namibia (f)	ناميبيا
Senegal (m)	el senɣāl (f)	السنغال
Tanzânia (f)	tanznia (f)	تنزانيا
África (f) do Sul	afreqia el ganūbiya (f)	أفريقيا الجنوبيّة
africano (m)	afrīqy (m)	أفريقي
africana (f)	afriqiya (f)	أفريقية
africano (adj)	afrīqy	أفريقي

241. Austrália. Oceania

Austrália (f)	ostorālya (f)	أستراليا
australiano (m)	ostorāly (m)	أسترالي
australiana (f)	ostoraleya (f)	أسترالية
australiano (adj)	ostorāly	أسترالي
Nova Zelândia (f)	nyu zelanda (f)	نيوزيلندا
neozelandês (m)	nyu zelandy (m)	نيوزيلندي
neozelandesa (f)	nyu zelandiya (f)	نيوزيلندية
neozelandês (adj)	nyu zelandy	نيوزيلندي
Tasmânia (f)	tasmania (f)	تاسمانيا
Polinésia (f) Francesa	bolenezia el faransiya (f)	بولينزيا الفرنسيّة

242. Cidades

Amesterdã, Amsterdã	amesterdam (f)	امستردام
Ancara	ankara (f)	أنقرة
Atenas	atīna (f)	أثينا
Bagdade	baɣdād (f)	بغداد
Bancoque	bangkok (f)	بانكوك
Barcelona	barʃelona (f)	برشلونة
Beirute	beyrut (f)	بيروت
Berlim	berlin (f)	برلين
Bonn	bonn (f)	بون
Bordéus	bordu (f)	بوردو
Bratislava	bratislava (f)	براتيسلافا
Bruxelas	broksel (f)	بروكسل
Bucareste	buχarest (f)	بوخارست
Budapeste	budabest (f)	بودابست
Cairo	el qahera (f)	القاهرة
Calcutá	kalkutta (f)	كلكتا
Chicago	ʃikāgo (f)	شيكاجو
Cidade do México	madīnet meksiko (f)	مدينة مكسيكو
Copenhague	kobenhāgen (f)	كوبنهاجن
Dar es Salaam	dar el salām (f)	دار السلام
Deli	delhi (f)	دلهي
Dubai	dubaī (f)	دبي
Dublim	dablin (f)	دبلن
Düsseldorf	dusseldorf (f)	دوسلدورف
Estocolmo	stokχolm (f)	ستوكهولم
Florença	florensa (f)	فلورنسا
Frankfurt	frankfurt (f)	فرانكفورت
Genebra	ʒenive (f)	جنيف
Haia	lahāy (f)	لاهاي
Hamburgo	hamburg (m)	هامبورج
Hanói	hanoy (f)	هانوي

Havana	havana (f)	هافانا
Helsinque	helsinki (f)	هلسنكي
Hiroshima	hiroʃīma (f)	هيروشيما
Hong Kong	hong kong (f)	هونج كونج
Istambul	iṣṭanbul (f)	إسطنبول
Jerusalém	el qods (f)	القدس
Kiev, Quieve	kyiv (f)	كييف
Kuala Lumpur	kuala lumpur (f)	كوالالمبور
Lion	lyon (f)	ليون
Lisboa	laʃbūna (f)	لشبونة
Londres	london (f)	لندن
Los Angeles	los anʒeles (f)	لوس أنجلوس
Madrid	madrīd (f)	مدريد
Marselha	marsilia (f)	مرسيليا
Miami	mayami (f)	ميامي
Montreal	montreal (f)	مونتريال
Moscou	moskū (f)	موسكو
Mumbai	bombay (f)	بومباى
Munique	muniχ (f)	ميونخ
Nairóbi	nayrobi (f)	نيروبي
Nápoles	naboli (f)	نابولي
Nice	nīs (f)	نيس
Nova York	nyu york (f)	نيويورك
Oslo	oslo (f)	أوسلو
Ottawa	ottawa (f)	أوتاوا
Paris	baris (f)	باريس
Pequim	bekīn (f)	بيكين
Praga	braɣ (f)	براغ
Rio de Janeiro	rio de ʒaneyro (f)	ريو دي جانيرو
Roma	roma (f)	روما
São Petersburgo	sant betersburɣ (f)	سانت بطرسبرغ
Seul	seūl (f)	سيول
Singapura	sinɣafūra (f)	سنغافورة
Sydney	sydney (f)	سيدني
Taipé	taybey (f)	تايبيه
Tóquio	ṭokyo (f)	طوكيو
Toronto	toronto (f)	تورونتو
Varsóvia	warsaw (f)	وارسو
Veneza	venesya (f)	فينيسيا
Viena	vienna (f)	فيينا
Washington	waʃinṭon (f)	واشنطن
Xangai	ʃanghay (f)	شنجهاي

243. Política. Governo. Parte 1

política (f)	seyāsa (f)	سياسة
político (adj)	seyāsy	سياسي

político (m)	seyāsy (m)	سياسي
estado (m)	dawla (f)	دولة
cidadão (m)	mowāṭen (m)	مواطن
cidadania (f)	mewaṭna (f)	مواطنة
brasão (m) de armas	ʃeʿār waṭany (m)	شعار وطني
hino (m) nacional	naʃīd waṭany (m)	نشيد وطني
governo (m)	ḥokūma (f)	حكومة
Chefe (m) de Estado	raʾs el dawla (m)	رأس الدولة
parlamento (m)	barlamān (m)	برلمان
partido (m)	ḥezb (m)	حزب
capitalismo (m)	raʾsmaliya (f)	رأسماليّة
capitalista (adj)	raʾsmāly	رأسمالي
socialismo (m)	eʃterakiya (f)	إشتراكيّة
socialista (adj)	eʃterāky	إشتراكي
comunismo (m)	ʃeyūʿiya (f)	شيوعيّة
comunista (adj)	ʃeyūʿy	شيوعي
comunista (m)	ʃeyūʿy (m)	شيوعي
democracia (f)	dīmoqraṭiya (f)	ديموقراطيّة
democrata (m)	demoqrāṭy (m)	ديموقراطي
democrático (adj)	demoqrāṭy	ديموقراطي
Partido (m) Democrático	el ḥezb el demokrāṭy (m)	الحزب الديموقراطي
liberal (m)	librāly (m)	ليبيرالي
liberal (adj)	librāly	ليبيرالي
conservador (m)	moḥāfeẓ (m)	محافظ
conservador (adj)	moḥāfeẓ	محافظ
república (f)	gomhoriya (f)	جمهورية
republicano (m)	gomhūry (m)	جمهوري
Partido (m) Republicano	el ḥezb el gomhūry (m)	الحزب الجمهوري
eleições (f pl)	entaχabāt (pl)	إنتخابات
eleger (vt)	entaχab	إنتخب
eleitor (m)	nāχeb (m)	ناخب
campanha (f) eleitoral	ḥamla enteχabiya (f)	حملة إنتخابيّة
votação (f)	taṣwīt (m)	تصويت
votar (vi)	ṣawwat	صوّت
sufrágio (m)	ḥaʾ el enteχāb (m)	حق الإنتخاب
candidato (m)	morasʃaḥ (m)	مرشّح
candidatar-se (vi)	rasʃaḥ nafsoh	رشّح نفسه
campanha (f)	ḥamla (f)	حملة
da oposição	moʿāreḍ	معارض
oposição (f)	moʿarḍa (f)	معارضة
visita (f)	zeyāra (f)	زيارة
visita (f) oficial	zeyāra rasmiya (f)	زيارة رسميّة
internacional (adj)	dawly	دوّلي

negociações (f pl)	mofawḍāt (pl)	مفاوضات
negociar (vi)	tafāwaḍ	تفاوض

244. Política. Governo. Parte 2

sociedade (f)	mogtamaʿ (m)	مجتمع
constituição (f)	dostūr (m)	دستور
poder (ir para o ~)	solṭa (f)	سلطة
corrupção (f)	fasād (m)	فساد
lei (f)	qanūn (m)	قانون
legal (adj)	qanūny	قانوني
justeza (f)	ʿadāla (f)	عدالة
justo (adj)	ʿādel	عادل
comitê (m)	lagna (f)	لجنة
projeto-lei (m)	maʃrūʿ qanūn (m)	مشروع قانون
orçamento (m)	mowazna (f)	موازنة
política (f)	seyāsa (f)	سياسة
reforma (f)	eṣlāḥ (m)	إصلاح
radical (adj)	oṣūly	أصولي
força (f)	ʾowwa (f)	قوّة
poderoso (adj)	ʾawy	قوّي
partidário (m)	moʾayed (m)	مؤيد
influência (f)	taʾsīr (m)	تأثير
regime (m)	nezām ḥokm (m)	نظام حكم
conflito (m)	χelāf (m)	خلاف
conspiração (f)	moʾamra (f)	مؤامرة
provocação (f)	estefzāz (m)	إستفزاز
derrubar (vt)	asqaṭ	أسقط
derrube (m), queda (f)	esqāṭ (m)	إسقاط
revolução (f)	sawra (f)	ثوّرة
golpe (m) de Estado	enqelāb (m)	إنقلاب
golpe (m) militar	enqelāb ʿaskary (m)	إنقلاب عسكري
crise (f)	azma (f)	أزمة
recessão (f) econômica	rokūd eqteṣādy (m)	ركود إقتصادي
manifestante (m)	motaẓāher (m)	متظاهر
manifestação (f)	mozahra (f)	مظاهرة
lei (f) marcial	ḥokm ʿorfy (m)	حكم عرفي
base (f) militar	qaʿeda ʿaskariya (f)	قاعدة عسكريّة
estabilidade (f)	esteqrār (m)	إستقرار
estável (adj)	mostaqerr	مستقرّ
exploração (f)	esteɣlāl (m)	إستغلال
explorar (vt)	estaɣall	إستغلّ
racismo (m)	ʿonṣoriya (f)	عنصريّة
racista (m)	ʿonṣory (m)	عنصري

fascismo (m)	faʃiya (f)	فاشيّة
fascista (m)	fāʃy (m)	فاشي

245. Países. Diversos

estrangeiro (m)	agnaby (m)	أجنبي
estrangeiro (adj)	agnaby	أجنبي
no estrangeiro	fel χāreg	في الخارج
emigrante (m)	mohāger (m)	مهاجر
emigração (f)	hegra (f)	هجرة
emigrar (vi)	hāgar	هاجر
Ocidente (m)	el ɣarb (m)	الغرب
Oriente (m)	el ʃar' (m)	الشرق
Extremo Oriente (m)	el ʃar' el aqṣa (m)	الشرق الأقصى
civilização (f)	ḥaḍāra (f)	حضارة
humanidade (f)	el baʃariya (f)	البشريّة
mundo (m)	el 'ālam (m)	العالم
paz (f)	salām (m)	سلام
mundial (adj)	'ālamy	عالمي
pátria (f)	waṭan (m)	وطن
povo (população)	ʃa'b (m)	شعب
população (f)	sokkān (pl)	سكّان
gente (f)	nās (pl)	ناس
nação (f)	omma (f)	أمّة
geração (f)	gīl (m)	جيل
território (m)	arḍ (f)	أرض
região (f)	mante'a (f)	منطقة
estado (m)	welāya (f)	ولاية
tradição (f)	ta'līd (m)	تقليد
costume (m)	'āda (f)	عادة
ecologia (f)	'elm el bī'a (m)	علم البيئة
índio (m)	hendy aḥmar (m)	هندي أحمر
cigano (m)	ɣagary (m)	غجري
cigana (f)	ɣagariya (f)	غجريّة
cigano (adj)	ɣagary	غجري
império (m)	embraṭoriya (f)	إمبراطورية
colônia (f)	mosta'mara (f)	مستعمرة
escravidão (f)	'obūdiya (f)	عبودية
invasão (f)	ɣazw (m)	غزو
fome (f)	magā'a (f)	مجاعة

246. Grupos religiosos mais importantes. Confissões

religião (f)	dīn (m)	دين
religioso (adj)	dīny	ديني

crença (f)	emān (m)	إيمان
crer (vt)	aman	أمن
crente (m)	mo'men (m)	مؤمن
ateísmo (m)	el elḥād (m)	الإلحاد
ateu (m)	molḥed (m)	ملحد
cristianismo (m)	el masīḥiya (f)	المسيحيّة
cristão (m)	mesīḥy (m)	مسيحي
cristão (adj)	mesīḥy	مسيحي
catolicismo (m)	el kasolekiya (f)	الكاثوليكيّة
católico (m)	kasolīky (m)	كاثوليكي
católico (adj)	kasolīky	كاثوليكي
protestantismo (m)	brotestantiya (f)	بروتستانتية
Igreja (f) Protestante	el kenīsa el brotestantiya (f)	الكنيسة البروتستانتية
protestante (m)	brotestanty (m)	بروتستانتي
ortodoxia (f)	orsozeksiya (f)	الأرثوذكسيّة
Igreja (f) Ortodoxa	el kenīsa el orsozeksiya (f)	الكنيسة الأرثوذكسيّة
ortodoxo (m)	arsazoksy (m)	أرثوذكسي
presbiterianismo (m)	maʃīχiya (f)	مشيخية
Igreja (f) Presbiteriana	el kenīsa el maʃīχiya (f)	الكنيسة المشيخية
presbiteriano (m)	maʃīχiya (f)	مشيخية
luteranismo (m)	el luseriya (f)	اللوثرية
luterano (m)	luterriya (m)	لوثرية
Igreja (f) Batista	el kenīsa el meʿmedaniya (f)	الكنيسة المعمدانية
batista (m)	meʿmedāny (m)	معمداني
Igreja (f) Anglicana	el kenīsa el anʒlekaniya (f)	الكنيسة الإنجليكانية
anglicano (m)	enʒelikāny (m)	أنجليكاني
mormonismo (m)	el moromoniya (f)	المورمونية
mórmon (m)	mesīḥy mormōn (m)	مسيحي مرمون
Judaísmo (m)	el yahūdiya (f)	اليهودية
judeu (m)	yahūdy (m)	يهودي
budismo (m)	el būziya (f)	البوذية
budista (m)	būzy (m)	بوذي
hinduísmo (m)	el hindūsiya (f)	الهندوسية
hindu (m)	hendūsy (m)	هندوسي
Islã (m)	el islām (m)	الإسلام
muçulmano (m)	muslim (m)	مسلم
muçulmano (adj)	islāmy	إسلامي
xiismo (m)	el mazhab el ʃeeʿy (m)	المذهب الشيعي
xiita (m)	ʃeeʿy (m)	شيعي
sunismo (m)	el mazhab el sunny (m)	المذهب السنّي
sunita (m)	sunni (m)	سنّي

247. Religiões. Padres

padre (m)	kāhen (m)	كاهن
Papa (m)	el bāba (m)	البابا
monge (m)	rāheb (m)	راهب
freira (f)	rāheba (f)	راهبة
pastor (m)	'essīs (m)	قسّيس
abade (m)	ra'īs el deyr (m)	رئيس الدير
vigário (m)	viqār (m)	فيقار
bispo (m)	asqof (m)	أسقف
cardeal (m)	kardinal (m)	كاردينال
pregador (m)	mobasʃer (m)	مبشّر
sermão (m)	tabʃīr (f)	تبشير
paroquianos (pl)	ra'yet el abraʃiya (f)	رعية الأبرشية
crente (m)	mo'men (m)	مؤمن
ateu (m)	molḥed (m)	ملحد

248. Fé. Cristianismo. Islão

Adão	'ādam (m)	آدم
Eva	ḥawwā' (f)	حوّاء
Deus (m)	allah (m)	الله
Senhor (m)	el rabb (m)	الربّ
Todo Poderoso (m)	el qadīr (m)	القدير
pecado (m)	zanb (m)	ذنب
pecar (vi)	aznab	أذنب
pecador (m)	mozneb (m)	مذنب
pecadora (f)	mozneba (f)	مذنبة
inferno (m)	el gaḥīm (f)	الجحيم
paraíso (m)	el ganna (f)	الجنّة
Jesus	yasū' (m)	يسوع
Jesus Cristo	yasū' el masīḥ (m)	يسوع المسيح
Espírito (m) Santo	el rūḥ el qods (m)	الروح القدس
Salvador (m)	el masīḥ (m)	المسيح
Virgem Maria (f)	maryem el 'azrā' (f)	مريم العذراء
Diabo (m)	el ʃayṭān (m)	الشيطان
diabólico (adj)	ʃeyṭāny	شيطاني
Satanás (m)	el ʃayṭān (m)	الشيطان
satânico (adj)	ʃeyṭāny	شيطاني
anjo (m)	malāk (m)	ملاك
anjo (m) da guarda	malāk ḥāres (m)	ملاك حارس
angelical	malā'eky	ملائكي

apóstolo (m)	rasūl (m)	رسول
arcanjo (m)	el malāk el ra'īsy (m)	الملاك الرئيسي
anticristo (m)	el masīḥ el daggāl (m)	المسيح الدجّال
Igreja (f)	el kenīsa (f)	الكنيسة
Bíblia (f)	el ketāb el moqaddas (m)	الكتاب المقدّس
bíblico (adj)	tawrāty	توراتي
Velho Testamento (m)	el ʿahd el ʾadīm (m)	العهد القديم
Novo Testamento (m)	el ʿahd el gedīd (m)	العهد الجديد
Evangelho (m)	engīl (m)	إنجيل
Sagradas Escrituras (f pl)	el ketāb el moqaddas (m)	الكتاب المقدّس
Céu (sete céus)	el ganna (f)	الجنّة
mandamento (m)	waṣiya (f)	وصيّة
profeta (m)	naby (m)	نبي
profecia (f)	nobū'a (f)	نبوءة
Alá (m)	allah (m)	الله
Maomé (m)	moḥammed (m)	محمّد
Alcorão (m)	el qor'ān (m)	القرآن
mesquita (f)	masged (m)	مسجد
mulá (m)	mullah (m)	ملا
oração (f)	ṣalāh (f)	صلاة
rezar, orar (vi)	ṣalla	صلّى
peregrinação (f)	ḥagg (m)	حج
peregrino (m)	ḥagg (m)	حاج
Meca (f)	makka el mokarrama (f)	مكة المكرّمة
igreja (f)	kenīsa (f)	كنيسة
templo (m)	maʿbad (m)	معبد
catedral (f)	katedra'iya (f)	كاتدرائية
gótico (adj)	qūṭy	قوطي
sinagoga (f)	kenīs (m)	كنيس
mesquita (f)	masged (m)	مسجد
capela (f)	kenīsa saɣīra (f)	كنيسة صغيرة
abadia (f)	deyr (m)	دير
convento (m)	deyr (m)	دير
monastério (m)	deyr (m)	دير
sino (m)	garas (m)	جرس
campanário (m)	borg el garas (m)	برج الجرس
repicar (vi)	da''	دق
cruz (f)	ṣalīb (m)	صليب
cúpula (f)	'obba (f)	قبّة
ícone (m)	ramz (m)	رمز
alma (f)	nafs (f)	نفس
destino (m)	maṣīr (m)	مصير
mal (m)	ʃarr (m)	شرّ
bem (m)	χeyr (m)	خير
vampiro (m)	maṣṣāṣ demā' (m)	مصّاص دماء

bruxa (f)	sāḥera (f)	ساحرة
demônio (m)	ʃeṭān (m)	شيطان
espírito (m)	roḥe (m)	روح
redenção (f)	takfīr (m)	تكفير
redimir (vt)	kaffar ʿan	كفّر عن
missa (f)	qedās (m)	قداس
celebrar a missa	ʾām be χedma dīniya	قام بخدمة دينية
confissão (f)	eʿterāf (m)	إعتراف
confessar-se (vr)	eʿtaraf	إعترف
santo (m)	qeddīs (m)	قدّيس
sagrado (adj)	moqaddas (m)	مقدّس
água (f) benta	maya moqaddesa (f)	ماية مقدّسة
ritual (m)	ʃaʿāʾer (pl)	شعائر
ritual (adj)	ʃaʿāʾery	شعائري
sacrifício (m)	zabīḥa (f)	ذبيحة
superstição (f)	χorāfa (f)	خرافة
supersticioso (adj)	moʾmen bel χorafāt (m)	مؤمن بالخرافات
vida (f) após a morte	aχra (f)	الآخرة
vida (f) eterna	ḥayat el abadiya (f)	حياة الأبدية

TEMAS DIVERSOS

249. Várias palavras úteis

ajuda (f)	mosaʿda (f)	مساعدة
barreira (f)	ḥāgez (m)	حاجز
base (f)	asās (m)	أساس
categoria (f)	feʾa (f)	فئة
causa (f)	sabab (m)	سبب
coincidência (f)	ṣodfa (f)	صدفة
coisa (f)	ḥāga (f)	حاجة
começo, início (m)	bedāya (f)	بداية
cômodo (ex. poltrona ~a)	morīḥ	مريح
comparação (f)	moqarna (f)	مقارنة
compensação (f)	taʿwīḍ (m)	تعويض
crescimento (m)	nomoww (m)	نموّ
desenvolvimento (m)	tanmeya (f)	تنمية
diferença (f)	farʾ (m)	فرق
efeito (m)	taʾsīr (m)	تأثير
elemento (m)	ʿonṣor (m)	عنصر
equilíbrio (m)	tawāzon (m)	توازن
erro (m)	χaṭaʾ (m)	خطأ
esforço (m)	mag-hūd (m)	مجهود
estilo (m)	oslūb (m)	أسلوب
exemplo (m)	mesāl (m)	مثال
fato (m)	ḥaʾīʾa (f)	حقيقة
fim (m)	nehāya (f)	نهاية
forma (f)	ʃakl (m)	شكل
frequente (adj)	motakarrer (m)	متكرّر
fundo (ex. ~ verde)	χalefiya (f)	خلفية
gênero (tipo)	nūʿ (m)	نوع
grau (m)	daraga (f)	درجة
ideal (m)	mesāl (m)	مثال
labirinto (m)	matāha (f)	متاهة
modo (m)	ṭarīʾa (f)	طريقة
momento (m)	laḥza (f)	لحظة
objeto (m)	mawḍūʿ (m)	موضوع
obstáculo (m)	ʿaqaba (f)	عقبة
original (m)	aṣl (m)	أصل
padrão (adj)	ʿādy -qeyāsy	عادي, قياسي
padrão (m)	ʾeyās (m)	قياس
paragem (pausa)	estrāḥa (f)	إستراحة
parte (f)	gozʾ (m)	جزء

partícula (f)	goz' (m)	جزء
pausa (f)	estrāḥa (f)	إستراحة
posição (f)	mawqef (m)	موقف
princípio (m)	mabda' (m)	مبدأ
problema (m)	moʃkela (f)	مشكلة
processo (m)	'amaliya (f)	عمليّة
progresso (m)	ta'addom (m)	تقدّم
propriedade (qualidade)	χaṣṣa (f)	خاصّة
reação (f)	radd fe'l (m)	ردّ فعل
risco (m)	moχaṭra (f)	مخاطرة
ritmo (m)	eqā' (m)	إيقاع
segredo (m)	serr (m)	سرّ
série (f)	selsela (f)	سلسلة
sistema (m)	nezām (m)	نظام
situação (f)	ḥāla (f), waḍ' (m)	حالة, وضع
solução (f)	ḥall (m)	حلّ
tabela (f)	gadwal (m)	جدوَل
termo (ex. ~ técnico)	moṣṭalaḥ (m)	مصطلح
tipo (m)	nū' (m)	نوع
urgente (adj)	mesta'gel	مستعجل
urgentemente	be ʃakl 'āgel	بشكل عاجل
utilidade (f)	manf'a (f)	منفعة
variante (f)	ʃakl moχtalef (m)	شكل مختلف
variedade (f)	eχteyār (m)	إختيار
verdade (f)	ḥa'ī'a (f)	حقيقة
vez (f)	dore (m)	دور
zona (f)	mante'a (f)	منطقة

250. Modificadores. Adjetivos. Parte 1

aberto (adj)	maftūḥ	مفتوح
afetuoso (adj)	ḥanūn	حنون
afiado (adj)	ḥād	حاد
agradável (adj)	laṭīf	لطيف
agradecido (adj)	ʃāker	شاكر
alegre (adj)	farḥān	فرحان
alto (ex. voz ~a)	'āly	عالي
amargo (adj)	morr	مرّ
amplo (adj)	wāse'	واسع
antigo (adj)	'adīm	قديم
apertado (sapatos ~s)	ḍaye'	ضيّق
apropriado (adj)	monāseb	مناسب
arriscado (adj)	mogāzef	مجازف
artificial (adj)	ṣenā'y	صناعي
azedo (adj)	ḥāmeḍ	حامض
baixo (voz ~a)	wāṭy	واطي

barato (adj)	reχīṣ	رخيص
belo (adj)	gamīl	جميل
bom (adj)	kewayes	كويّس
bondoso (adj)	ṭayeb	طيّب
bonito (adj)	gamīl	جميل
bronzeado (adj)	asmar	أسمر
burro, estúpido (adj)	ɣaby	غبي
calmo (adj)	hady	هادئ
cansado (adj)	taʿbān	تعبان
cansativo (adj)	motʿeb	متعب
carinhoso (adj)	mohtamm	مهتمّ
caro (adj)	ɣāly	غالي
cego (adj)	aʿma	أعمى
central (adj)	markazy	مركزي
cerrado (ex. nevoeiro ~)	kasīf	كثيف
cheio (xícara ~a)	malyān	مليان
civil (adj)	madany	مدني
clandestino (adj)	serry	سرّي
claro (explicação ~a)	wāḍeḥ	واضح
claro (pálido)	fāteḥ	فاتح
compatível (adj)	motawāfaq	متوافق
comum, normal (adj)	ʿādy	عادي
congelado (adj)	mogammad	مجمّد
conjunto (adj)	moʃtarak	مشترك
considerável (adj)	mohemm	مهمّ
contente (adj)	rāḍy	راضي
contínuo (adj)	momtad	ممتد
contrário (ex. o efeito ~)	moqābel	مقابل
correto (resposta ~a)	ṣaḥīḥ	صحيح
cru (não cozinhado)	nayī	نيّ
curto (adj)	ʾaṣīr	قصير
de curta duração	ʾaṣīr	قصير
de sol, ensolarado	moʃmes	مشمس
de trás	χalfy	خلفي
denso (fumaça ~a)	kasīf	كثيف
desanuviado (adj)	ṣāfy	صافي
descuidado (adj)	mohmel	مهمل
diferente (adj)	moχtalef	مختلف
difícil (decisão)	ṣaʿb	صعب
difícil, complexo (adj)	ṣaʿb	صعب
direito (lado ~)	el yemīn	اليمين
distante (adj)	beʿīd	بعيد
diverso (adj)	moχtalef	مختلف
doce (açucarado)	mesakkar	مسكّر
doce (água)	ʿazb	عذب
doente (adj)	ʿayān	عيّان
duro (material ~)	gāmed	جامد

educado (adj)	mo'addab	مؤدّب
encantador (agradável)	laṭīf	لطيف
enigmático (adj)	ɣāmeḍ	غامض
enorme (adj)	ḍaχm	ضخم
escuro (quarto ~)	ḍalma	ظلمة
especial (adj)	χāṣṣ	خاصّ
esquerdo (lado ~)	el ʃemāl	الشمال
estrangeiro (adj)	agnaby	أجنبي
estreito (adj)	ḍaye'	ضيّق
exato (montante ~)	maẓbūṭ	مظبوط
excelente (adj)	momtāz	ممتاز
excessivo (adj)	mofreṭ	مفرط
externo (adj)	χāregy	خارجي
fácil (adj)	sahl	سهل
faminto (adj)	ge'ān	جعان
fechado (adj)	ma'fūl	مقفول
feliz (adj)	sa'īd	سعيد
fértil (terreno ~)	χeṣb	خصب
forte (pessoa ~)	'awy	قوّي
fraco (luz ~a)	bāhet	باهت
frágil (adj)	qābel lel kasr	قابل للكسر
fresco (pão ~)	ṭāza	طازة
fresco (tempo ~)	mon'eʃ	منعش
frio (adj)	bāred	بارد
gordo (alimentos ~s)	dasem	دسم
gostoso, saboroso (adj)	ṭa'mo ḥelw	طعمه حلو
grande (adj)	kebīr	كبير
gratuito, grátis (adj)	be balāʃ	ببلاش
grosso (camada ~a)	teχīn	تخين
hostil (adj)	meʃ weddy	مش ودّي

251. Modificadores. Adjetivos. Parte 2

igual (adj)	momāsel	مماثل
imóvel (adj)	sābet	ثابت
importante (adj)	mohemm	مهمّ
impossível (adj)	mostaḥīl	مستحيل
incompreensível (adj)	meʃ wāḍeḥ	مش واضح
indigente (muito pobre)	mo'dam	معدم
indispensável (adj)	ḍarūry	ضروري
inexperiente (adj)	'alīl el χebra	قليل الخبرة
infantil (adj)	lel aṭfāl	للأطفال
ininterrupto (adj)	motawāṣal	متواصل
insignificante (adj)	meʃ mohemm	مش مهمّ
inteiro (completo)	koll el nās	كلّ
inteligente (adj)	zaky	ذكي

interno (adj)	dāχely	داخلي
jovem (adj)	ʃāb	شاب
largo (caminho ~)	wāseʿ	واسع
legal (adj)	qanūny	قانوني
leve (adj)	χafīf	خفيف
limitado (adj)	maḥdūd	محدود
limpo (adj)	neḍīf	نظيف
líquido (adj)	sā'el	سائل
liso (adj)	amlas	أملس
liso (superfície ~a)	mosaṭṭaḥ	مسطّح
livre (adj)	ḥorr	حرّ
longo (ex. cabelo ~)	ṭawīl	طويل
maduro (ex. fruto ~)	mestewy	مستوِي
magro (adj)	rofayaʿ	رفيّع
mais próximo (adj)	a''rab	أقرب
mais recente (adj)	elly fāt	اللي فات
mate (adj)	maṭfy	مطفي
mau (adj)	weḥeʃ	وحش
meticuloso (adj)	motqan	متقن
míope (adj)	'aṣīr el naẓar	قصير النظر
mole (adj)	nāʿem	ناعم
molhado (adj)	mablūl	مبلول
moreno (adj)	asmar	أسمر
morto (adj)	mayet	ميّت
muito magro (adj)	rofayaʿ	رفيّع
não difícil (adj)	meʃ ṣaʿb	مش صعب
não é clara (adj)	meʃ wāḍeḥ	مش واضح
não muito grande (adj)	meʃ kebīr	مش كبير
natal (país ~)	aṣly	أصلي
necessário (adj)	lāzem	لازم
negativo (resposta ~a)	salby	سلبي
nervoso (adj)	ʿaṣaby	عصبي
normal (adj)	ʿādy	عادي
novo (adj)	gedīd	جديد
o mais importante (adj)	ahamm	أهمّ
obrigatório (adj)	ḍarūry	ضروري
original (incomum)	aṣly	أصلي
passado (adj)	māḍy	ماضي
pequeno (adj)	ṣoɣeyyir	صغيّر
perigoso (adj)	χaṭīr	خطير
permanente (adj)	dā'em	دائم
perto (adj)	'arīb	قريب
pesado (adj)	te'īl	ثقيل
pessoal (adj)	ʃaχṣy	شخصي
plano (ex. ecrã ~ a)	mosaṭṭaḥ	مسطّح
pobre (adj)	fa'īr	فقير
pontual (adj)	daqīq	دقيق

possível (adj)	momken	ممكن
pouco fundo (adj)	ḍaḥl	ضحل
presente (ex. momento ~)	ḥāḍer	حاضر
prévio (adj)	elly fāt	اللي فات
primeiro (principal)	asāsy	أساسي
principal (adj)	ra'īsy	رئيسي
privado (adj)	χāṣṣa	خاصّة
provável (adj)	moḥtamal	محتمل
próximo (adj)	ʾarīb	قريب
público (adj)	ʿām	عام
quente (cálido)	soχn	سخن
quente (morno)	dāfeʾ	دافئ
rápido (adj)	sareeʿ	سريع
raro (adj)	nāder	نادر
remoto, longínquo (adj)	beʿīd	بعيد
reto (linha ~a)	mostaqīm	مستقيم
salgado (adj)	māleḥ	مالح
satisfeito (adj)	rāḍy	راضي
seco (roupa ~a)	nāʃef	ناشف
seguinte (adj)	elly gayī	اللي جاي
seguro (não perigoso)	ʾāmen	آمن
similar (adj)	ʃabīh	شبيه
simples (fácil)	basīṭ	بسيط
soberbo, perfeito (adj)	momtāz	ممتاز
sólido (parede ~a)	matīn	متين
sombrio (adj)	moẓlem	مظلم
sujo (adj)	weseχ	وسخ
superior (adj)	aʿla	أعلى
suplementar (adj)	eḍāfy	إضافي
tranquilo (adj)	hady	هادئ
transparente (adj)	ʃaffāf	شفّاف
triste (pessoa)	zaʿlān	زعلان
triste (um ar ~)	zaʿlān	زعلان
último (adj)	ʾāχer	آخر
úmido (adj)	roṭob	رطب
único (adj)	farīd	فريد
usado (adj)	mostaʿmal	مستعمل
vazio (meio ~)	χāly	خالي
velho (adj)	ʾadīm	قديم
vizinho (adj)	mogāwer	مجاور

500 VERBOS PRINCIPAIS

252. Verbos A-B

abraçar (vt)	ḥaḍan	حضن
abrir (vt)	fataḥ	فتح
acalmar (vt)	ṭam’an	طمأن
acariciar (vt)	masaḥ ʿala	مسح على
acenar (com a mão)	ʃāwer	شاور
acender (~ uma fogueira)	wallaʿ	ولّع
achar (vt)	eʿtaqad	إعتقد
acompanhar (vt)	rāfaq	رافق
aconselhar (vt)	naṣaḥ	نصح
acordar, despertar (vt)	ṣaḥḥa	صحّى
acrescentar (vt)	aḍāf	أضاف
acusar (vt)	ettaham	إتّهم
adestrar (vt)	darrab	درّب
adivinhar (vt)	xammen	خمّن
admirar (vt)	oʿgab be	أعجب بـ
adorar (~ fazer)	ḥabb	حبّ
advertir (vt)	ḥazzar	حذّر
afirmar (vt)	aṣarr	أصرّ
afogar-se (vr)	ɣere’	غرق
afugentar (vt)	xawwef	خوّف
agir (vi)	ʿamal	عمل
agitar, sacudir (vt)	ragg	رجّ
agradecer (vt)	ʃakar	شكر
ajudar (vt)	sāʿed	ساعد
alcançar (objetivos)	balaɣ	بلغ
alimentar (dar comida)	akkel	أكّل
almoçar (vi)	etɣadda	إتغدّى
alugar (~ o barco, etc.)	aggar	أجّر
alugar (~ um apartamento)	est’gar	إستأجر
amar (pessoa)	ḥabb	حبّ
amarrar (vt)	rabaṭ	ربط
ameaçar (vt)	hadded	هدّد
amputar (vt)	batr	بتر
anotar (escrever)	katab molaḥẓa	كتب ملاحظة
anotar (escrever)	katab	كتب
anular, cancelar (vt)	alɣa	ألغى
apagar (com apagador, etc.)	masaḥ	مسح
apagar (um incêndio)	ṭaffa	طفّى

apaixonar-se ...	ḥabb	حبّ
aparecer (vi)	ẓahar	ظهر
aplaudir (vi)	ṣaffa'	صفّق
apoiar (vt)	ayed	أيّد
apontar para ...	ṣawwab 'ala ...	... صوّب على
apresentar (alguém a alguém)	'arraf	عرّف
apresentar (Gostaria de ~)	'addem	قدّم
apressar (vt)	esta'gel	إستعجل
apressar-se (vr)	esta'gel	إستعجل
aproximar-se (vr)	'arrab	قرّب
aquecer (vt)	sakχan	سخّن
arrancar (vt)	'aṭa'	قطع
arranhar (vt)	χarbeʃ	خربش
arrepender-se (vr)	nedem	ندم
arriscar (vt)	χāṭar	خاطر
arrumar, limpar (vt)	ratteb	رتّب
aspirar a ...	sa'a	سعى
assinar (vt)	waqqa'	وقّع
assistir (vt)	sā'ed	ساعد
atacar (vt)	hagam	هجم
atar (vt)	rabaṭ be ...	ربط بـ....
atracar (vi)	rasa	رسا
aumentar (vi)	ezdād	إزداد
aumentar (vt)	zawwed	زوّد
avançar (vi)	ta'addam	تقدّم
avistar (vt)	lamaḥ	لمح
baixar (guindaste, etc.)	nazzel	نزّل
barbear-se (vr)	ḥala'	حلق
basear-se (vr)	estanad 'ala	إستند على
bastar (vi)	kaffa	كفّى
bater (à porta)	da''	دقّ
bater (espancar)	ḍarab	ضرب
bater-se (vr)	etχāne'	إتخانق
beber, tomar (vt)	ʃereb	شرب
brilhar (vi)	lem'	لمع
brincar, jogar (vi, vt)	le'eb	لعب
buscar (vt)	dawwar 'ala	دوّر على

253. Verbos C-D

caçar (vi)	eṣṭād	إصطاد
calar-se (parar de falar)	seket	سكت
calcular (vt)	'add	عدّ
carregar (o caminhão, etc.)	ʃaḥn	شحن
carregar (uma arma)	'ammar	عمّر

casar-se (vr)	ettgawwez	إتّجوّز
causar (vt)	sabbeb	سبّب
cavar (vt)	ḥafar	حفر
ceder (não resistir)	estaslam	إستسلم
cegar, ofuscar (vt)	ʿama	عمى
censurar (vt)	lām	لام
chamar (~ por socorro)	estaɣās	إستغاث
chamar (alguém para ...)	nāda	نادى
chegar (a algum lugar)	weṣel	وصل
chegar (vi)	weṣel	وصل
cheirar (~ uma flor)	ʃamm	شمّ
cheirar (tem o cheiro)	fāḥ	فاح
chorar (vi)	baka	بكى
citar (vt)	estaʃ-hed	إستشهد
colher (flores)	ʾaṭaf	قطف
colocar (vt)	ḥaṭṭ	حطّ
combater (vi, vt)	qātal	قاتل
começar (vt)	badaʾ	بدأ
comer (vt)	akal	أكل
comparar (vt)	qāran	قارن
compensar (vt)	ʿawwaḍ	عوّض
competir (vi)	nāfes	نافس
complicar (vt)	ʿaʾʾad	عقّد
compor (~ música)	laḥḥan	لحّن
comportar-se (vr)	taṣarraf	تصرّف
comprar (vt)	eʃtara	إشترى
comprometer (vt)	sawwaʾ somʿetoh	سوّء سمعته
concentrar-se (vr)	rakkez	ركّز
concordar (dizer "sim")	ettafaʾ	إتّفق
condecorar (dar medalha)	manaḥ	منح
confessar-se (vr)	eʿtaraf	إعترف
confiar (vt)	wasaq	وثق
confundir (equivocar-se)	etlaχbaṭ	إتلخبط
conhecer (vt)	ʿeref	عرف
conhecer-se (vr)	taʿarraf	تعرّف
consertar (vt)	nazzam	نظّم
consultar ...	estaʃār ...	إستشار...
contagiar-se com ...	etʿada	إتعدى
contar (vt)	ḥaka	حكى
contar com ...	eʿtamad ʿala ...	إعتمد على...
continuar (vt)	estamar	إستمر
contratar (vt)	waẓẓaf	وظّف
controlar (vt)	et-ḥakkem	إتحكّم
convencer (vt)	aqnaʿ	أقنع
convidar (vt)	ʿazam	عزم
cooperar (vi)	taʿāwan	تعاون

coordenar (vt)	nassaq	نسّق
corar (vi)	eḥmarr	إحمرّ
correr (vi)	gery	جري
corrigir (~ um erro)	ṣaḥḥaḥ	صحّح
cortar (com um machado)	ʾaṭṭaʿ	قطّع
cortar (com uma faca)	ʾaṭṭaʿ	قطّع
cozinhar (vt)	ḥaḍḍar	حضّر
crer (pensar)	eʿtaqad	إعتقد
criar (vt)	ʿamal	عمل
cultivar (~ plantas)	anbat	أنبت
cuspir (vi)	taff	تفّ
custar (vt)	kallef	كلّف
dar (vt)	edda	أدّى
dar banho, lavar (vt)	ḥammem	حمّم
datar (vi)	tarīχo	تاريخه
decidir (vt)	ʾarrar	قرّر
decorar (enfeitar)	zayen	زيّن
dedicar (vt)	karras	كرّس
defender (vt)	dāfaʿ	دافع
defender-se (vr)	dāfaʿ ʿan nafsoh	دافع عن نفسه
deixar (~ a mulher)	sāb	ساب
deixar (esquecer)	sāb	ساب
deixar (permitir)	samaḥ	سمح
deixar cair (vt)	waʾʾaʿ	وقّع
denominar (vt)	samma	سمى
denunciar (vt)	estankar	إستنكر
depender de …	eʿtamad ʿala …	إعتمد على...
derramar (~ líquido)	dalaʾ	دلق
derramar-se (vr)	saʾaṭ	سقط
desaparecer (vi)	eχtafa	إختفى
desatar (vt)	fakk	فكّ
desatracar (vi)	aqlaʿ	أقلع
descansar (um pouco)	ertāḥ	إرتاح
descer (para baixo)	nezel	نزل
descobrir (novas terras)	ektaʃaf	إكتشف
descolar (avião)	aqlaʿ	أقلع
desculpar (vt)	ʿazar	عذر
desculpar-se (vr)	eʿtazar	إعتذر
desejar (vt)	kān ʿāyez	كان عايز
desempenhar (papel)	massel	مثّل
desligar (vt)	ṭaffa	طفّى
desprezar (vt)	eḥtaqar	إحتقر
destruir (documentos, etc.)	atlaf	أتلف
dever (vi)	kān lāzem	كان لازم
devolver (vt)	aʿād	أعاد
direcionar (vt)	waggeh	وجّه

dirigir (~ um carro)	sā' 'arabiya	ساق عربية
dirigir (~ uma empresa)	adār	أدار
dirigir-se (a um auditório, etc.)	χāṭab	خاطب
discutir (notícias, etc.)	nā'eʃ	ناقش
disparar, atirar (vi)	ḍarab bel nār	ضرب بالنار
distribuir (folhetos, etc.)	wazza'	وزّع
distribuir (vt)	wazza' 'ala	وزّع على
divertir (vt)	salla	سلّى
divertir-se (vr)	estamta'	إستمتع
dividir (mat.)	'asam	قسم
dizer (vt)	'āl	قال
dobrar (vt)	ḍā'af	ضاعف
duvidar (vt)	ʃakk fe	شكّ في

254. Verbos E-J

elaborar (uma lista)	gamma'	جمّع
elevar-se acima de ...	ertafa'	إرتفع
eliminar (um obstáculo)	ʃāl, azāl	شال, أزال
embrulhar (com papel)	laff	لفّ
emergir (submarino)	ertafa' le saṭ-ḥ el maya	إرتفع لسطح الميّة
emitir (~ cheiro)	fāḥ	فاح
empreender (vt)	'ām be	قام بـ
empurrar (vt)	za''	زقّ
encabeçar (vt)	ra's	رأس
encher (~ a garrafa, etc.)	mala	ملأ
encontrar (achar)	la'a	لقى
enganar (vt)	χada'	خدع
ensinar (vt)	darres	درّس
entediar-se (vr)	zehe'	زهق
entender (vt)	fehem	فهم
entrar (na sala, etc.)	daχal	دخل
enviar (uma carta)	arsal	أرسل
equipar (vt)	gahhez	جهّز
errar (enganar-se)	ɣeleṭ	غلط
escolher (vt)	eχtār	إختار
esconder (vt)	χabba	خبّأ
escrever (vt)	katab	كتب
escutar (vt)	seme'	سمع
escutar atrás da porta	tanaṣṣat	تنصّت
esmagar (um inseto, etc.)	fa''aṣ	فعّص
esperar (aguardar)	estanna	إستنّى
esperar (contar com)	tawaqqa'	توقّع
esperar (ter esperança)	tamanna	تمنّى
espreitar (vi)	etgasses 'ala	إتجسس على

esquecer (vt)	nesy	نسي
estar	kān mawgūd	كان موّجود
estar convencido	eqtanaʿ	إقتنع
estar deitado	raʾad	رقد
estar perplexo	eḥtār	إحتار
estar preocupado	ʾeleʾ	قلق
estar sentado	ʾaʿad	قعد
estremecer (vi)	ertaʿaʃ	ارتعش
estudar (vt)	daras	درس
evitar (~ o perigo)	tagannab	تجنّب
examinar (~ uma proposta)	baḥs fi	بحث في
exigir (vt)	ṭāleb	طالب
existir (vi)	kān mawgūd	كان موّجود
explicar (vt)	ʃaraḥ	شرح
expressar (vt)	ʿabbar	عبّر
expulsar (~ da escola, etc.)	faṣal	فصل
facilitar (vt)	sahhal	سهّل
falar com ...	kallem ...	كلّم...
faltar (a la escuela, etc.)	ɣāb	غاب
fascinar (vt)	fatan	فتن
fatigar (vt)	taʿab	تعّب
fazer (vt)	ʿamal	عمل
fazer lembrar	fakkar be ...	فكّر بـ...
fazer piadas	hazzar	هزّر
fazer publicidade	aʿlan	أعلن
fazer uma tentativa	ḥāwel	حاول
fechar (vt)	ʾafal	قفل
felicitar (vt)	hanna	هنّأ
ficar cansado	teʿeb	تعب
ficar em silêncio	seket	سكت
ficar pensativo	saraḥ	سرح
forçar (vt)	agbar	أجبر
formar (vt)	ʃakkal	شكّل
gabar-se (vr)	tabāha	تباهى
garantir (vt)	ḍaman	ضمن
gostar (apreciar)	ʿagab	عجب
gritar (vi)	ṣarraχ	صرّخ
guardar (fotos, etc.)	eḥtafaẓ	إحتفظ
guardar (no armário, etc.)	ʃāl	شال
guerrear (vt)	ḥārab	حارب
herdar (vt)	waras	ورث
iluminar (vt)	nawwar	نوّر
imaginar (vt)	taṣawwar	تصوّر
imitar (vt)	ʾalled	قلّد
implorar (vt)	etwassel	إتوسّل
importar (vt)	estawrad	إستورد

indicar (~ o caminho)	ʃāwer	شاور
indignar-se (vr)	estā'	إستاء
infetar, contagiar (vt)	ʿada	عدى
influenciar (vt)	assar fi	أثّر في
informar (~ a policia)	'āl le	قال لـ
informar (vt)	'āl ly	قال لي
informar-se (~ sobre)	estafsar	إستفسر
inscrever (na lista)	saggel	سجّل
inserir (vt)	dakχal	دخّل
insinuar (vt)	lammaḥ	لمّح
insistir (vi)	aṣarr	أصرّ
inspirar (vt)	alham	ألهم
instruir (ensinar)	ʿallem	علّم
insultar (vt)	ahān	أهان
interessar (vt)	hamm	همّ
interessar-se (vr)	ehtamm be	إهتمّ بـ
intervir (vi)	etdakχal	إتدّخل
invejar (vt)	ḥasad	حسد
inventar (vt)	eχtaraʿ	إخترع
ir (a pé)	meʃy	مشى
ir (de carro, etc.)	rāḥ	راح
ir nadar	sebeḥ	سبح
ir para a cama	nām	نام
irritar (vt)	estafazz	إستفزّ
irritar-se (vr)	enzaʿag	إنزعج
isolar (vt)	ʿazal	عزل
jantar (vi)	etʿasʃa	إتعشّى
jogar, atirar (vt)	rama	رمي
juntar, unir (vt)	waḥḥed	وحّد
juntar-se a ...	enḍamm le	إنضمّ لـ

255. Verbos L-P

lançar (novo projeto, etc.)	aṭlaq	أطلق
lavar (vt)	ɣasal	غسل
lavar a roupa	ɣasal el malābes	غسل الملابس
lavar-se (vr)	estaḥamma	إستحمّى
lembrar (vt)	eftakar	إفتكر
ler (vt)	'ara	قرأ
levantar-se (vr)	'ām	قام
levar (ex. leva isso daqui)	rāḥ be	راح بـ
libertar (cidade, etc.)	ḥarrar	حرّر
ligar (~ o radio, etc.)	fataḥ, ʃagɣal	فتح, شغّل
limitar (vt)	ḥadded	حدّد
limpar (eliminar sujeira)	naḍḍaf	نظّف
limpar (tirar o calcário, etc.)	naḍḍaf	نظّف

lisonjear (vt)	gāmal	جامل
livrar-se de ...	ettχallaṣ min ...	إتّخلّص من...
lutar (combater)	qātal	قاتل
lutar (esporte)	ṣāraʿ	صارع
marcar (com lápis, etc.)	ʿallem	علّم
matar (vt)	ʾatal	قتل
memorizar (vt)	ḥafaẓ	حفظ
mencionar (vt)	zakar	ذكر
mentir (vi)	kedeb	كذب
merecer (vt)	estaḥaqq	إستحقّ
mergulhar (vi)	ɣāṣ	غاص
misturar (vt)	χalaṭ	خلط
morar (vt)	seken	سكن
mostrar (vt)	ʿaraḍ	عرض
mover (vt)	ḥarrak	حرّك
mudar (modificar)	ɣayar	غيّر
multiplicar (mat.)	ḍarab	ضرب
nadar (vi)	ʿām, sabaḥ	عام، سبح
negar (vt)	ankar	أنكر
negociar (vi)	tafāwaḍ	تفاوض
nomear (função)	ʿayen	عيّن
obedecer (vt)	ṭāʿ	طاع
objetar (vt)	eʿtaraḍ	إعترض
observar (vt)	rāqab	راقب
ofender (vt)	ahān	أهان
olhar (vt)	baṣṣ	بص
omitir (vt)	ḥazaf	حذف
ordenar (mil.)	amar	أمر
organizar (evento, etc.)	nazzam	نظّم
ousar (vt)	etthadda	إتّحدى
ouvir (vt)	semeʿ	سمع
pagar (vt)	dafaʿ	دفع
parar (para descansar)	waʾʾaf	وقّف
parar, cessar (vt)	baṭṭal	بطّل
parecer-se (vr)	kān yeʃbeh	كان يشبه
participar (vi)	ʃārek	شارك
partir (~ para o estrangeiro)	sāb	ساب
passar (vt)	marr be	مرّ بـ
passar a ferro	kawa	كوى
pecar (vi)	aznab	أذنب
pedir (comida)	ṭalab	طلب
pedir (um favor, etc.)	ṭalab	طلب
pegar (tomar com a mão)	mesek	مسك
pegar (tomar)	aχad	أخذ
pendurar (cortinas, etc.)	ʿallaʾ	علّق
penetrar (vt)	dakχal	دخّل

pensar (vi, vt)	fakkar	فكّر
pentear-se (vr)	masʃaṭ	مشّط
perceber (ver)	lāḥaẓ	لاحظ
perder (o guarda-chuva, etc.)	ḍayaʿ	ضيّع
perdoar (vt)	ʿafa	عفا
permitir (vt)	samaḥ	سمح
pertencer a ...	χaṣṣ	خصّ
perturbar (vt)	azʿag	أزعج
pesar (ter o peso)	wazan	وزن
pescar (vt)	eṣṭād samak	إصطاد سمك
planejar (vt)	χaṭṭeṭ	خطّط
poder (~ fazer algo)	ʾeder	قدر
pôr (posicionar)	ḥaṭṭ	حطّ
possuir (uma casa, etc.)	malak	ملك
predominar (vi, vt)	ɣalab	غلب
preferir (vt)	faḍḍal	فضّل
preocupar (vt)	aʾlaʾ	أقلق
preocupar-se (vr)	ʾalaʾ	قلق
preparar (vt)	ḥaḍḍar	حضّر
preservar (ex. ~ a paz)	ḥafaẓ	حفظ
prever (vt)	tanabbaʾ	تنبّأ
privar (vt)	ḥaram men	حرم من
proibir (vt)	manaʿ	منع
projetar, criar (vt)	ṣammam	صمّم
prometer (vt)	waʿad	وعد
pronunciar (vt)	naṭaʾ	نطق
propor (vt)	ʿaraḍ	عرض
proteger (a natureza)	ḥama	حمي
protestar (vi)	eḥtagg	إحتجّ
provar (~ a teoria, etc.)	asbat	أثبت
provocar (vt)	estafazz	إستفزّ
punir, castigar (vt)	ʿāqab	عاقب
puxar (vt)	ʃadd	شدّ

256. Verbos Q-Z

quebrar (vt)	kasar	كسر
queimar (vt)	ḥaraʾ	حرق
queixar-se (vr)	ʃaka	شكا
querer (desejar)	ʿāyez	عايز
rachar-se (vr)	etʃaʾʾeʾ	إتشقّق
ralhar, repreender (vt)	wabbeχ	وبّخ
realizar (vt)	ḥaʾʾaʾ	حقّق
recomendar (vt)	naṣaḥ	نصح
reconhecer (identificar)	mayez	ميّز
reconhecer (o erro)	eʿtaraf	إعترف

recordar, lembrar (vt)	eftakar	إفتكر
recuperar-se (vr)	ʃefy	شفي
recusar (~ alguém)	rafaḍ	رفض
reduzir (vt)	ʾallel	قلّل
refazer (vt)	ʿād	عاد
reforçar (vt)	ʿazzez	عزّز
refrear (vt)	manaʿ nafso	منع نفسه
regar (plantas)	saʾa	سقى
remover (~ uma mancha)	ʃāl	شال
reparar (vt)	ṣallaḥ	صلّح
repetir (dizer outra vez)	karrar	كرّر
reportar (vt)	ʾaddem taqrīr	قدّم تقرير
reservar (~ um quarto)	ḥagaz	حجز
resolver (o conflito)	sawwa	سوّى
resolver (um problema)	ḥall	حلّ
respirar (vi)	ettnaffes	إتّنفّس
responder (vt)	gāwab	جاوب
rezar, orar (vi)	ṣalla	صلّى
rir (vi)	ḍeḥek	ضحك
romper-se (corda, etc.)	etʾaṭaʿ	إتقطع
roubar (vt)	saraʾ	سرق
saber (vt)	ʿeref	عرف
sair (~ de casa)	χarag	خرج
sair (ser publicado)	ṣadar	صدر
salvar (resgatar)	anqaz	أنقذ
satisfazer (vt)	rāḍa	راضى
saudar (vt)	sallem ʿala	سلّم على
secar (vt)	gaffaf	جفّف
seguir (~ alguém)	tatabbaʿ	تتبّع
selecionar (vt)	eχtār	إختار
semear (vt)	bezr	بذر
sentar-se (vr)	ʾaʿad	قعد
sentenciar (vt)	ḥakam	حكم
sentir (vt)	ḥass be	حس بـ
ser diferente	eχtalaf	إختلف
ser indispensável	maṭlūb	مطلوب
ser necessário	maṭlūb	مطلوب
ser preservado	ḥafaẓ	حفظ
ser, estar	kān	كان
servir (restaurant, etc.)	χaddem	خدّم
servir (roupa, caber)	nāseb	ناسب
significar (palavra, etc.)	ʾaṣad	قصد
significar (vt)	dallel	دلّل
simplificar (vt)	bassaṭ	بسّط
sofrer (vt)	ʿāna	عانى
sonhar (~ com)	ḥelem	حلم

sonhar (ver sonhos)	ḥelem	حلم
soprar (vi)	habb	هبّ
sorrir (vi)	ebtasam	إبتسم
subestimar (vt)	estaχaff	إستخفّ
sublinhar (vt)	ḥaṭṭ χaṭṭ taḥt	حطّ خطّ تحت
sujar-se (vr)	ettwassaχ	إتّوسّخ
superestimar (vt)	bāleɣ fel ta'dīr	بالغ في التقدير
supor (vt)	eftaraḍ	إفترض
suportar (as dores)	etthammel	إتّحمّل
surpreender (vt)	fāga'	فاجئ
surpreender-se (vr)	etfāge'	إتفاجئ
suspeitar (vt)	eʃtabah fi	إشتبه في
suspirar (vi)	tanahhad	تنهّد
tentar (~ fazer)	ḥāwel	حاول
ter (vt)	malak	ملك
ter medo	χāf	خاف
terminar (vt)	χallaṣ	خلّص
tirar (vt)	ʃāl	شال
tirar cópias	ṣawwar	صوّر
tirar fotos, fotografar	ṣawwar	صوّر
tirar uma conclusão	estantag	إستنتج
tocar (com as mãos)	lamas	لمس
tomar café da manhã	feṭer	فطر
tomar emprestado	estalaf	إستلف
tornar-se (ex. ~ conhecido)	ba'a	بقى
trabalhar (vi)	eʃtaɣal	إشتغل
traduzir (vt)	targem	ترجم
transformar (vt)	ḥawwel	حوّل
tratar (a doença)	'ālag	عالج
trazer (vt)	gāb	جاب
treinar (vt)	darrab	درّب
treinar-se (vr)	etdarrab	إتدرّب
tremer (de frio)	erta'aʃ	إرتعش
trocar (vt)	tabādal	تبادل
trocar, mudar (vt)	ṣarraff	صرّف
usar (uma palavra, etc.)	estaχdam	إستخدم
utilizar (vt)	estanfa'	إستنفع
vacinar (vt)	laqqaḥ	لقّح
vender (vt)	bā'	باع
verter (encher)	ṣabb	صبّ
vingar (vt)	entaqam	إنتقم
virar (~ para a direita)	ḥād	حاد
virar (pedra, etc.)	'alab	قلب
virar as costas	a'raḍ 'an	أعرض عن
viver (vi)	'āʃ	عاش
voar (vi)	ṭār	طار

voltar (vi)	regeʿ	رجع
votar (vi)	ṣawwat	صوت
zangar (vt)	narfez	نرفز
zangar-se com ...	ettḍāyeʾ	إتّضايق
zombar (vt)	saχar	سخر

www.ingramcontent.com/pod-product-compliance
Lightning Source LLC
Chambersburg PA
CBHW062053080426
42734CB00012B/2635